本书受北京邮电大学马克思主义学院专项出版经费资助出版

| 光明社科文库 |

城镇化视域下的农村流动党员管理问题研究

刘　鑫◎著

光明日报出版社

图书在版编目（CIP）数据

城镇化视域下的农村流动党员管理问题研究 / 刘鑫著. -- 北京：光明日报出版社，2023.6

ISBN 978-7-5194-7323-5

Ⅰ.①城… Ⅱ.①刘… Ⅲ.①中国共产党—农村—基层组织—党的建设—研究 Ⅳ.①D267.2

中国国家版本馆 CIP 数据核字（2023）第 111726 号

城镇化视域下的农村流动党员管理问题研究

CHENGZHENHUA SHIYU XIA DE NONGCUN LIUDONG DANGYUAN GUANLI WENTI YANJIU

著　　者：刘　鑫

责任编辑：石建峰　　责任校对：杨　茹　龚彩虹

封面设计：中联华文　　责任印制：曹　诤

出版发行：光明日报出版社

地　　址：北京市西城区永安路 106 号，100050

电　　话：010-63169890（咨询），010-63131930（邮购）

传　　真：010-63131930

网　　址：http://book.gmw.cn

E - mail：gmrbcbs@gmw.cn

法律顾问：北京市兰台律师事务所龚柳方律师

印　　刷：三河市华东印刷有限公司

装　　订：三河市华东印刷有限公司

本书如有破损、缺页、装订错误，请与本社联系调换，电话：010-63131930

开　　本：170mm×240mm

字　　数：206 千字　　印　　张：16

版　　次：2024 年 1 月第 1 版　　印　　次：2024 年 1 月第 1 次印刷

书　　号：ISBN 978-7-5194-7323-5

定　　价：95.00 元

前 言

党员管理是党的组织建设中的一个基本问题，加强和改进流动党员管理是其中的重点和难点所在。改革开放以来，随着中国城镇化进程的稳步推进，在城乡之间形成了大量的农村流动人口。在这一群体之中，有相当一部分党员由于居住地和工作地的变化，无法按时参加所在党组织的组织活动。这些漂泊在城市中且规模不断扩大的农村流动党员，是维护党在流动人口中政治影响力的重要依靠，也是巩固党的组织基础的关键力量。如何增强农村流动党员管理的针对性、有效性，引导他们在政治上发挥先进性作用以及对这一群体中不再符合党员条件的人稳妥有序地开展组织处置工作，是当前党的基层组织建设工作面临的难题之一。

目前，学术界对农村流动党员作为一个独立群体的研究，已经取得了一些阶段性成果，但还存在一些不足之处，主要表现为研究过分侧重管理对策的分析，缺乏对群体历史演变的考察与理论阐释，缺少宏观层面的整体研究，对群体特点认识不足，缺少典型个案的比较研究等。

本书采取历史考察与实证研究相结合的研究方法，试图对以上方面进行一些突破。首先，根据城镇化理论，从宏观层面对农村流动党员形成的历史原因进行全面考察，梳理农村流动党员发展的主线脉络以及中共对农村流动党员管理工作的探索历程。其次，对农村流动党员的群体概貌进行描述分析，根据党员迁移的内在动力和流动状态，对这一群体进行细化分类，充分把握各类农村流动党员群体的特点。再次，通过典型案例，对农村流动党员群体的管理情况进行比较研究，集中探讨现阶段各地对不同类型农村流动党员管理工作的特点。最后，在对农村流动党员管理问题成因和对策分析的基础上，揭示流动党员管理问题实质，概括归纳流动党员管理一般规律。

具体来说，本书分为三个部分。第一部分为第一章。本部分利用城镇化理论对农村流动人口形成的原因进行集中阐述，并以我国城镇化和工业化进程为依据将农村流动人口发展划分为四个阶段。另外，结合农村流动党员群体发展情况和流动党员管理政策的演变，将农村流动党员管理工作历程划分为四个阶段。

第二部分为第二章至第四章。本部分主要是对农民工和个体工商户流动党员、农村高校毕业生和退伍军人流动党员、农村动迁安置流动党员三种类型农村流动党员的六种管理模式进行分析，每种管理模式选取一个到两个样本，分别阐述其党建工作做法，总结它们的经验，探求其中的共性和个性。主要包括：自上而下将流动党员管理纳入基层党建工作规划；坚持推动流动党员管理思路、体制机制、方式方法方面的创新；将流动党员管理工作融入“两新”组织党建工作，做到同步推进，同步发展；加强不同领域、地域基层党组织之间的协调联动，共同谋划流动党员管理工作；通过给予流动党员思想、生活和工作方面的激励和关怀帮扶，提高基层党组织凝聚力、向心力等。

第三部分为第五章。本部分着重分析现阶段农村流动党员管理存在的问题：包括流动党员情况难掌握、管理缺位与管理交叉并存、管理工作内容不明确、党建资源相对匮乏、管理制度发展滞后、管理手段单调、依赖行政力量驱动等，并提出相应的对策即准确定位管理客体、科学厘清管理主体、合理界定管理内容、全面强化资源保障、优化教育管理制度、突破常规管理方法等。在此基础上，对农村流动党员管理规律进行总结归纳。

综上所述，本书认为流动党员管理问题的实质是中国共产党在社会结构变迁的大背景下如何通过自我调适和自我革命，更好地适应内外部环境，以巩固自身的领导和执政地位。从此视角出发，中国共产党要从根本上破解农村流动党员管理难题，不仅要关注流动党员本身，弄清楚不同类型流动党员群体的基本特点，针对性地加强教育和管理工作，同时还要从党的建设的全局视野出发，解决好市场经济条件下党的建设的问题、深入推进新社会领域党建工作的问题以及对党的组织制度进行适应性改革的问题。以上这些，能够为推动中国共产党向前发展提供根本动力，为党的建设与党的领导的双向互动提供必要的基础。

目 录

CONTENTS

绪　论

第一节　流动党员管理的问题指向

一、流动党员管理的缘起

“每个党员，不论职务高低，都必须编入党的一个支部、小组或其他特定组织，参加党的组织生活，接受党内外群众的监督。”① 是列宁主义政党党员最基本的要求。在创建俄国布尔什维克党的过程中，列宁曾就这一问题同马尔托夫展开过激烈的争论。他认为，只有参加一个党的组织并在其中积极工作，才能算是真正的党员。这是无产阶级政党组织建设的基本原则。否则，党就不能成为无产阶级先进的、有组织的部队，形成坚强有力的战斗集体。“徒有虚名的党员，就是白给，我们也不要”。② 由此可见，编入党的一个组织并在其中过组织生活，积极工作对严肃列宁主义政党的组织纪律，维护党的团结统一而言，是具有极

① 中国共产党章程［M］. 北京：人民出版社，2022：17.

② 列宁选集（第4卷）［M］. 北京：人民出版社，1995：51.

端重要意义的。中国共产党是以列宁主义政党为原型建立起来的。因此，早在创立之初，中国共产党就全盘继承了列宁主义政党的组织原则。① 这也是党的组织能够在复杂的革命环境中不断发展壮大的重要原因之一。

改革开放以来，中国加速了由传统农业社会向现代工业社会的过渡。在现代化进程中，一方面，传统乡村社会开始逐步瓦解，农村的社会结构、组织形式以及农民的生产方式、生活方式和价值取向都发生了重大变革。另一方面，城市的发展需要大量外来人口作为支撑。农村人口向城市资源集中的地区聚集已经成为普遍的发展态势。在这种背景下，大量的农村劳动力背井离乡，前往城镇参与经济建设。他们之中大部分属于非户籍迁移人口，在迁移过程中由于种种原因未能完全融入城市，实现身份的转换。他们的户籍依旧保留在农村或虽经过短暂迁移最终又回到农村。由于他们本身远离故乡，居住地、工作地同户籍所在地已经基本脱离，实际上形成了广泛存在于乡村和城市间的农村流动人口。在这一群体之中，有相当一部分人具有中国共产党党员的身份。这些漂泊在异地异乡且数量不断扩大的农村流动人口中的党员群体，绝大多数无法参与所在党组织的组织生活，也难以受到党组织的教育、管理、监督和服务，因而成为流动党员的一部分。

农村流动党员在客观上具有很强的流动性。他们的流动不仅涉及空间上的迁移，还包括时间上的持续。许多流动党员空有党员的身份而不履行党员的义务，削弱了党的权威，也降低了党组织的凝聚力和战斗力。作为本书的研究对象，农村流动党员虽然户籍普遍保留在农村，但目前的生活地基本同户籍所在地分离，并且由于居住地和工作地变化，较长时间无法参加组织关系所在党组织活动，因而成为党员中的特殊

① 中共中央组织部，中共中央党史研究室，中央档案馆. 中国共产党组织史资料（第8卷）文献选编 上 1921. 7-1949. 9［M］. 北京：中共党史出版社，2000：14-17.

群体。

农村流动党员作为流动党员群体中最主要的组成部分，内部构成非常复杂，大致由以下五部分组成。一是在城镇化进程中从农村进入城市务工的农村流动党员，即“农民工”党员。农民工党员的户籍和组织关系一般都在家乡，但由于他们长期在城市务工，很少有机会和时间回到家乡参与党组织活动。这一群体在整个农村流动党员群体中所占比重最高。二是从农村进入城市从事个体工商经营，但户籍和党组织关系依旧保留在家乡的农村流动党员。他们同农民工党员的主要区别在于从事的行业不同。三是通过高考或其他选拔性考试从农村进入城市升学，但毕业后由于进入非公有制企业、出国留学等原因导致其身份没有完成向市民的转换，户口被转回原籍，组织关系保留在学校或迁往人才中介机构、户籍所在地的基层党组织，自身选择滞留于城市或前往国外工作生活的流动党员。四是由于参军入伍离开乡村，在服役期满退役后，户口被转回原籍，其组织关系迁往人才中介机构、户籍所在地或配偶户籍地的基层党组织，本人到地方安置部门报到后又外出流动的党员。五是处于城乡结合地带，由于城中村拆迁改造导致原有村落不复存在，不得不临时分散居住，无法及时参加所在党组织活动的党员。如何增强对这些农村流动党员管理的针对性、有效性，以及对这一群体中不再符合党员条件的人稳妥有序地开展组织处置工作，是当前党的基层组织建设工作面临的重点和难点。①

本书主要围绕解释以下四个方面的问题展开。第一，农村流动党员产生和快速发展的主要原因是什么？他们经历了怎样的发展过程？第

① 除以上五种类型的农村流动党员外，还有一种农村流动党员。他们长期离开家乡，前往其他农村地区从事农业生产或务工、经商活动。即从农村流向农村。但是，这类农村流动党员的群体数量非常有限，加之本书主要是从城镇化视角切入进行分析，故未将这类农村流动党员纳入研究范围。

二，中央和各地方党组织为加强农村流动党员管理工作付出了哪些努力？做出了哪些探索？第三，农村流动党员群体由哪些部分构成？他们之间彼此的共同点和区别是什么？他们的流动对流入地以及流出地基层党组织建设工作会造成哪些影响？第四，目前农村流动党员管理还存在哪些问题以及问题背后的根源是什么？今后加强农村流动党员管理工作应采取哪些策略？在实际工作中应注意什么？

二、流动党员管理的价值意蕴

对农村流动党员管理进行研究，不仅是一个重要的理论问题，也是一个亟待解决的现实问题。本书从城镇化视域下农村流动人口发展的宏观层面出发，对不同类型农村流动党员的群体特征进行分析，思考今天如何实现对农村流动党员的教育、管理、监督和服务。本书试图在以下四个方面有所突破。

第一，试图用城镇化相关理论来阐释农村流动党员的产生和发展问题。当前国内对流动党员群体的研究成果和文献很多，但是很少有研究从理论基础的视角对农村流动党员迁移的合理性进行分析和评价。本书尝试利用城镇化相关理论，对农村流动人口的起源和发展进行梳理，揭示农村流动党员产生的本质因素，说明农村流动党员产生的必然性。

第二，展现农村流动党员群体的发展状态。本书利用流动人口文献资料和相关数据，围绕农村流动党员群体的基本特征，如人员构成、流动原因等展开论述，力图还原出不同类型的农村流动党员的生存和发展状态。以往人们对流动党员的研究多是集中于高校流动党员、社会组织中的流动党员等方面。相比较而言，对农村流动党员这一特定群体的研究关注不够，对农村流动党员造成的影响缺乏预见性。因此，对农村流动党员群体发展的历史脉络以及发展现状进行梳理，有利于更好地理解这一群体的生存状况。

第三，丰富和发展马克思主义党的建设理论。理论是实践的先导。加强党的建设，离不开对马克思主义党建理论的发展和创新。马克思主义经典作家关于无产阶级政党党员队伍建设的理论，是在具体的历史背景下形成的。它的目的在于体现党的阶级性和先进性，扩大党的群众基础，增强党的组织力量。中国共产党继承了这一思想，并在实践中对其进行了丰富和发展。改革开放以后，党员的流动性较过去大大增强。党员管理理论同实践出现了不相适应的情况。因此，深入研究党员特别是农村党员的流动情况，对马克思主义建党学说指导下的城乡党员队伍建设实际进行梳理，再依照新的实践总结新的经验，进而上升为理论认识，可以为马克思主义关于党员队伍建设和基层党的建设理论提供必要的补充。

第四，有利于在实践中推进流动党员的管理工作。实践是理论的归宿。对农村流动党员群体进行研究，目的是指导实践工作。改革开放以来，农村流动党员的数量不断增加，其活动范围也在不断扩大。如何实现对这类党员的教育和管理，成为当前基层党建工作的重点和难点。作为党员中的特殊群体，农村流动党员同其他党员群体相比既有共性也有个性。这一群体的多样性决定了对其进行教育和管理的复杂性。因此，对农村流动党员发展情况进行研究，有利于丰富和深化对党员队伍建设的认识，创新基层党建工作，巩固和夯实党的组织基础。本书的整体框架和研究思路，也是基于这个问题考虑来进行的。

第二节　流动党员管理的学术语境

本书主要侧重的是农村流动党员管理研究。因此，在接下来的研究综述方面，笔者将主要介绍学术界对党员管理尤其是流动党员管理的相关研究。至于学术界关于“流动人口”以及“农村流动人口”的定义、特征的代表性观点和看法，我们将在后文予以详细阐述。

一、党员管理研究的整体状况

党员管理是党的建设的一个基本问题。在中国共产党创立初期，早期的共产党人就对这一问题进行过深入思考。中共十一届三中全会后，随着党建工作环境出现的新变化，国内从事党的建设理论研究工作的专家、学者以及部分党务工作者加大了对这一问题的研究力度。目前，学界对党员管理问题的研究主要集中于分析党员管理的指导方针和基本要求、经济社会发展对传统党员管理的挑战、党员管理机制创新实践等方面。在这些研究成果中，一部分学者将注意力放在基层党组织开展党员管理的实证性研究中，以叙述和总结经验、揭示问题为主要内容。另一部分学者侧重于对党员管理工作中出现的各种新情况的历史和社会根源、发展过程等进行分析，并对如何提高党员管理工作效率提出对策和建议。这些研究成果主要来自以下三个方面。

一是相关文献和专著。截至目前，国内关于党员管理研究的专著数量相对较少且内容主要集中在工作实务方面，意在为基层党务工作者教育和管理党员实践提供规范与指导。比较具有代表性的有胡万双编写的《党员队伍建设概论》、张国荣主编的《新时期农村党员队伍建设》、刘工力等编著的《党员教育工作》、中组部组织局编著的《党员组织关系管理手册》等。关于流动党员管理的著述方面，代表性的有中共中央组织部编写的《流动党员工作手册》、郑绍保编写的《流动党员管理手册》以及东方治的《流动党员工作》等。此外，由于流动党员的出现和发展同市场经济体制改革、“两新”组织成长密切相关，并且流动党员管理的主体又涉及城市、农村等各类基层党组织。因此，在国内针对

“两新”组织党建以及城市、农村基层党建工作的相关研究成果中，也有许多涉及流动党员管理的内容。这部分专著，具有代表性的包括邱观建的《非公有制企业党的建设研究》、高国舫的《新经济社会组织党建研究》、孔卫拿的《社会组织党建研究》、王乃波的《农村基层党建体制机制创新研究》、周多刚等的《城市社区党建的发展趋势与机制创新》、刘德荣的《社会转型中的社区党建》等。

二是学术性论文。目前，以党员管理和流动党员管理为主题研究的学术论文数量较多，质量参差不齐。从整体上看，其中具有一定影响力的论文包括：李文爽和王久高的《统筹城乡发展视野下流动党员管理探析》、普通高校毕业生流动党员管理对策研究课题组的《普通高校毕业生流动党员管理对策研究》、杨群红的《构建城乡一体农民工流动党员动态管理机制》、潘纯正的《关于流动党员管理的现状与研究——党员先进性教育中的一个实际问题》、徐敏宁的《流动党员隐性流失问题的四维治理模式探析》、苑晓杰等的《城市边缘区党员管理模式探析》、蒯正明的《新时期非公企业流动党员管理面临的难题、原因与对策分析》等。

三是调研报告资料。历年来，各地方党委和组织部门、党建研究会等机构对党员管理相关问题开展了多次调研，形成了大量的研究报告。这些报告大多收录在相关的调研文选和成果选编中，如全国党的建设研究会的《优秀调研成果选编》系列、甘肃省委组织部的《甘肃组织工作调研报告选》系列、上海市社会工委的《探索实践　破解难题　上海新经济组织和新社会组织工作调研文选》、天津市党建研究会的《年度重点研究课题文集》系列等。这些调研报告中，涉及流动党员管理问题且有一定代表性的包括：甘肃省委组织部的《积极探索加强和改进流动党员管理的有效途径》（2007）、《兰州市非公有制经济组织发展党员工作现状的调查与思考》（2009）、《陇南市农村党员队伍老龄化问题调研报告》(2015)等；江苏省委党的建设研究会的《基层党建资源整合与城市重组社区党建工作》(2006)等；上海市社会工委的《外企党员教育管理研究及对策》(2005)、《依托阳光站　探索长效机制　努力加强“两新”组织和流动党员教育管理长效机制》(2008)、《流动的党员、铁打的学堂——探索流动党员教育管理新机制》(2008)、《建立健全流动党员动态管理机制研究——关于上海市松江区流动党员队伍的调查与分析》(2009)、《关于加强非公企业流动党员教育管理工作的实践与思考——以上海九州通医药有限公司为例》(2011)等；广东省党建学会的《大胆探索　努力实践　加强流动党员管理工作》(2005)、《广州市律师行业党建工作创新研究》(2014)等；福建省厦门市党建研究会的《打造四个平台　提高街道流动党员教育管理水平》(2003)等；广西壮族自治区组织部门组织编写的《新时期加强流动党员教育管理研究》(2006)、《实行流动党员“双向管理”的实践与思考》(2007)等；天津市党建研究会的《新时期社区党员教育管理的实践与探索》(2008)等；北京市相关研究机构的《关于加强出国留学生党建和思想政治工作的思考与探索》(2010)、《在劳务派遣员工中发展党员及加强管理的调研报告》(2013)等。

二、流动党员管理研究的既有成果

(一) 流动党员的相关概念和类型

自20世纪90年代开始，国内部分专家和学者就从各自角度出发，尝试对流动党员的概念做出界定。有学者认为，流动党员主要来自流动人口，属于“流动就业人口中的党员”。[①] 这一群体主要产生于改革开

① 高国舫. 流动党员管理面临的难题及其对策 [J]. 中共长春市委党校学报，2005 (3).

放之后，是市场经济驱动下的产物。有学者认为，流动党员是指“在产业间转移和地区（单位）间流动的党员”①。它包括外出务工经商、因私出国（境）等人员中的党员和尚未落实就业的退役军人、大中专毕业生党员等。还有学者指出，流动党员指的是“已经离开工作单位或组织关系所在地超过三个月但未满半年，或已满半年但却因为所在地变换、工作单位不稳定而导致党员无法正常参与组织生活的正式党员或预备党员”。② 2006 年 6 月，中共中央办公厅印发了《关于加强和改进流动党员管理工作的意见》的通知，首次对流动党员的概念做出了官方界定。即“流动党员是指由于就业或居住地变化等原因，在较长时间内无法正常参加正式组织关系所在党组织活动的党员”。③ 部分学者据此分析认为，流动党员的概念应当包含四个基本条件：第一，从流动的原因上看，是由于工作或居住地的变化或其他原因，这是界定流动党员的前提条件。第二，从流动的时间上看，需要“较长时间”。这一点，该意见没有给出准确的界定。但根据党章规定和党务工作实践来看，一般界定为连续离开时间超过 3 个月不足 6 个月，或者连续离开时间虽然超过 6 个月但外出地点或工作单位变化频繁无法参与组织关系所在支部活动。第三，从流动的状态上看，是无法正常参加正式组织关系所在党组织活动，履行党员的权利和义务。第四，从流动的条件来看，是党员尚未同新单位或新居住地的党组织建立组织关系。④

目前，关于“口袋党员”和“隐形党员”的概念，尚没有明确的官方界定。学者们多是从自身的研究视角出发对其定义进行概括。例

---

① 郑绍保．流动党员管理手册［M］．北京：中共中央党校出版社，2005：1.

② 卢尚月．浅析新时期流动党员动态管理机制［J］．甘肃理论学刊，2015（3）.

③ 关于加强党员经常性教育的意见　关于做好党员联系和服务群众工作的意见　关于加强和改进流动党员管理工作的意见　关于建立健全地方党委、部门党组党委抓基层党建工作责任制的意见［M］．北京：中国方正出版社，2006：19.

④ 于红．关于流动党员问题的思考［J］．求实，2007（8）.

如，有学者认为，“隐形党员是指脱离原单位流动到外地新单位后不愿暴露党员身份、不转出组织关系的党员；口袋党员是指流动到新单位后虽然转出了组织关系，却把组织关系长期放在口袋里，不转入新单位的党员”。[①] 有学者认为，口袋党员是指“该党员转出组织关系后，党员手持组织关系介绍信，装进口袋，自行留存，未到预转入党组织报到，转出地将此名党员档案转至转入地，但转入地党组织由于无法联系该名党员，无法对该党员实施教育、服务和管理”。[②] 严格意义上来说，口袋党员和隐形党员都属于流动党员的衍生概念，是由于经济社会发展过程中党员自主流动产生的。

流动党员群体内部构成比较复杂。随着基层党建工作的逐步推进，部分国内学者和党务工作者从不同角度对流动党员的类型进行了划分。有学者认为，按照党员的流动状态可以将其分为四类：一是“自由党员”，这部分党员外出时没有在所在党组织申请登记，党组织无法与其取得联系；二是“口袋党员”，这部分党员把转出的组织关系放在自己口袋里，没有转入流入地党组织；三是“隐形党员”，这部分党员由于种种原因，脱离原单位流动到新单位后，对亮明身份心存顾忌，故意隐瞒党员身份；四是“挂名党员”，这部分党员原所在党组织因企业倒闭、转制等原因名存实亡，组织关系又没能转入新单位。[③] 有学者根据职业和身份特征，将流动党员划分为四类：一是由于进城务工、经商离开家乡，但组织关系和户籍依旧保留在农村，并且长时间没参加过党组织活动的农村居民党员；二是由于国有或集体企业单位破产、改制，本人下岗失业，组织关系转入社区但因外出务工等原因而无法继续参加党

① 胡林辉，许冬梅．新世纪基层党建实务创新　非公有制企业党建工作指南［M］．北京：人民日报出版社，2003：116．

② 郭德宏．党的宣传工作培训教程［M］．北京：红旗出版社，2013：205．

③ 张雪娇．流动党员教育管理服务措施的实效性分析：来自广州市非公有制企业的调研［J］．人民论坛，2012（5）．

组织活动的原体制内的流动党员；三是由于毕业、出国或复员、转业，将组织关系挂靠在人才市场或保留在学校的高校毕业生、退役军人流动党员；四是由于单位外派或出差，长时间离开组织关系所在地导致无法参加组织活动的党员。[①] 有学者按照城乡二元迁移范围对流动党员群体进行了划分：一是从农村流动到城市的党员，二是在城市之间流动的党员，三是从城市流动到农村的党员，四是在农村内流动的党员。[②] 还有学者根据流动地域差别，将流动党员划为三类。一是从本地流出的党员。这部分党员户籍、劳动、工作关系在本地，现外出务工、经商或从事其他正当职业。二是在本地流动的党员。这部分党员户口在本地但无固定工作单位，一般就近靠亲友关系在各类企业就业和流动。三是从外地流入本地的党员。这类党员的户口、劳动、工作关系不在本地，现在本地务工、经商或从事其他正当职业[③]。

（二）流动党员群体的主要特征

很多学者经过认真分析研判，阐释了流动党员作为党员队伍中的一个特殊群体，同单位体制内普通党员明显相区别的特点。这些特点可以概括为以下五个。第一，流动性强。流动党员群体最重要的特征就是具有高度的流动性，这也是这一群体最显著的特征。在市场经济条件下，党员个体对党组织的依赖性大大减弱，而随着中国现代化进程的逐步推进，可以预见今后流动党员群体的规模、流动范围、时间跨度都将呈不断扩大的趋势。第二，群体内部差异性大。流动党员群体几乎涵盖了体制外的各种不同身份不同职业的党员，他们之中既有刚步入社会的大学

① 中共上海市闵行区委组织部．加强流动党员管理研究［J］．党政论坛，2017（7）．

② 全国党建研究会．优秀调研成果选编：自选课题 2009［M］．北京：中央文献出版社，2011：100-101．

③ 于红．关于流动党员问题的思考［J］．求实，2007（8）．

生党员，也有已经在所属行业领域取得一定成就的专业技术人员党员，还有已经离乡务工经商几十年却始终无法融入城市的农民党员。整个流动党员群体在年龄结构、受教育程度等各方面都存在显著差异。第三，稳定性弱。由于流动党员群体的高度流动性，流动党员队伍整体稳定性较差。由于就业行业受市场波动影响大及现代用工体制灵活性强等因素的影响，大部分流动党员无固定工作岗位和固定职业，收入水平低，特别是在一些规模以下的非公有制企业和新社会组织中，流动党员的不稳定给党的基层组织覆盖带来严重困难。第四，流动党员党性意识普遍不强。流动党员群体之所以出现，固然有客观上“两新”组织党建工作发展不完善的原因，但从主观角度来看，党员自身党性意识的淡漠也是不容忽视的重要因素。第五，流动党员参与党内组织生活的动力不足。

除了对流动党员群体整体特点进行研究外，很多学者还对流动党员内单一群体的特点进行了分析。例如，对农民工流动党员来说，其群体特点为：第一，从业层次差异较大。从年龄结构来看，虽然青壮年占有相当比例，但各个年龄层次均有分布。第二，从业领域以非公有制企业为主。农民工流动党员主要集中在非公有制企业，在民营企业中工作的又以从事建筑业和制造业为主。第三，农民工流动党员的文化程度和整体素质相对较低，但呈逐渐提高的趋势。① 高校毕业生流动党员的特点则为：第一，学历层次相对较高，可塑性强。第二，流动范围广，形式多样。第三，流动频率高，情况复杂②。

（三）流动党员管理的基本规律

科学把握流动党员管理工作应遵循的基本规律，是提高流动党员管理工作针对性和有效性的基本前提。有学者认为，流动党员管理工作要

① 杨群红．农民工流动党员群体的基本特点及管理创新［J］．学习论坛，2012，28（10）．

② 金昕．高校流动党员教育管理的问题与对策研究［J］．黑龙江高教研究，2016（1）．

遵循的基本规律就是要正确处理好以下四对关系：一是流入地党组织与流出地党组织的关系，二是工作单位建流动党组织与社区建流动党组织的关系，三是管理与服务的关系，四是党员权利与党员义务的关系。[①]有学者提出，加强流动党员动态管理是一项政策性和原则性很强的工作，应当遵循以下基本原则：一是以人为本原则。在党员动态管理中要坚持以人为本，加强对流动党员进行主体意识教育，强化责任意识、民主意识、参与意识，提高流动党员的主人翁精神。二是统筹兼顾原则。要从党的建设全局来思考流动党员管理建设问题，以全面、系统、发展的观念认识和处理流动党员的一些重要关系，把握工作定位，明确目标方向，整合组织资源。三是改革创新原则。要探索新形势下加强流动党员管理工作的新思路、新途径和新方法，创造具有时代特点又符合流动党员教育管理要求的新模式。[②] 有学者认为，加强流动党员管理工作必须做好四个结合：第一，传统方式与现代手段相结合；第二，教育管理与社会服务相结合；第三，静态管理与动态管理相结合；第四，严格管理与热情服务相结合。[③] 还有学者提出，流动党员管理工作要处理好以下四对关系：一要处理好一般原则和特殊要求的关系，二要处理好管理约束和关怀激励的关系，三要处理好立足当前和着眼长远的关系，四要处理好各负其责和齐抓共管的关系。[④] 也有学者指出，传统的党员管理工作对行政组织的依赖性强，侧重于静态管理，具有固定性、集中性等特点。而流动党员远离行政组织，具有流动性、松散性和广泛性等特点。因此，对流动党员进行管理，应当坚持动态管理的理念，党组织通

① 杭州市社会科学院课题组．流动党员教育管理机制创新的实践与思考：来自杭州市拱墅区的调研报告［J］．中州学刊，2009（2）．

② 李战军．构建流动党员动态管理机制的探索［J］．高校教育管理，2010，4（6）．

③ 郑利军．高校流动党员管理应遵循的基本原则及途径［J］．学校党建与思想教育，2011（31）．

④ 中共山东省即墨市委组织部．在城市化进程中加强流动党员管理［J］．党建研究，2007（7）．

过走出一条社会化、开放式、服务型的新路，推动流动党员管理服务工作向规范化、科学化、制度化的方向发展①。

（四）流动党员管理的困境与原因解析

流动党员管理工作实践探索取得的经验是丰富的，但也存在着不少问题。通过对学术界研究成果的总结和分析，可以将问题归纳为以下六个方面。

第一，党的基层组织的组织覆盖问题。相关统计数据显示，目前流动党员特别是农村流动党员的就业多数集中于“两新”组织。因此，对流动党员进行管理，首先要确保党在新的经济和社会领域能够实现组织覆盖。否则，流动党员的组织关系找不到挂靠，管理工作自然无从谈起。目前，相较于国有企业、事业单位等体制内的党的基层组织建设情况，“两新”领域党的组织覆盖率依然较低，且呈现明显的起伏波动状态，这无疑在客观上给流动党员的管理工作带来困难。

第二，流动党员管理体制存在的问题。当前流动党员管理工作存在管理混乱和流于形式的现象。根据党内相关规定，对流动党员进行管理，应以流入地党组织为主、流出地和流入地党组织共同管理。但在实际工作中，流出地与流入地的党员管理工作由于缺乏程序性的规定，又没有业务上的隶属关系，导致彼此之间很难配合协调。此外，流动党员管理体制存在的问题还包括：各地党组织对流动党员管理的主体层次不一、缺乏统一标准，有的是流出地组织远程管理，有的是流入地组织统筹管理，有的是所在单位党组织直接管理，有的是所在行业主管单位协调管理，导致管理无序；② 流动党员组织关系接转手续烦琐，效率低；流动党员管理党组织之间隶属关系不规范、权责不明确；缺乏有效的人

---

① 支树平．加强流动党员管理工作［J］．求是，1998（13）．

② 邱观建．非公有制企业党的建设研究［M］．武汉：湖北人民出版社，2008：186．

力、物质保障等。

第三，掌握流动党员具体情况问题。摸清流动党员的数量是对流动党员进行管理的基本前提。在当前流动党员管理实际工作中，对流动党员数量的统计和去向的掌握是一个非常棘手的问题。目前，各地党组织在管理流动党员时普遍出现了党组织找党员和党员找党组织“两难”的情况。一些流动党员由于种种原因成为“隐形”“口袋”党员，不愿亮明身份。一些党组织出于多一事不如少一事的心态，也不愿意主动联系查找党员，有些组织甚至在流动党员找上门来时寻找托词不愿接收。①

第四，对流动党员的教育和管理问题。目前，基层党组织对流动党员的教育普遍存在着不规范、流于形式的现象。一是教育理念的滞后，缺乏互动性；二是教育内容的单调，缺乏现实性和针对性；三是教育形式呆板，缺乏吸引力。在流动党员管理方面，存在的问题为：一是流动党员不能依照相关规定转移组织关系；二是流动党员不能正常参加工作地或居住地所在党组织的组织生活、交纳党费、接受监督；三是党员的合法权利无法得到保障；四是一些预备党员无法按照党章规定按期转正。② 此外，还有一些党组织从单位和部门的利益出发，不支持党员的流动，对流动党员特别是对一些有争议的流动党员的组织处理失之偏颇。③

第五，流动党员发挥作用问题。流动党员作为中国共产党党员群体中的重要组成部分，理应在所属工作领域和生活中发挥好先锋模范作

---

① 徐敏宁，陈安国，张红生，等．流动党员隐性流失问题的四维治理模式探析［J］．理论导刊，2012（12）．

② 潘纯正．关于流动党员管理的现状与研究：党员先进性教育中的一个实际问题［J］．社会科学家，2006（S1）．

③ 陈文光，彭柏林，雷建，等．论进一步加强流动党员的教育管理［J］．理论与改革，1994（11）．

用。但是实际上部分流动党员由于各种原因，其发挥作用的期望与现实不相匹配，有些党员甚至发挥了负面作用。① 此外，由于这些党员处于高速流动中，党组织也很难对其行为和发挥作用情况进行有效评估。

第六，对不合格流动党员的处置问题。流动党员由于常年流动在外，很多情况下无法依照党章规定按时参加党支部的活动，交纳党费，承担党分配的任务。依据《中国共产党章程》规定，理论上应当对这些党员直接除名。但现实情况是，如果直接“一刀切”将不合格流动党员全部开除出党，既不符合客观情况，也不符合情理。党员流动造成的流失问题，既有党员主观方面的因素，更有党组织管理体制上的客观弊端。对这些党员，更应该加强管理，把工作做细致，并以教育为先，而不是粗暴地直接除名了之。但如何在维护党组织的纪律性与兼顾流动党员的特殊性之间把握好平衡是一个困难问题。②

以上这些问题的存在严重影响了流动党员管理工作的实效性。这些问题的出现，既有非公有制经济组织和社会组织、流动党员群体的客观因素，也有流动党员和党务工作者的主观因素，还有流动党员管理工作制度方面的因素。

首先，非公有制经济组织和社会组织、流动党员群体的客观因素。（1）非公有制经济组织，特别是规模以下的非公有制经济组织以及新社会组织本身具有类型多、规模小、分布散、流动快、变化大等特点。每天都有大量的“两新”组织新建和撤销，在一个变动较大的组织中如何建立相对稳定的党组织，本身就是个难题。③（2）在人才资源配置市场化条件下，“两新”党组织内的党员流动性高，活动区域大，就业范围广。除少数在民营科技企业等单位就职的收入相对较高的流动党员

① 高国舫．新经济社会组织党建研究［M］．北京：中共中央党校出版社，2006：117.
② 莫梨．政党治理现代化视阈下的农村流动党员管理研究［J］．前沿，2017（4）.
③ 冯波，高慧燃．非公企业党建研究［M］．北京：中国传媒大学出版社，2012：49.

外，大部分流动党员无固定工作岗位，收入水平低，生活缺乏稳定性。这也导致其在客观上不易教育和管理。此外，这些不同行业不同岗位的流动党员，工作时间不一致，如果共同加入一个支部，也难以统一组织全体党员开展活动。(3) 流动党员管理工作本身同“两新”领域基层党建工作紧密相关。一些地区此项工作开展得比较早、起点比较高、工作比较扎实，另一些地区这项工作开展相对缓慢，这就使得流动党员管理工作在开展过程中产生了不平衡性，呈现出典型的“两头小、中间大”的态势。一方面，在某些行业和经济较为发达的地区，这项工作已经取得了良好的效果。另一方面，在一些行业和经济欠发达地区，这项工作存在不到位甚至发生缺失的情况。

其次，流动党员和党务工作者的主观因素。(1) 部分流动党员党性意识淡化，在思想上放松了对自己的严格要求。部分流动党员或是出于自身利益，或是害怕麻烦，不愿意转组织关系，履行党员义务，接受组织管理。(2) 一些地方和部门的党务工作者缺乏责任意识，对管理流动党员的意义认识不足，将流动党员管理工作看作额外负担而消极应对。一些党务工作者对组织关系转出或者组织关系流入的党员视而不见、放任自流，认为流动党员管理工作耗时耗力，因而存在畏难情绪。还有一些党务工作者存在将流动党员与非流动党员区别对待的现象。对党员身份明确、组织关系清楚的党员进行管理的积极性高，对类型、关系较为复杂的流动党员则态度消极、行动迟缓。①

最后，流动党员管理工作的制度因素。(1) 领导体制的问题。第一，缺乏一个全国性的领导协调机构来主抓流动党员管理，导致这项工作的外部动力不足。第二，顶层设计力度不够，很多地方缺少具体的实施方案和详细的规划。第三，部分地区的流动党员管理工作存在着领导

---

① 孙亚男，石婷. 全面从严治党下高校外聘流动党员教育管理的问题论析 [J]. 思想理论教育导刊，2017 (10).

无序的现象。一些地方的组织部门将流动党员管理工作推卸给业务主管部门或审批登记部门党组织去开展，或是只管向下发指示，既不考虑措施的可操作性，又不监督下级的执行状况。（2）管理体制的问题。其一，目前，各地流动党员管理在管理体制上大多采用“属地”“单位”以及“行业”所在党组织主管的方式。这些党组织之间管理职责不明确，使得管理职责难以落实，出现了重管、漏管的现象。其二，当前流入地和流出地的对接还处于初级层次，没能形成常态化的合作机制。（3）保障机制的问题。其一，流动党员管理工作相对复杂，耗时耗力，目前各地普遍缺乏专门的人力、物力、财力方面的保障机制，在客观上限制了流动党员管理工作的有序开展。其二，流入地和流出地的党建资源依然条块封闭，未被充分打通，特别是流入地的党建资源没有得到充分重视与利用。[①]（4）考核机制的问题。很多地方没有建立科学的管理工作考核体系，也缺乏对提高流动党员主动接受管理的激励机制，导致基层党组织对流动党员的管理工作缺乏内在动力。[②]

（五）加强流动党员管理的思路和对策

针对流动党员管理工作中存在的问题以及成因，学界从不同角度就进一步加强流动党员管理工作提出了一些思路与对策。

首先，转变管理工作的理念。部分学者针对当前流动党员管理工作的问题，提出首先要从思想上入手，转变流动党员管理的理念。有学者提出，要敢于冲破传统党员管理观念的束缚，树立流动党员管理的新理念，实现“规范化管理、人性化管理、现代化管理”。有学者认为，传统的党员管理理念偏重对党员的组织管理，对党员的服务重视不够，在流动党员不断增加的情况下，这种状况必然影响党组织的凝聚力和向心

① 韩强．论加强新时代流动党员队伍管理［J］．学习论坛，2020（3）．

② 高国舫．加强流动党员教育管理的实践探索和理论思考［J］．长白学刊，2007（5）．

力。因此，他主张转变传统的重管理、轻服务的管理理念，对流动党员的管理应该更注重服务，寓管理于服务之中。[①] 此外，有学者指出，转变流动党员管理理念，除了需要从重管理、轻服务向管理和服务并重转变外，还需要从重思想约束、轻制度向思想约束和制度并重转变，由重履行义务向履行义务和保障权利并重转变[②]。也有学者强调，对流动党员的管理要有新的思维，流动党员管理应该实现社会化，要广泛利用社会资源，让流动党员自己管理自己。

其次，创新管理工作的方法。在解决传统党员管理方法同流动党员管理工作不相适应等问题方面，国内学者从不同角度给出了对策和建议。在拓宽流动党员的组织覆盖方面，有部分学者提出，为避免流动党员游离在党组织之外，应当注意组织覆盖的全面性。要将流动党员管理工作纳入基层党建的整体规划，在组织设置上要坚持因地制宜，分类指导，灵活多元，动态跟踪。通过单独、联合、挂靠、改造、临时以及派驻党建指导员帮助建立党组织等方式，构建多元化的组建渠道。[③] 在提高流动党员管理思想认识方面，有学者认为，要引导流动党员、党组织负责人以及党务工作者形成关于流动党员管理的共识。一是加大宣传力度。通过现代技术手段进行流动式宣传，清除“两新”组织负责人对成立党组织的认识误区。宣传教育的内容要根据流动党员管理工作的特殊性进行调整，要有针对性。不断增强基层党组织对“两新”组织负责人的向心力。二是创新思想政治工作。针对流动党员管理工作参与者出现的认识模糊、态度消极等问题，要依靠教育增强党组织负责人做好流动党员管理工作的宗旨意识和责任意识，提高基层党务工作者的适应

① 杨群红．城市社区流动党员管理如何创新［J］．中州学刊，2005（5）．
② 戴长征．如何构建流动党员动态管理机制［J］．新视野，2008（5）．
③ 蒯正明．新时期非公企业流动党员管理面临的难题、原因与对策分析［J］．天府新论，2013（5）．

能力、工作能力和生活能力，从而使针对流动党员的管理工作更加有效。三是积极加强沟通。所在党组织要多关心流动党员，注重思想教育与引导，关心他们的工作和生活，同时要关注流动党员的思想动态、政治认同和心理变化，鼓励他们参与流入地的建设，激发他们的主人翁意识。[①] 在创新流动党员教育方式方面，有学者主张立足当前、着眼长远，精心抓好流动党员的教育培训工作，要依照小型、灵活、多样、务实的原则开展教育活动。一是科学设置教学内容，既要加强对流动党员的理想信念和组织纪律教育，又要有针对性地进行实用技能的培训，提高他们的业务能力和技术水平。二是贴近组织成员需求开展活动，针对不同地域、不同职业身份和不同文化层次的流动党员，精心设计教育载体，努力增强教育效果。三是探索远程教育。针对流动党员的特征，要进一步改革传统的集中上课、面对面授课的方式，加快虚拟党课的探索工作。在提高党员管理实效方面，有学者强调必须做到以下三点。一是“以情动人”。理解、关心、爱护流动党员，随时为他们排忧解难，让他们时时感受到党组织的温暖，增加对党组织的归属感，从而主动、自觉接受党组织的管理。二是“以活动吸引人”。通过定期组织流动党员开展各类丰富的文化活动，将流动党员吸引在党组织的周围。同时积极主动帮助流动党员解决就业和生活中的困难。三是“以纪律约束人”。要依照规定规范流动党员参与党的组织生活，保障党员的权利和义务，同时严格党的组织纪律，在没有客观条件限制的情况下，对无正当理由不及时办理组织关系转接事宜、长期不与流入地和流出地党组织联系的流动党员，党组织要进行批评教育，经教育仍不改正的，其正式组织关系所在党组织要按党章及党内有关规定进行组织处理。[②] 在发挥流动党

① 姜仕礼．把流动党员牢牢凝聚在党旗下：山东省临沂市加强驻外流动党员党组织建设和流动党员教育管理工作纪实［J］．红旗文稿，2019（6）．

② 曾巍巍．构建流动党员动态管理机制［J］．共产党员，2016（5）．

员先锋引领作用方面，有些学者主张党组织要为流动党员设立载体，搭建平台，鼓励流动党员在新的家园发挥共产党员的先锋模范作用，特别是在党的力量和影响比较薄弱的地方，要把流动党员有效地组织起来，一方面，让他们及时宣传贯彻党的方针、政策和主张，充分发挥模范作用，团结、影响和激励周围的群众。另一方面，要引导他们在参与社会治理中发挥好先锋模范作用。①

最后，进一步完善流动党员管理工作的各项制度。在完善领导体制方面，有学者提出，对流动党员进行动态管理是新时期党员队伍建设中一项全新工作。单靠党委组织部门来抓，信息受到局限，管理工作也很难到位。要建立健全全国统一的党委统一领导、多方共同参与的领导体制。整合并发挥相关单位党委和政府部门以及群团组织政治优势与资源优势，形成相互配合、各负其责、高效运行的合作机制。② 在管理体制方面，有学者认为，可以根据不同类型流动党员的差异性，采用多元化的管理模式。但是具体在哪种情况下采取什么样的方式，应当有明确的制度化规定。要明确界定参与流动党员管理工作相关党组织和机构的职责，完善工作责任机制。在具体制度方面，学者也提出了许多宝贵意见。例如，要探索建立流动党员动态管理机制；构建流出地与流入地党组织有机衔接的双向管理机制；完善流动党员登记制度，简化组织关系接转程序；建立全国党员信息管理制度，实行流动党员的信息化管理，实现流动党员信息共享；健全管理网络，解决党员找组织难的问题；建立流动党员定期排查制度、党员示范岗制度、定期汇报制度等。在保障机制方面，有学者指出，要最大限度发挥体制内党建资源的作用，实现城乡党建资源共享，党务工作人力、场所资源共享。要拓宽经费来源渠

① 刘超，虞崇胜．农民工党建：流动人口治理模式创新研究［J］．学习与实践，2018（12）．

② 戴长征．加强流动党员管理工作之我见［J］．党建研究，2008（3）．

道。一是通过运用财政转移支付等手段，建立流动党员党组织稳定的活动经费来源渠道。二是鼓励“两新”组织对流动党员管理工作提供经费支持。① 在评估考核机制方面，有学者提出可以引入第三方评估机制，将流动党员管理工作纳入基层党建工作考核体系中。党组织及管理部门根据年终考评结果，对在流动党员管理工作中措施得力、成效显著的单位和个人给予必要的物质奖励、政治荣誉，对工作不负责任、推诿扯皮的党组织和相关责任人，要及时纠正和处理，必要时进行通报批评。②

（六）国外流动党员管理的相关研究

从搜集到的海外文献来看，目前国外从事政党及其相关领域研究的学者，大多数将研究精力集中于从宏观层面对中国共产党在城市和农村地区的活动进行理论阐释。这些研究多是从政治学、管理学、社会学等视角切入，具体内容涉及中国共产党如何在农村地区开展政治运动、领导乡村社会结构变革，中国共产党工业化和城镇化策略的选择，中国共产党在城市社区建设进程中如何适应基层民主发育和社区自治成长，中国共产党社会组织网络的调整等。在这些研究中，专门讨论党员管理问题特别是流动党员问题的极少。这主要是受到研究者研究视角侧重和客观材料匮乏的影响。

自中共十四大提出建立社会主义市场经济体制目标以来，国外学者对中国共产党的研究逐步升温，试图对中国政治和经济体制改革发展方向做出解读。在涉及党员管理相关研究方面，主要是分析中国共产党基层组织在经济社会转型过程中面临的挑战和为此做出的调适性应对。例

---

① 杨群红．构建城乡一体农民工流动党员动态管理机制［J］．中州学刊，2011（4）．

② 张雪娇．流动党员教育管理服务措施的实效性分析：来自广州市非公有制企业的调研［J］．人民论坛，2012（5）．

如，沈大伟（David Shambaugh）认为，进入21世纪之后，中国的社会经济结构已经悄然发生变化。一方面，新的社会组织和专业团体在中国增长极快；另一方面，地方党组织失去了吸引力。为有效应对这种转变带来的种种问题，中国共产党通过扩拓宽“两新”组织覆盖、开展党员先进性教育活动等方式，积极进行组织调适。[①] 佐藤广石（Sato Hiroshi）等全面分析考察了20世纪90年代中国共产党党员结构的变化。他以中国城市为中心，研究了区域（城市）的社会经济特征与党员年龄、教育和职业结构之间的关系。[②]

又如，兰斯·戈尔（Lance Gore）提出，市场打破了国家对资源的垄断，把个人从组织依赖中解放了出来，开启了大规模的社会流动进程。客观上增加了社区的流动性和匿名性，这是社区党建面临的最大挑战。“如果社区党组织的负责人不认识周围的人，发展党员的活动就无法开展；如果他们不清楚社区成员中谁是党员，那么他们也无法组织党员开展党的活动。”为克服这一问题，需要中国共产党以一种新的组织原则把包括流动党员等在内的由市场打碎的“碎片化党员”重新整合起来，置于一个有生命力的组织网络中，同时需要找到能够吸引流动党员加入社区党组织的方法。[③] 郑永年指出，“由于党员的地域流动性越来越强，党员职业身份转化也越来越快，因此对党注重组织的严密性和坚固性的传统形成冲击”。对此，他强调“党需要的是适应社会，而不是把自己封闭在堡垒里，这就要用制度来周密设计党员的角色和主体地位，通过改变体制，实行属地化管理”。[④]

---

① 沈大伟. 中国共产党：收缩与调适 [M]. 吕增奎等，译. 北京：中央编译出版社，2011：194-195.

② SATO, HIROSHI, ETO, et al. The Changing Structure of Communist Party Membership in Urban China, 1988-2002 [J]. Journal of Contemporary China, 2008 (57).

③ LANCE GORE. The Chinese Communist Party and China′s Capitalist Revolution: The Political Impact of Market [M]. New York: Routledge, 2011: 100-120.

④ 郑永年. “三个代表”是个了不起的提法 [J]. 凤凰周刊，2011 (28).

总的来看，国外学者关于中国共产党基层组织建设理论与实践的研究较为稀少，其中涉及党员管理特别是流动党员管理问题的研究更为罕见。对西方学者而言，研究处于经济社会转型中的中共党员管理问题并没有现成的理论资源和研究成果可以使用，导致他们的分析只能停留在对流动党员的现象描述上，而未能给出解释。

三、流动党员管理研究成果的总体评析

（一）研究取得的成果

第一，研究成果是围绕发现问题、分析问题、解决问题展开的。流动党员的管理是伴随着改革开放出现的基层党建工作中的新课题，具有很强的现实针对性。因此，目前对流动党员管理方面的研究成果，基本都是立足于大量实地调研成果的基础上，围绕实践工作中出现的问题展开的。比如，针对河南省农民工流动党员群体进行教育问题的调查、对中国农业大学出国留学生党员群体管理的研究等。

第二，研究成果丰富，为下一步研究开阔了视野。目前，学界对流动党员管理工作的研究几乎涵盖了各个方面，从流动党员的群体结构到教育、管理过程中存在的问题，再到党员先锋模范作用的发挥、党员流动对基层党建工作的影响等，并对这些现象、问题背后产生的原因进行深入挖掘和剖析，最后给出建议和对策，为今后的研究打下了良好的基础。这些研究不仅丰富了基层党组织建设的理论，在实践上也给流动党员管理工作提供了借鉴和指导意义。

（二）现有研究的薄弱之处

第一，研究视角和研究方法相对单一。流动党员管理工作实际上是对市场经济条件下党的基层组织适应性的直观反映。它既涉及党组织如

何不依靠行政权力实现自身影响力最大化的问题，也涉及党如何实现对社会资源的有效整合、开展组织动员的问题。因此，对流动党员管理工作的研究，应当积极借鉴其他学科的研究视角和研究方法，从不同学科不同领域进行深入分析。但是，通过对既有研究成果的梳理可以发现，一方面，流动党员管理工作的研究多是就党建论党建，研究视角较为单一，缺乏从政治学、管理学、社会学、组织行为学等不同学科进行跨学科研究。另一方面，流动党员管理工作主要采用的是调查统计、个案研究等实证研究方法。对比较研究、文献研究等其他研究方法运用得较少。

第二，研究主体和研究区域相对集中。通过对文献的统计分析可以发现，目前对流动党员管理工作的研究还存在着研究群体和研究区域过分集中的情况。一方面，目前从事流动党员管理研究的群体主要分为三类：一是高校、社科院以及党校系统从事党建研究的学者，二是部分从事基层党建工作的党务工作者，三是中央和地方组织部门从事“两新”党建工作的管理者。研究者的集中导致的结果之一就是研究成果多是从党组织自身视角出发来看流动党员管理。另一方面，鉴于流动党员管理工作的现实针对性，很多研究都是以具体地区或部门为依托进行的。目前的研究成果中出现的案例、典型和模式，大部分来自沿海地区和大中城市，中西部地区的研究成果尚不多见。这主要是由于经济较为发达的地区，不仅较早开展了流动党员管理工作的探索，其党建资源相对丰富，研究成果也自然越多。

第三，研究理论深度相对不足。从整体上看，当前流动党员管理工作的研究成果以实证类居多，研究的成果主要集中在问题、成因以及对策等方面，重复研究的问题比较严重。研究目的多是解决某一地区或行业流动党员管理的实际问题。研究的内容多是经验总结和案例分析，几乎所有研究都未能涉及运用政治学、社会学或管理学等学科的理论来阐释问题，使得研究成果相对来说缺乏理论深度。

第三节 流动党员管理的研究思路

一、概念界定与辨析

（一）城镇化和工业化

城镇化（Urbanization），有时也称“城市化”，是目前社会科学研究中经常使用的概念之一。“城镇化”一词起源于19世纪的西方国家，是伴随着近代工业文明发展而产生的概念，也是一个国家现代化的重要标志。自20世纪80年代以来，关于城镇化及其相关内容的研究逐渐进入国内学者的视野。各领域的学者纷纷从自身的研究视角出发，对“城镇化”概念进行界定。例如，有学者认为，“城镇化就是农村居民点变成城镇居民点，从而使城市人口比例不断上升的过程”①。它应当包含两个方面的内容：一是农民转变为城市居民，二是农村转化为城镇。有学者指出，所谓城镇化，应当是“经济发展过程中，人口不断向城镇地区集中的过程”②。因此，衡量城镇化水平的指标是城镇人口在总人口中的比重。还有学者认为，城镇化不仅是农村劳动力向城市的聚集，还应当包括农业产业向非农产业的结构调整。城镇化的过程实际上是“由农村自然经济转化为城镇社会化大生产的社会经济结构转变，是通过生产要素聚集，发挥禀赋优势，促进产业结构从而拉动城镇经济

① 邬沧萍．世界人口［M］．北京：中国人民大学出版社，1983：258.

② 辜胜阻．非农化与城镇化研究［M］．杭州：浙江人民出版社，1991：1.

发展的过程”[①]。可以看出，一方面，关于城镇化概念的理解，不同学科领域的学者有着不同的看法，没有统一的标准；另一方面，城镇化本身的内涵非常丰富，涉及人口流动、产业结构调整以及城镇规模扩张等在内的诸多内容。根据研究需要，本书将城镇化概念界定为一个经济社会动态发展的过程。具体来说，它指代的是自 1978 年党和政府实行改革开放政策以来，在传统经济体制转型、工业化进程加速发展等多种因素的影响下，我国大量居住在农村，具有农村户籍的人口向城镇集中，开始从事非农产业工作，同时原有乡村地区逐步转化为城镇的过程。

工业化（industrialization），指的是在一个国家或地区的国民经济结构中，以技术开发和对能源系统利用为主要特征的工业生产活动取得主导地位的发展过程。换言之，它是工业在国民收入和劳动人口中的份额连续上升的过程。[②]“工业化”一词始于 18 世纪 60 年代的英国。它是现代化的核心内容，也是城镇化的主要动力来源。一方面，工业化涵盖了国民经济的各个方面，包括但不局限于工业、农业以及现代服务业。因此，在农业经济社会向工业社会转型的过程中，必须协调工业同其他产业之间的发展，不能片面强调发展工业，忽视农业和现代服务业的发展。另一方面，工业化是一个持续的过程。其具体内容会随着科学技术的发展出现变化。在第一次工业革命时期，工业化主要指的是传统手工业向大规模机械化生产转变。在第二次、第三次工业革命时期，工业化主要指由机械化向自动化、信息化、网络化发展。在本书中，工业化主要作为农村流动人口发展的主线依据出现。不同历史时期，由于党和国家采取的不同工业化策略，我国的城镇化进程和农村流动人口发展状况呈现不同的特点。

---

① 林毅夫．中国怎样从“中等收入陷阱”中突围［J］．理论导报，2012（10）．

② 约翰·伊特韦尔．新帕尔格雷夫经济学大辞典：第 2 卷［M］．陈岱孙，译．北京：经济科学出版社，1996：861．

（二）流动人口与农村流动人口

研究农村流动党员，首先要明确流动人口和农村流动人口的定义。“流动人口”一词是中国特有户籍制度下衍生出的概念。流动人口作为一种客观存在的人口现象，内涵非常丰富，涉及时间、空间、户籍等诸多要素。截至目前，学术界对流动人口的概念仍然没有明确统一的表述。在不同地区和场合，流动人口有时也称“外来人口”“暂住人口”“自流人口”“非户籍迁移人口”① 等。从概念体系来看，流动人口从属于人口迁移的范畴。与此密切相关的两个概念分别是迁徙（Migration）和移动（Mobility）。就后者来说，人口在移动后，根据停留的持续时间不同，可以分为迁移和流动两种状态。其中，流动停留的时间更短，属于一种“短期或临时性的迁移”。②

目前的资料显示，“流动人口”一词最早诞生于近代中国。1946年，在国民政府二次修订颁布的《户籍法》中，首次提出了“流动人口”的概念，即“迁出原户籍管辖区域未满一个月，不变更所属之籍者，应为流动人口之登记”。③ 新中国成立以后，在我国政府的相关文件中，也多次使用“流动人口”或相近似的名词。如1956年12月，在国务院颁布的《关于防止农村人口盲目外流的指示》中，就使用了“流入的人口”和“流出的人口”的概念。1962年2月，国务院发布了

---

① 姚华松．流动人口的空间透视［M］．北京：中央编译出版社，2012：4.

② 张开敏．上海人口迁移研究［M］．上海：上海社会科学院出版社，1989：158.

③ 公安部户政管理局．清朝末期至中华民国户籍管理法规［M］．北京：群众出版社，1996：71.

《关于安置自由流动人口几项办法》，又使用了“自由流动人口”的提法。[①] 1958年1月，以《中华人民共和国户口登记条例》的颁布为标志，中国政府开始逐步加强对国内人口自由流动的管制。此后，“流动人口”的概念开始同我国的户籍制度紧密联系起来。在户籍制度确立的背景下，我国的流动人口被划分为两个部分：一类是经过行政部门和民政部门的许可进行的计划性迁移人口，也被称为“户籍迁移人口”；另一类是未经过行政部门主导和计划而进入迁入地工作、生活的非户籍迁移人口，即通常意义上的“流动人口”。本书采取的流动人口定义就是基于后者，以是否进行户籍迁移为标准。当前，关于“流动人口”一词概念的明确界定，可见国家卫健委的相关文件、各地方政府出台的《流动人口管理规定》以及国家统计局的相关统计公报。即所谓流动人口，指的是“离开户籍所在地的县、市或者市辖区，以工作、生活为目的异地居住的人员”[②] 或“居住地与户口登记地所在乡镇街道不一致，且离开户口登记地半年以上的‘人户分离’人口”[③]。

本书采用的“农村流动人口”定义引申于上文中提到的“流动人口”概念，属于限定特定范围内的非户籍迁移人口。简单来说，它指的是户籍在农村，但目前离开户籍所在地，前往异地工作、生活的人

---

① 国务院相关文件中提到的“自由流动人口”概念与当前学术界所普遍使用的“流动人口”概念有很大的区别。前者的范围更广，主要包括：(1) 应当遣送回家的有家可归的农民；(2) 无依无靠的儿童和老弱病残；(3) 地、富、反、坏、右和其他刑事犯罪分子；(4) 无家可归、屡遣不归的青壮年和十四岁以上有劳动力青少年；(5) 不愿回乡，有劳动力的精简下放职工；(6) 支援边疆人员和移民从安置区跑出来，原籍无生活依靠，本人又不愿回安置区的人员；(7) 家在重灾区，遣返回乡生活问题解决不了、暂时不愿回乡的农民；(8) 家在城市，有劳动力而又无人赡养的闲散人员；(9) 二流子、懒汉和流浪成性、屡遣屡返的分子。

② 目前，国家卫健委和各地方政府关于流动人口的定义表述不一，但基本大同小异，本书采取国家卫健委《流动人口计划生育工作条例》中的定义，其他详见《天津市流动人口管理规定》，《山东省流动人口服务管理暂行办法》，《广东省流动人口服务管理条例》等。

③ 国家统计局. 2010年第六次全国人口普查主要数据公报（第1号）[EB/OL].（2020-01-25）.

口。需要注意的是，在相关研究中，还存在着一个同农村流动人口相近似的概念——农业流动人口，需要对两者进行严格区分。后者主要指的是流动人口群体中，在流动前常住农村地区并且主要从事农业生产的人口，其中也包括一些具有城市户籍但从事农业生产的人口。前者指的是在流动前常住农村，户籍也在农村的流动人口。农村流动人口和农业流动人口是按照不同的标准对流动人口进行划分的结果，前者主要基于户籍类别，后者则基于从事的产业。

农村流动人口是转型时期中国社会的特殊阶层，在他们身上能够明显地看到由于流动产生的矛盾属性。首先，从职业上看，大部分农村流动人口从事的是各种非农业工作，但在户籍上他们始终属于农民的一部分。其次，农村流动人口多是农村中的青壮年群体，他们具备很强的劳动能力，在家乡中无疑属于优势群体，处于主导地位。但是在城市中，他们又往往处于边缘地位，是城市中的弱势群体。最后，对大部分农村流动人口来说，他们需要在农村和城市之间来回往返，他们既熟悉传统乡村的生活环境，又习惯于现代城市的便利生活，这也在一定程度上引发了他们心中对城市的向往和在城乡间定居的矛盾。

就目前来看，我国的农村流动人口数量非常庞大，在全国人口中的占比也非常高。根据相关学者的研究，我国农村流动人口的特征可以归结为以下五个方面：一是以年轻劳动力为主，主要集中在15~45岁；二是文化程度普遍在初中以上，其中也不乏许多高学历者；三是以非举家流动为主，夫妻同时处于流动状态的可能性较高，子女或其他家庭成员随同流动的可能性较小；四是流动人口的个人经济收入不高，普遍属于所在城乡地区的中低收入水平；五是流动人口的基本生活条件较差，其居住方式以集体宿舍、自租房和家庭租房为主，在现居住地购买住房的人口比例相对较低。

根据划分标准和研究角度的不同，学术界关于农村流动人口存在着不同的分类。如根据在城市居留的状况，可以将农村流动人口分为三类：一是在城市居住多年，具备了成为常住居民应该具备的生活条件，有着较为稳定工作的流动人口；二是获得短期居留资格，具有一定的在城市生存的生活基础条件，从事流动性强，条件比较艰苦工作的流动人口；三是没有取得城市居留资格，基本不具备在城市生活的各种条件的流动人口。[①] 根据流动地域的差异，可以将农村流动人口分为四类：跨省流动人口、省内跨市流动人口、市内跨县流动人口以及县内跨乡流动人口[②]等。这些分类，都可以作为我们研究农村流动人口的参考依据。

在结合以上观点的基础上，本书从城镇化视角出发，根据农村流动人口内在迁移动力和流动时间的差别，将其分为三类。第一类是以经济利益为驱动的农村流动人口。这类流动人口生活的农村环境较为艰苦，为提高经济收入水平，他们选择背井离乡，前往城市务工或从事经商活动，以改善自身和家庭的生活条件。第二类是以个人发展为导向的农村流动人口。这类流动人口的户籍在农村或虽经过短暂迁移又回到农村，他们为寻求自身的职业长远发展和人力资本提升，通过传统的社会流动渠道——升学、参军进入城市。但是，在学习和服役期满进入社会后，他们由于种种限制未能实现户籍的迁移，自身又缺乏回到家乡居住的意愿，因而滞留在城市谋求自身发展。第三类是临时过渡安置下的农村流动人口。这类流动人口原本居住在城乡接合部的农村，但由于城镇化进程中城市规模的扩张，其所在行政村落拆迁，耕地被征用，在回迁安置的过程中，他们不得不临时分散居住，造成了人与户籍的短暂分离。

---

① 邵静野，王维翊．变革时代的社会管理创新［M］．北京：国家行政学院出版社，2011：145.

② 国务院第六次全国人口普查办公室．迈向小康社会的中国人口（全国卷）［M］．北京：中国统计出版社，2014：223.

（三）党员、流动党员和流动人口中的党员

党员，即政党组织的成员，是赞同某一政党组织的纲领和政策、遵守政党的纪律、自愿加入该政党的成员。“政党成员是构成一个政党的基本细胞，也是政党借以实现其政治目标的主要力量来源。”① 目前，虽然世界上各类政党对其成员的资格、要求有所不同，但鉴于党员个体素质对提升政党整体水平的重要性，故一般政党都非常重视吸收、挑选和培训党员。作为本书研究对象的“党员”，指代的是中国共产党党员。

中国共产党是根据列宁主义建党原则建立起来的党。同西方国家的议会式政党不同，列宁主义政党对其成员有着严格的要求。《中国共产党章程》明确规定，党员在加入党组织后，除享受各项权利外，还要履行好党章规定的基本义务。例如，“每个中国共产党党员，不论职务高低，都必须编入党的一个支部、小组或其他特定组织，参加党的组织生活，接受党内外群众的监督”；“党员如果没有正当理由，连续六个月不参加党的组织生活，或不交纳党费，或不做党所分配的工作，就被认为是自行脱党；”② 等等。

改革开放后，随着经济体制转型及人事劳动制度改革的深入，我国出现了规模庞大的流动党员群体。为了更好地对这些党员进行管理，2006 年 6 月，中共中央办公厅印发专门意见，首次将这一群体明确命名为“流动党员”，并对其概念做出了界定。即“流动党员是指由于就业或居住地变化等原因，在较长时间内无法正常参加正式组织关系所在党组织活动的党员”。

---

① 傅金铎．国外主要国家政党政治［M］．北京：华文出版社，2001：5.

② 中共中央办公厅　中央“不忘初心、牢记使命”主题教育领导小组办公室．中国共产党党内重要法规汇编［M］．北京：党建读物出版社，2019：18.

流动党员和流动人口中的党员是两个非常容易混淆的概念。其中，流动人口中的党员的概念范围更广，指的是流动人口中具有党员身份的群体。它不仅包括通常意义上的流动党员群体（包括“口袋党员”和“隐形党员”等）还包括一些虽处于“人户分离”状态，但能够正常参与组织关系所在地党组织活动的普通党员。需要注意的是，农村流动人口中的党员虽然并不完全都是流动党员，但是在总体上两者呈高度相关性。即农村流动人口越多，农村流动人口中的党员就越多，农村流动党员数量也越多。这主要是因为农村流动人口进入流动状态之后，就业和居住地都发生了变化，在党建工作中，这一情况恰恰是导致流动人口中的党员群体无法正常参加正式组织关系所在党组织活动的主要原因。而后者是评判一个党员是否属于流动党员的根本标准。总的来看，本书中所使用的“农村流动党员”概念，泛指那些户籍在农村，但由于种种原因，离开户口所在地，到其他地区工作、居住和生活，在较长时间内（3个月及以上）无法正常参加正式组织关系所在党组织活动的中国共产党党员。

（四）党员管理

政党在运行过程中，不仅要吸纳社会中有意愿加入党组织的成员，还要对这些成员进行有效的管理。党员管理是中国共产党党的建设的重要组成部分。根据《中国共产党党务工作大辞典》的定义，“党员管理”是党组织的一项日常工作。即围绕政党组织成员所开展的各项工作的总和。具体来说，就是“根据党员数量和分布情况建立党的支部或小组，对党员进行教育，审查和鉴定党员，严格党员的组织生活，加强监督和整顿纪律，发挥党员的先锋模范作用，吸收优秀分子入党，清除腐败分子，处置不合格分子等”。[①] 中央组织部编写的《党员管理手册》中对“党员管理”概念的界定则是“党组织按照党章和党内的有关规定，通过一定的方式和手段，使党员认真履行义务，正确行使权力的活动”。[②] 在基层党务工作实践中，“党员管理”一词有广义和狭义之分，狭义上的党员管理，主要指健全党的组织生活、转递党组织关系、收缴党费、处理党籍和党员统计等；而广义上的党员管理，还包括建立和健全党的组织，了解掌握党员的思想、工作、学习情况，对党员进行教育，分配党员适当的工作，坚持党的生活，对党员的监督、鉴定、考察等。[③] 需要指出的是，由于不同行业、不同基层党组织地位和作用不同，党员从事的职业和担任的职务也不一致。因此，党员管理要根据不同类型、层次党员的特点，进行分类管理。

根据研究需要，本书采用广义上的“党员管理”概念，对党员群体中的重要组成部分——农村流动党员实现组织覆盖以及其参加组织生活、教育、管理、监督、服务等情况进行全方位研究。

二、总体研究框架

本书采用的是实践探索与理论阐述相结合的研究思路。全书依据把握历史脉络、进行案例分析、理论概括提升三个不同层次和从一般到特殊、从抽象到具体的逻辑结构分为三个部分。第一部分，我国农村流动人口发展和农村流动党员管理探索工作的历程。这部分是整个研究的基础。其特点在于把握改革开放以来不同阶段的形势特点和要求，以城镇化理论为基础，从宏观上阐释农村人口流动的成因和流动党员管理工作的历史进程。第二部分，对农村流动党员中三种不同类型的群体进行分

---

① 孙维本．中国共产党党务工作大辞典［M］．北京：中国展望出版社，1989：52.

② 中共中央组织部组织局．党员管理手册［M］．北京：党建读物出版社，1998：1.

③ 廖维满，徐继舜，燕鹏远．党员管理工作［M］．北京：红旗出版社，1992：4.

析。这部分是整个研究的重点，主要是通过对农村流动党员中三种不同类型的群体管理情况进行评估和概括，为最后一部分总结分析提供启示。第三部分，目前农村流动党员管理中存在的问题以及对破解当前流动党员管理工作难点的思考。这三个部分彼此关联，逐步推进，共同构成一个整体框架。

第一部分（第一章）：利用城镇化理论，从客观上阐述了我国农村流动人口产生的历史背景、社会条件、发展过程，重点揭示了农村流动党员管理工作的发展历程。农村流动党员的出现和发展是同特定的历史条件相联系的。党的十一届三中全会后，以市场化为基本取向的经济体制改革、政府职能部门的转变、社会结构分化等因素加速推进了中国的工业化和城镇化进程，这成为我国农村流动人口产生的主要背景和条件。与此相对应，农村流动人口中的党员群体不断发展壮大，逐步成为党员群体中的重要组成部分。作为对新的社会实践的应对，对农村流动党员群体的管理工作已经逐步成为党建新领域。根据党中央、中央组织部关于流动党员管理工作的要求和部署，结合我国农村流动人口的发展实践，可以将我国农村流动党员管理工作的探索历程分为四个阶段。第一阶段（1978—1993 年）。改革开放初期，流动人口特别是农村流动人口的规模不断扩大，集中向中小城镇迁移。20 世纪 80 年代以后，随着农村剩余劳动力数量的增加和城镇劳动力的结构性短缺，一些大城市开始出现所谓的“民工潮”。这一时期流动人口和流动党员数量不断增加，引起了一些地方党委和组织部门的重视。部分地方组织部门基于现实考量对解决这一问题进行了一些探索和尝试。第二阶段（1994—2001 年）。这一阶段，中央组织部门开始重视流动党员问题，并对其管理工作进行了原则性规定。在此期间，大批农村剩余劳动力在产业间转移和地区间流动日益频繁，对基层党建工作产生了严重影响。为此，在各地对农村流动党员管理进行实践探索的基础上，中央组织部门出台专门文件，就流动党员的组织关系及其管理问题进行了说明和统筹指导。值得注意的是，这一时期对流动党员的管理同其他党员相一致，主要还是以传统常规手段为主，没有就流动党员的具体特点进行针对化管理。第三阶段（2002—2006 年）。这一阶段，中央组织部门将流动党员管理工作正式纳入党的基层组织建设工作的整体布局中，并对其相关概念、总体要求进行了明确规定。农村流动党员的管理手段、监督途径等开始逐步走向制度化和规范化。在此期间，农村流动人口和农村流动党员的规模进一步扩大。第四阶段（2007 年至今）。这一阶段，中央和地方党组织适应基层党建工作发展要求，在总结流动党员管理实践经验的基础上，先后颁布了一系列新政策、新措施，推进流动党员管理理念、路径方法和体制机制的创新。

第二部分（第二章至第四章）：对三种类型农村流动党员的六种管理模式进行全面系统的分析。鉴于目前学术界对农村流动党员没有严格准确的分类标准，结合既有文献和基层党组织党员管理实践工作，本部分以内在迁移动力和流动状态为主要划分依据，将我国农村流动党员群体划分为三种不同的类型。即：（1）户籍和党组织关系都在农村，由于“经济利益”驱动，从农村流入到城市务工、经商的流动党员群体；（2）户籍在农村或虽经迁移之后又回到农村，党组织关系保留在城市或农村，为实现个人发展，通过升学、参军等原因流动到城市而后没有返回户籍所在地农村的流动党员群体；（3）户籍和党组织关系原本都在农村，但由于城镇化进程中的动迁安置工程，导致居住地发生变化，人与户籍、党组织关系三方分离，无法按时参加组织关系所在党组织活动的流动党员。这三种不同类型农村流动党员的基本特征如下（见表 0-1）。

表 0-1 不同类型农村流动党员基本特征对比

流动党员类型	内在迁移动力		流动状态		流动期间户籍所在地	流动期间党组织关系情况
	流动意愿	流动动力	流动时间	结束流动时归属地		
农民工和个体工商户流动党员	主动	直接经济利益驱动	短期	回到农村	农村	农村
农村高校毕业生和退伍军人流动党员	主动	实现个人发展	长期	回到农村或留在城市	农村	农村或城市
农村动迁安置流动党员	被动	无经济利益驱动	短期	留在城市	农村	农村

针对这三种不同类型的农村流动党员，各地党组织普遍采取了差异化的管理模式。在广泛搜集资料和调研的基础上，本部分对这三种农村流动党员的六种管理模式进行分析，每种管理模式选取一个样本，分别阐述其具体做法，总结经验，探求其中的共性和个性。

第二章的研究对象为农民工和个体工商户流动党员。即户籍和党组织关系在农村，从原居住地流入到城市务工、经商的农村流动党员。这类流动党员的管理模式有两种，分别是：行业管理模式以及流出地、流入地共同管理模式。选取的案例样本是作为特大型中央企业的 Z 公司对以劳务分包形式参与工程项目的农民工流动党员群体的管理，作为流出地党组织的浙江省 T 县机关工委和流入地党组织虹口区委组织部对在沪从事个体工商业经营的农村流动党员群体的管理。这类农村流动党员以进城务工的党员数量最多，经商的次之。他们在家乡大都承包有一定数量的土地，流动目的多是出于改善自身生活。这类流动党员绝大部分缺乏户籍、党组织关系迁移的主观意愿，属于“候鸟式”流动。这类流动党员虽然长期在外，但是多数拥有较强的党员意识。他们一般比较珍惜自己的党员身份、政治荣誉和民主权利。作为样本的 Z 公司党委、T 县在沪流动党委党员管理的主要做法和经验是：（1）结合党员申报和党组织摸排登记，全面掌握流动党员的基本情况；（2）根据流动党员特点灵活设置党的基层组织；（3）完善激励制度、突出服务功能，调动流动党员参与积极性；（4）加强载体建设、积极搭建平台，为加强流动党员管理和发挥流动党员积极作用创造条件；（5）加大在流动人口中发展党员工作的力度；（6）加强流入地、流出地党组织协调，统筹运用党建资源。这些做法的优势是：充分发挥体制内党建工作的优势，统筹党建资源为流动党员管理工作奠定坚实的基础等。其不足之处也比较明显，如过分依赖上级党委和组织部门的重视，对流出地党组织造成过重的负担，党务工作缺少创新等。

第三章的研究对象为农村高校毕业生和退伍军人流动党员。即户籍在农村，党组织关系在城市或农村，人与户籍、组织关系三方分离的流动党员。目前，这类流动党员的管理模式主要有三种：流出地管理模式、中介管理模式以及属地管理模式。选取的样本分别是作为事业单位的 N 大学所辖二级学院对毕业生流动党员的管理，S 省人社厅所属人才交流服务中心对组织关系挂靠在本单位的各类流动党员的管理，G 市 P 区社区对外来流动党员的管理。这类农村流动党员虽然成长于农村，但普遍很早就已经离开家乡前往城市，并逐渐适应了城市的生活。其流动原因主要是出于实现个人发展的目的。他们渴望留在城市发展生活，期待户籍和组织关系的永久性迁移，但是由于种种原因，未能如愿。这类流动党员以青年群体为主，他们多是在高校学习或入伍期间加入党的组织，党龄相对较短，政治经验不足。作为样本的 N 大学所属二级学院、S 省人才服务中心以及 G 市 P 区基层社区党委对这类党员进行管理的主要做法和经验包括：（1）健全基层党建工作考核机制，落实流动党员管理重要抓手；（2）丰富流动党员服务群众形式，有效推动社区融合发展；（3）将流动党员管理工作融入区域化党建发展轨道；（4）优化服务功能，提高基层党组织向心力；（5）提高流动党员管理信息化水平等。

第四章的研究对象为农村动迁安置流动党员。即由于城市规模的扩张，导致村落拆迁，耕地被征用，原有党组织不复存在，居住地发生变化，无法按时参加党组织活动的党员。目前，这类农村流动党员的管理模式主要是双重管理。本书中这类党员管理模式选取的样本是T市下辖城中村党组织对拆迁安置流动党员的管理、B市C区城乡接合部地区行政村党支部对涉迁流动党员的管理。这类流动党员本身居住于城市建成区的边缘地带或城乡接合部地区，在居住地被拆迁后分散在各地居住。他们在主观上并没有流动的意愿，属于被动流动。由于在城中村改造完毕后，这类党员群体一般会统一入住拆迁安置小区，因而他们的流动具有一定的临时性。作为样本的T市、B市C区城改社区党组织对流动党员进行管理的主要做法和经验是：（1）在拆迁项目启动前，做好全面准备工作，牢固流动党员的管理基础；（2）在拆迁过程中，完善相关机制建设，引导党员投身“城中村”改造实践；（3）在拆迁结束后，疏通和拓宽服务渠道，切实提高涉迁党员幸福感和获得感；（4）在过渡安置期内，激发参与活力，推动流动党员教育模式不断创新。

第三部分（第五章）：本部分遵循从特殊到一般，从实践分析到理论概括的理念路径，对三种不同类型农村流动党员的六种管理模式进行比较分析。通过比较，概括出流动党员管理的路径和一般规律，并就农村流动党员管理工作实践中出现的各种问题进行深入分析，如流动党员情况复杂，基本信息难以全面准确掌握；管理主体多元化，管理缺位与管理交叉并存；管理工作内容不明确，管理缺乏针对性；党建工作资源相对匮乏，农村流动党员管理缺乏有效保障；党员管理制度整体发展滞后，难以满足流动党员动态管理需要；流动党员管理手段较为单调，过分依赖于行政力量驱动等。最后给出相应的对策和建议，并就新时代如何加强流动党员管理工作展开进一步思考。

三、研究视角和方法

一是历史文献学方法。针对本书所涉及的相关问题，通过图书馆查阅、数据库检索、文献库查询等途径和方式，对改革开放以来中央层面的党内法规、规范性文件以及地方党委组织部、行业部门的相关规定进行收集、研究和整理。对党和国家涉及流动人口、流动党员管理的方针、政策以及规定等有清晰的认识，从而形成流动党员管理的理论支撑，同时广泛查阅、收集涉及流动党员管理方面的专著和论文等，掌握研究现状，了解前沿动态，发掘研究空间，为自己的研究奠定基础。

二是实证研究法。这是本书采用的主要研究方法。本书以调研和搜集的材料作为研究的根本出发点。第一，对国家统计局、有关部门汇总的数据进行科学统计，经过逻辑分析，形成基本材料，并将其作为本书研究和写作的重要参考依据。第二，采取多种调研方式，如参加研讨会、实地调研、查阅档案等搜集一手资料。在这一过程中，笔者先后参加了多地组织的党建工作研讨班，走访了十余个实际负责流动党员管理工作的基层党组织，认真查阅了相关组织部门提供的档案材料。第三，为了弥补资料的不足，对相关党建课题组的调研报告、官方媒体宣传的典型案例、有关论文的研究成果进行全面搜集，选取其中具有一定代表性的个案进行比较分析。在这些案例中，有关责任主体对流动党员的管理方法经过多年实践探索，基本已经形成固定模式，且被官方广泛推广，能够较好地反映出同类型流动党员管理工作的特点。在使用方法上，本书主要是对案例材料进行描述性分析，提炼总结其一般性规律，并在此基础上揭示出农村流动党员管理工作的现实状况、存在问题，对其原因进行分析，给出对策建议。

四、研究难点和创新之处

本书写作的难点在于以下两个方面。第一，相关数据和资料的收集。受到客观条件影响，当前在全国范围内，缺乏针对农村流动党员群体的权威、详细的数据统计资料。与此同时，由于研究时间的限制，加之精力所限，笔者未能就流动党员管理进行更多的实地调研。基于此，本书采用的数据和案例中相当一部分是来自公开出版的地方组织部门、党建研究会的调研报告汇编及相关学术期刊论文、报纸等，但这一点并不会对本书的主要观点和内容产生过多影响。第二，处理好理论同现实的关系。本书既要利用城镇化理论对农村流动人口的发展实际情况进行阐释，又要对农村流动党员管理工作实践进行理论性提升，这给本书写作带来一定困难。

本书的创新之处在于以下三点。第一，利用城镇化相关理论对农村流动人口以及农村流动党员群体的形成、发展原因进行阐释。第二，就党对农村流动党员管理的探索进行系统梳理，展现农村流动党员发展的历史脉络，揭示农村流动党员管理工作的现状，为各方了解研究流动党员问题提供便利，为今后加强流动党员管理工作提供参考。第三，对农村流动党员进行科学分类，通过选取具有一定典型意义的案例进行比较研究，从组织建构、系统运行、制度安排等方面出发，对已有的研究成果进行归纳概括，提炼一般规律，推动流动党员队伍管理认识的深化和理论发展。

第一章　城镇化视域下党对农村流动党员管理的探索

本章主要探讨的是农村流动党员管理的实然性，即在改革开放和城镇化的背景下，中国共产党作为执政党是如何教育和管理农村流动人口中因居住地与工作地变化，在较长时间无法参加组织关系所在党组织活动的党员群体的。要研究这一问题，首先要厘清农村流动人口产生的社会条件、发展的历史脉络。因此，本章的内容主要包括两大部分：第一部分是对改革开放以来我国农村流动人口出现的历史条件、发展阶段和基本情况做出分析与归纳，第二部分则是对中共十一届三中全会之后至今的农村流动党员管理的历史过程进行学术梳理和总体性描述。

第一节　我国农村流动人口形成的历史溯源

农村流动人口是我国农村剩余劳动力向非农产业跨地区有序转移的产物。改革开放之后，我国的农村流动人口规模迅速发展，已经成为流动人口群体最主要的组成部分。在过往论述国内农村流动人口发展的原因时，一些学者多运用西方人口迁移理论来进行解释。如城乡结构理论、推力-拉力理论、劳动力市场分割理论、托达罗模型等。这些理论能够在一定程度上对农业人口进行空间迁移的合理性给予说明。但需要明确的是，中国的改革进程始终是在执政党和政府的主导下进行的。农村大规模流动人口的产生与发展不但同改革开放以来我国经济、政治和社会体制的转变有关，而且同党和政府采取的工业化与城镇化策略密切相连。中共十一届三中全会之后，中国进入了一个全新的发展时期。党和政府对新中国成立以来的重工业优先、城市优先的经济发展策略做出重大调整。在工业化模式的选择上，新一届中央领导集体积极对工业实行体制改革，调整国内产业结构和工业发展次序，并依靠发展乡镇企业带动农村地区的工业化，加上由此带来的农村经济状况改善、国家宏观人口政策限制放宽、中小城镇快速崛起以及我国经济社会发展不平衡性、高等教育扩招和高校就业方针调整等因素影响，我国城镇化水平进一步提高，农村剩余劳动力实现自由迁移，在城乡之间、区域之间形成了大规模的农村流动人口。可以说，农村流动人口的出现是我国工业化和城镇化的结果，它也为推动工业化和城镇化发挥着积极作用。

一、经济基础：农业发展和农村经济状况的改善

农村流动人口的出现，首先源于我国农业的快速发展和农村地区经济状况的持续改善。从历史上看，中国是一个农村人口占据多数，以农业为主要产业的农业国。稳步地实现由农业国向工业国的转变，是国家实现现代化的必由之路。20 世纪 50 年代中后期，为了在短时间内尽可能快速地推进国家的工业化进程，中共决定采取重工业优先的发展战略。在当时社会生产力基础十分薄弱的情况下，为了确保这一战略的有效实施，只能依靠带有强制性的行政力量，从农业中积累资源集中投入到工业发展中。要达成这一目标，一方面，需要行政部门对粮食实行统一计划的收购和供应，以更好地控制农产品价格；另一方面，需要进行

农业集体化，对农民的流动和择业自由进行一定的限制。出于以上两个目的，中共通过领导开展人民公社化运动，在广大农村地区建立了人民公社制度。人民公社作为农村社会的基本自治单元，集行政领导和经济管理职能于一身，统一管理所辖区域的各种事务。在人民公社制度下，生产资料统一归为公社所有，农民通过工资制和供给制参与生产分配。人民公社制度建立之初，对推进工业化和计划经济的实施发挥了重要作用。然而，由于人民公社制度所确立的公有化生产关系严重超越了同期我国的生产力发展水平，加上制度本身存在的管理过分集中、经营方式过于单一以及分配中的平均主义倾向等问题，农民参与生产的积极性受到很大影响，粮食产量增长非常有限，基本物资供给长期不足，大量劳动力被滞留于农村地区，从长期来看反而制约了国家的工业化和城镇化进程。

党的十一届三中全会后，中共中央决定将农村作为经济体制改革的突破口，对农村管理体制和经营方式做出调整。相较于城市和工业而言，农村和农业一直是计划经济控制较为薄弱的部门。在当时的历史条件下，中共党内意识形态上的分歧和不同意见并不足以阻碍农村的改革进程，并且发展农业和改善农村经济状况也能够在短时间内缓解我国经济发展面临的内部压力，为工业实现高速发展创造前提条件。究其原因，一方面，城镇化进程的上限取决于农村经济特别是农业的发展状况。农业的发展不仅能为城镇人口生存提供必需的物质保障，同时能够为工业建设提供基本原料和重要资金来源。只有以稳定的农业为基础，农村剩余劳动力才能转移到城市中的非农产业。另一方面，随着农村经济环境的好转和农业生产效率的提升，将会有大量的农村剩余劳动力从土地的束缚中解放出来，为国家工业化建设提供充足的人力资源。这也是推进我国城镇化建设的重要前提条件之一。这一时期，在邓小平、陈云等中共高层的领导、支持和鼓励下，以承包生产资料和生产任务为主要内容的家庭联产承包责任制在全国范围内逐步建立起来。与此同时，中共中央还决定因地制宜地发展林、牧、副、渔业，开展多种经营，并尝试改革农产品流通体制、价格体制和农村非农产业体制等。通过采取一系列改革措施，被长期压抑的农民参与生产经营积极性得到释放，极大地刺激了农业生产力发展。在此期间，我国农业剩余不断增加，农村经济状况显著改善，从根本上动摇了人民公社制度。此后不久，在总结各地试点经验的基础上，1983 年 10 月，中共中央、国务院决定正式撤销人民公社，代之以乡 ·级政府。① 此后，农村经济的发展活力被进一步激发出来，我国农业总产值和农村社会总产值稳步提高（见图 1-1）。

20 世纪 90 年代以后，随着农业新技术、新品种的普及运用，农业生产作业、运输和加工的机械化，农村各类互助经济组织的蓬勃兴起，我国农业发展迎来了新的高潮。在这种情况下，农村人口的整体流动性进一步增强，有越来越多的农村剩余劳动力开始转向非农产业。简言之，农村经济状况的好转特别是农业的稳定，极大地改善了农村地区的物质生活条件，同时为农业人口向非农产业和地区流动转移提供了根本前提。

① 1958 年我国成立农村人民公社 23630 个，1963 年达到 80956 个。此后，呈逐年递减趋势。1978 年为 52781 个。1983 年，随着中共中央、国务院《关于实行政社分开，建立乡政府的通知》的颁布实施，人民公社逐步改为乡镇。1985 年，全国乡镇总数达到 72153 个。进入 20 世纪 90 年代，各地逐步撤乡并镇，我国乡镇数量逐年减少。分别参见王曙光，王丹莉．中华人民共和国经济史论［M］．北京：商务印书馆，2019：120；武力，郑有贵．中国共产党“三农”思想政策史 1921—2013［M］．北京：中国时代经济出版社，2013：641。

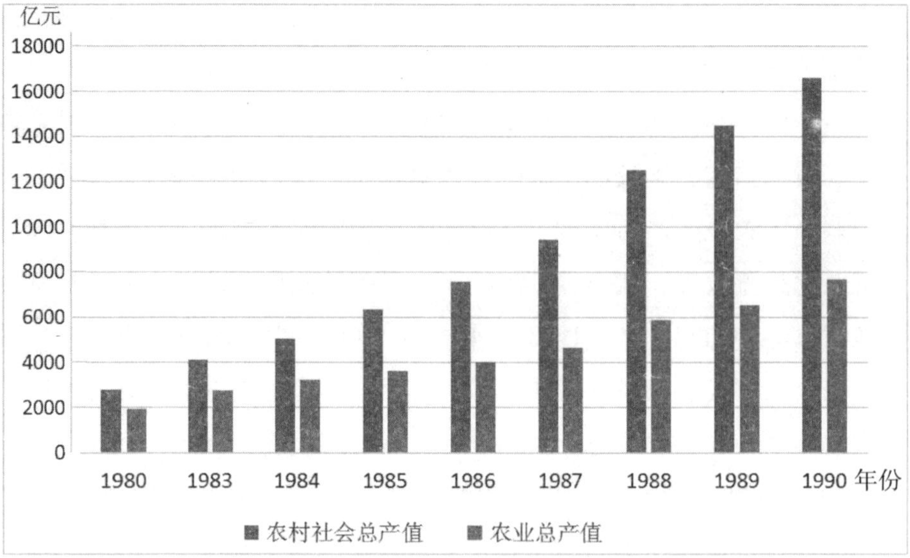

图 1-1　1980—1990 年全国农村社会总产值和农业总产值变化

资料来源：根据历年《中国统计年鉴》《中国农村统计年鉴汇编 1949—2004》等资料整理而成。

二、政治壁垒：国家宏观政策调整和制度性限制的放宽

中国是一个行政力量居于主导地位的国家。党和政府对公共政策的任何重大转变与调整，都会对整个国家的经济和社会生活产生深远影响。这一点对农业流动人口的出现和发展也不例外。新中国成立之初，中共基本延续了新中国成立之前相对宽松的人口迁移政策，并没有对农村人口向城市或其他地区迁徙进行限制。因此，一段时间以来城乡之间人口进行区域性流动的现象依然十分普遍。自 1949 年下半年开始，中国农村社会先后经历了包括土地改革、农业合作化等在内的一系列政治运动，再加上受到自然灾害的影响，传统农村的社会结构发生剧烈变化。因此，这一时期除经由政府统一组织的人口迁移计划之外，还有大

量的农村人口通过各种途径流入城市。

大量盲目涌入城市的农村人口对现有城市物资供应和日常管理造成巨大压力。为有效应对这一问题，中央和地方政府开始通过行政手段限制人口流动，以防止农村人口流失对我国的农业生产和城市稳定造成消极影响。1957 年 12 月 18 日，中共中央、国务院发布《关于制止农村人口盲目外流的指示》，要求相关部门严格户籍管理，并提出通过加强思想教育、在交通要道设立劝阻机构、严禁城市单位擅自招工、集中遣送原籍等手段做好防止农村人口盲目外流工作。在此基础上，1958 年 1 月 9 日，全国人大常委会通过了《中华人民共和国户口登记条例》，规定："公民由农村迁往城市，必须持有城市劳动部门的录用证明，学校的录取证明，或者城市户口登记机关的准予迁入的证明，向常住地户口登记机关申请办理迁出手续。"① 这标志着国家对人口迁徙的限制，特别是农民向城市的单方面迁徙限制以立法的方式确立下来。20 世纪 60 年代初期，公安部又出台了专门的加强户口管理工作的意见，明确肯定了户口工作在服务国家建设、控制城镇人口增长、配合计划供应等方面的积极作用，并再次强调要严格户口管理，特别是"严格执行中央和国务院有关户口迁移问题的规定，对农村迁往城市的，必须严加控制"②。从 20 世纪 50 年代末期开始，除建立户籍制度外，政府还通过严格劳动用工制度、票证制度等方式对农村劳动力的流动进行限制。这些政策性制度相互联结，共同构建起一个严密的社会控制网络，使我国农村人口向城镇的外部迁移始终维持在较低的水平。据统计，从 1949 年到 1978 年底的 30 年间，我国城镇户籍人口共增长 1.145 亿人，在扣

---

① 公安部政策法律研究室．中华人民共和国公安法规选编［M］．北京：法律出版社，1982：85.

② 公安部治安管理局．户口管理法律法规规章政策汇编［M］．北京：中国人民公安大学出版社，2001：34.

除城镇人口自然增长数据的情况下，同时期农村人口向城市进行户籍迁移的数量仅有4870万人，年均增加只有162万人左右。[①] 国家计划外的非户籍迁移人口数量则更少，据估计不足百万人。

中共十一届三中全会后，国家对农村人口进入城市的政策限制逐步放宽。1984年初，中央一号文件首次提出允许农村人口自理口粮到集镇落户。以此为起点，计划经济时期确立的严格的城乡分治户籍管理制度开始出现松动。20世纪80年代中期至90年代初，我国加快了对农村人口流动政策的调整步伐（见表1-1）。

表1-1　1984—1993年中共中央、国务院关于农村人口流动政策一览

颁布时间	文件名称	发文单位	主要内容
1984年1月	《关于一九八四年农村工作的通知》	中共中央	可选若干集镇进行试点，允许务工、经商、办服务业的农民自理口粮到集镇落户
1984年10月	《国务院关于农民进入集镇落户问题的通知》	国务院	（1）凡申请到集镇务工、经商、办服务业的农民和家属，在集镇有固定住所，有经营能力，或在乡镇企事业单位长期务工的，公安部门应准予落常住户口。（2）粮食部门要做好加价粮油的供应工作，地方政府要为他们建房、买房、租房提供方便。（3）乡镇人民政府和村民委员会对其留居农村的家属不得歧视
1985年1月	《关于进一步活跃农村经济的十项政策》	中共中央	（1）允许农民进城开店设坊，兴办服务业，提供各种劳务。（2）城市要在用地和服务设施方面提供便利条件

① 冀党生，邵秦．中国人口流动态势与管理［M］．北京：中国人口出版社，1995：105.

续表

颁布时间	文件名称	发文单位	主要内容
1987年1月	《把农村改革引向深入》	中共中央	(1) 允许农村剩余劳动力向劳力紧缺的地区流动。(2) 支持能工巧匠到异地经营或承包
1988年7月	《关于加强贫困地区劳动力资源开发工作的通知》	劳动部	(1) 按照“东西联合，城乡结合，定点挂钩，长期协作”原则，组织劳动力跨地区流动。(2) 沿海经济发达地区、大中城市的劳动部门要有计划地从贫困地区吸收劳动力
1993年11月	《关于建立社会主义市场经济体制若干问题的决定》	中共中央	鼓励和引导农村剩余劳动力逐步向非农产业转移和地区间的有序流动

在放宽农村人口流动宏观政策限制的同时，中共中央还根据客观形势的变化，决定改革农产品统派购制度，取消对包括粮食在内的各种物资的统购统销。受此影响，全国主要城市先后逐步取消了以票证为主的配给制度。到20世纪90年代中期，各种类型的票、证、券在城市中基本停用，票证制度正式退出历史舞台。在破除农业流动人口城市劳务用工制度限制方面，1986年7月12日，国务院颁布《国有企业招用工人暂行规定》，首次提出对国有企业计划指标内的劳务招工，实行面向社会，公开招收，凡是“符合报考条件的城镇待业人员和国家规定允许从农村招用的人员，均可报考”①。1994年8月，劳动部印发专门意见，提出要促进城市劳动力市场发展，建立完善的就业服务体系。这些规定，无疑都在客观上弱化了农村人口在城市劳务用工的体制障碍因素，对动员和组织城市各类企业招用农村地区剩余劳动力起到了积极推动作用。在保障农村流动人口基本权益方面，这一时期中共中央、国务院和

① 国务院关于劳动制度改革的四项暂行规定［M］. 北京：法律出版社，1986：11-12.

相关部门陆续发布了一系列规定与办法，对规范农村剩余劳动力外出务工、经商提供了有力支持。例如，1993 年 11 月，劳动部启动城乡协调就业计划，决定建立针对农村人口流动就业的用工管理、监察、服务基本制度，以保障农民工合法权益、促进农村流动人口有序转移；1995 年 9 月，中办、国办联合印发《关于加强流动人口管理工作的意见》，提出实施流动人口就业证和暂住证制度等。

20 世纪 90 年代中期之后，随着经济体制改革目标确立和非公有制经济成分的增长，政府关于促进人口迁移的配套改革措施日益丰富，农村劳动力在城乡之间自由有序流动成为可能。总的来看，国家宏观人口流动政策和制度限制的松动，为农村流动人口的出现和发展提供了合法性基础。

三、外在拉力：工业规模增长和城镇建设的扩张

工业发展和城镇规模扩张对劳动力的需求，是农村流动人口快速增长的根本推动力。新中国成立之初，中国的工业化水平很低，城市和城市经济也比较落后。对已经全面执政的中国共产党来说，通过何种途径实现国家的工业化是一个重大课题。从世界范围来看，当时发达国家实现工业化的路径主要有两种：一种是以美国和英国为代表，在发展路径上采取轻工业优先策略，经过一段时间的积累后再发展重工业；一种是以苏联为代表，以高度的计划集中资源和资金，实行高积累和高投资，通过优先发展重工业来实现国家的工业化。在缺乏社会主义建设经验和技术的情况下，学习苏联工业化建设的基本做法，获取苏联的技术援助，对推进新中国工业化进程来说是非常必要的，再加上这一时期外部环境等因素的影响，使党和政府最终选择了重工业优先的赶超式工业化道路。1953 年初，随着“一五”计划的顺利实施，一大批重工业项目开始新建、扩建，我国的工业化基础初步确立，并带动了一批工业城市

的改造和发展。到 1957 年底，全国城市数量达到 176 个，城镇人口总数量突破 9949 万人①。在此期间，中国的城市建设成绩显著，工业化和城镇化进程明显加快。但与此同时，鉴于一段时间以来苏联在工业建设中暴露出的一系列问题，如重工业、轻工业和农业比例失调，长期忽视居民消费需求，轻视经济杠杆作用等，以毛泽东为代表的中共高层领导人也逐步认识到必须“以苏为鉴”，走一条独立自主的中国工业化道路。遗憾的是受各方面条件限制，这一时期中共在实践层面始终未能完全摆脱苏联工业化模式的影响。进入 20 世纪 60 年代后，国家计划经济体制中存在的深层次问题逐渐暴露出来，再加上由于盲目冒进，大量农村人口流入明显超出城市的承载能力，党和政府不得不采取严格控制城市规模的发展方针，逐步压缩基本建设指标，精简和下放城镇人口。在此期间，全国各主要城市的住宅和公共设施建设基本停滞，一大批地级市被撤销或降级为县级建制，城市数量不增反减。工业建设规模的萎缩和城市建设的长期停滞，客观上挤压了国家计划外人口流动的公共空间。

20 世纪 80 年代，随着农村经济体制改革的顺利推进，党和国家经济工作的重心逐渐转移到合理调整城市工业比例与布局，开展城市经济体制改革。1984 年下半年，中共决定实施以城市为中心的经济体制全面改革，并逐步探索在公有制基础上建立社会主义有计划的商品经济体制，以更好地激发城市经济活力。在城市经济体制改革启动的同时，以邓小平为代表的中共领导人立足国情实际，从推进社会主义现代化建设和巩固中共执政地位的高度出发，转变工业发展战略方向，由单纯追求重工业产值产量增长转向以提高整体经济效益为中心，并在借鉴西方国家工业化模式有益经验的基础上，大力发展轻工业和现代服务业。国家

① 庄林德，张京祥．中国城市发展与建设史［M］．南京：东南大学出版社，2002：230.

工业比例和产业结构长期失衡的情况得以纠正。此外，为了改善工业化与城镇化长期脱节的情况，防止城市功能进一步萎缩，中共中央对城市发展基本方针进行调整，在严控大城市规模的前提下，合理发展中等城市，鼓励小城镇发展。与之相应，中共中央、国务院先后出台多项惠农政策和规定，加大对乡镇企业发展的支持力度，并通过多次对市、镇设立标准进行调整和修订，放宽市、镇设立条件。这些措施极大地推动了我国的城镇化建设。

这一阶段，在城市商品经济发展、工业发展战略调整以及中小城镇快速崛起等因素形成的合力下，我国的城镇建设和城市经济迅速升温。再加上国家固定资产投资的逐年递增，社会基本建设规模迅速扩大，形成了城镇对农村劳动力的强烈需求。为了缓解城镇规模扩张和城市轻工业、服务业发展过程中存在的结构性劳动力短缺，各地方政府开始有计划地招收农村剩余劳动力参与城市建设和服务，并积极鼓励农村人口进入城市务工、经商。这些因素都在客观上促进了农村流动人口的快速增长。仅以建筑行业为例，1985 年全国建筑行业总的从业人员约为 2069 万人，其中来自农村的从业人员约为 1130 万人，占总数的 54.62%。到 1988 年，建筑行业从业人员增加至 2527 万人，在新增加的 458 万从业人员中，来自农村的高达 396 万人，占到新增从业人员的 86.46%。[①] 20 世纪 90 年代以后，随着国家城市空间布局的调整和市场化改革的深入，我国的城市经济和工业建设规模持续扩大。在这种背景下，一些大中城市的人口、规模不断膨胀并逐渐开始向周边扩展，导致城市村落和近郊的土地被征用于城市基础设施建设，进而催生出更多的农村流动人口。

① 冀党生，邵秦．中国人口流动态势与管理［M］．北京：中国人口出版社，1995：125-126.

四、内生动力：经济结构的深层次矛盾与发展的不平衡性

基于我国历史和现实因素形成的经济社会发展差异，是驱动农村人口流动和迁徙的内在动力。中共十一届三中全会后，在经济体制转型的背景下，我国经济社会发展的不平衡性日益突出，构成了我国经济体系的深层次结构性矛盾，对农村流动人口的形成和发展起到了积极推动作用。这种发展的不平衡性，主要表现在以下三个方面。

首先，产业发展不平衡和城乡发展不平衡。新中国成立之初，在多重因素的影响下，选择以高积累、高投入、低消费为主要特点的赶超型工业化模式推动我国的现代化进程。这种赶超型工业化模式虽然有利于后发国家在短时间内建立起相对完善的现代工业体系，但其弊端也较为明显。由于长期实施非均衡产业发展策略，国家“农业积累”大量流向城市工业部门，农村人口却并未随之转移，导致我国农业的生产性投资长期不足，劳动力边际产出降低，农业和轻工业发展滞后。另外，我国的城镇化进程严重滞后于工业化，而且工业化效率长期在低位徘徊。经过长时间发展，最终造成了农业和非农产业的不平衡发展态势以及基于产业差异的城乡二元结构。

其次，区域发展不平衡。改革开放之前，中国是一个分化程度相对较低的整体性社会，国家同社会高度重合。与之相对应，在经济领域，行政部门通过指令性计划、行政干预等方式介入生产、流通和消费的各个环节，对各类资源要素进行统一规划和调配。因此，国家不同区域之间的经济发展差距并不大。中共十一届三中全会后，随着商品经济的发展和市场准入限制的放宽，我国东南沿海地区的人口和地理区位优势在市场化竞争中逐步显现出来，再加上国家区域经济优先发展战略带来的政策倾斜，东南沿海地区的经济发展优势明显，在短时间内实现了快速增长。区域空间发展差距的扩大，造就了包括产业结构、经济效益在内

的全方位地区性差异，东部和中西部地区之间的区域发展不平衡由此产生。

最后，公有制经济与非公有制经济发展不平衡。20 世纪 50 年代中期，在对社会生产关系进行调整的过程中，我国正式确立了以单一公有制经济为全部内容的社会主义基本经济制度。但是，由于生产力发展的历史局限，这种在所有制关系上盲目追求的“纯而又纯”，在一定程度上制约了我国经济的整体运行效率。90 年代以后，在经济社会转型的背景下，我国所有制社会结构和产权配置格局发生剧烈变化。个体、私营和外资经济在国家经济总量中的占比不断提升，并在稳定经济增长、吸收人口就业、提高经济活力等方面发挥着日益重要的作用。非公有制经济从无到有、由弱到强，使中国经济结构出现了公有制经济与非公有制经济发展不平衡的局面。

总的来看，产业发展不平衡、城乡发展不平衡、区域发展不平衡以及公有制经济与非公有制经济发展不平衡之间相互影响、相互作用，共同构成了我国国民经济体系的结构性矛盾。这种结构性矛盾带来的预期比较差距，极大地刺激了农村流动人口外出寻求就业和发展机会的冲动。一方面，结构性矛盾中的一方所提供的高工资收入、稳定的就业、较好的工作和生活环境、良好的职业发展前景等，对农村人口形成积极的“拉力”，吸引农村剩余劳动力向城镇、非公有制经济、非农产业和东南沿海地区逐步转移。另一方面，结构性矛盾中的另一方所提供的是较低的收入回报、较差的工作条件和生活环境，加之缺少个体职业的发展机会，对农村人口流动形成强大“推力”，促使农村剩余劳动力离开原居住地，向经济发达地区进行地理流动迁徙。

五、改革深化：高等教育发展和就业的市场化

高等教育规模扩张和高校毕业生自主择业是改革开放以来我国经济

社会结构转型带来的必然结果，也是促进农村流动人口发展的重要原因之一。新中国成立之后很长一段时间内，为了加大对资源和人口流动的管控力度，防止城镇化失速所带来的经济和政治压力，政府依靠户籍和人事管理制度，建立起一套严格的身份制度，并将这种身份的差别同收入、消费、福利以及社会地位等方面进行关联。干部、工人、农民，不同身份和户籍类别之间的差距界限明显，社会的总体流动性很低。在这样的背景下，高校统一招生和毕业分配作为国家层面的制度安排，成为传统农村人口向城市户籍迁移的主要渠道之一。但是，受到客观条件的限制，计划经济体制下的高等教育招生规模始终有限。20 世纪 60 年代中期，高校招生甚至一度出现中断，后虽部分高等院校开始恢复招生工作，但主要是通过群众推荐、领导批准和学校复审，每年选拔一批“工农兵大学生”。直到 1977 年，中断近十年的高考制度才正式恢复。农村青年通过参加国家选拔性考试，实现户籍和身份的转换重新成为可能。

20 世纪 80 年代末期，为了同经济体制改革的总体路径保持一致，国家决定加快推进管理领域的改革，进一步推动高等教育事业发展。这些改革措施主要集中在以下两个方面。

一是实行高校毕业生自主择业。随着政府行政职能收缩和市场、社会等中间要素的发育成长，传统高校“统包统分”就业制度存在的弊端逐渐显现出来。规模日益增长的高校毕业生的分配工作不但给国家带来巨大的调控管理压力，也越来越难以适应人才资源市场化配置的现实要求。因此，1989 年 1 月，国家教委向国务院提交了专项报告，首次提出要对高校毕业生分配制度进行改革，实施在国家政策指导下毕业生的自主择业。1993 年 2 月，国务院颁布的《中国教育改革和发展纲要》指出，要探索建立以人才市场为中介实行的毕业生“自主择业”，用人单位择优录取的“双向选择”制度。1996 年 1 月，国家人事部正式出台了《国家不包分配大专以上毕业生择业暂行办法》，明确规定国家不再承担毕业生资源配置、使用和开发管理的义务，毕业生要通过人才市场在多种所有制范围内自主择业。随着处于主导地位的国家退出高校就业安排，大量农村户籍的高校毕业生开始寻求体制外渠道实现就业，客观上促使高学历、高层次的农村流动人口不断增加。

二是扩张高等教育规模。增强国家经济发展的持续性动力，客观上需要经受过高等教育、具备高素质的人力资本作为支撑。随着改革的深化，计划经济背景下确立的“精英化”高等教育模式，已经无法满足我国市场经济发展和工业建设规模增长对人才的需求。因此，为适应经济体制转轨要求，同时解决当时国内严峻的经济增长乏力问题，有效缓解社会就业压力，国务院决定自 1999 年起在全国范围内实施普通高等院校扩招政策。高校招生规模的扩大，在一定程度上缩小了长期以来城乡二元结构之间的教育资源差异，增加了农村青年接受高等教育和在城市工作、发展的机会。此外，近些年来部分高校为促进入学机会公平，还针对农村学生开展专项计划，加强招生政策倾斜。这些举措的实施，在客观上大幅提升了包括农村学生在内的高等院校招生人数（见图 1-2）。

根据图 1-2 中全国普通高等学校历年招生数据，结合相关学者关于高等院校农村生源比例的研究进行推算，[①] 截止到 2012 年，在高校扩招政策实施的 13 年里，全国各类大、中专院校共计招收本、专科学生 6368 万人。在这类学生群体中，来自农村的学生约有 3164. 8 万人，约占全部招生人数的一半，其中仅 2012 年就招收农村生源 411 万人，较高校扩招政策实施前 1998 年的 51. 8 万人，增长了约 6. 93 倍。这些通过扩招进入高等院校学习的农村户籍学生，绝大部分毕业后选择继续留在城市发展，而其中又有相当大一部分进入非公有制经济组织、社会

① 根据教育部相关研究数据，从 1999 年到 2005 年，全国高校招生农村应往届生源比例分别为：46. 8%、47. 8%、47. 0%、48. 0%、49. 9%、52. 6%、53. 0%；2002—2011 年全国农村户籍考生录取数量年均增长 10%。

中介组织等就业，由于城市落户政策的限制，他们中很多人事实上也成了农村流动人口的一部分。

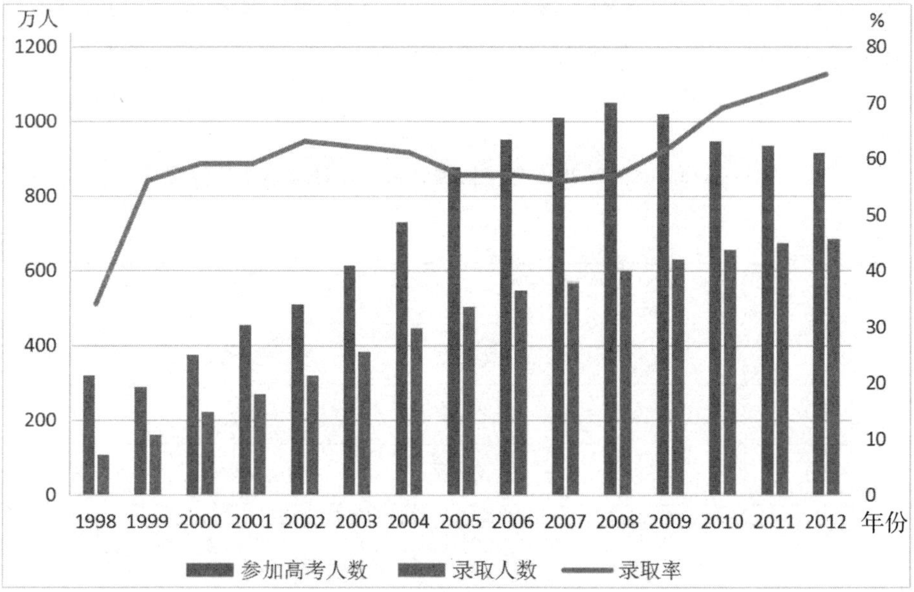

图 1-2 1998—2012 年全国高等教育招生规模和录取率变化

资料来源：根据教育部网站、历年《中国教育年鉴》提供的相关数据资料整理而成。

第二节 我国农村流动人口的演进历程与发展趋势

我国农村流动人口发展是一个持续的过程，但同时也呈现不同的阶段性特征。从对学术文献和资料的梳理来看，目前学界关于农村流动人口发展的历史过程已有一些研究成果。在发展阶段划分标准方面，大多数研究是以政府相关政策的演变为依据，亦有少数研究是以人口流动规模变动为依据。值得注意的是，农村流动人口是一个多元化的集合体，而并非单纯某一类型的流动人口，因此它的发展情况较单一流动人口群体往往更为复杂。一方面，从流动人口流动类型来看，改革开放以来我国农村流动人口在各类流动人口群体中始终占据着主要地位①（见表1-2）。

表 1-2　1990—2015 年全国流动人口流动类型变化情况

单位:%

年份	流动类型			
	乡城流动	城城流动	乡乡流动	城乡流动
1990	49. 04	33. 65	13. 44	3. 97
2000	56. 89	19. 36	19. 94	3. 81
2005	60. 04	20. 17	15. 9	3. 89
2010	62. 74	21. 71	12. 86	2. 68
2015	48. 88	37. 94	7. 08	6. 10

资料来源：根据历次全国人口普查、全国1%人口抽样调查相关数据资料计算。

另一方面，从流动人口发展的现实因素来看，由工业化和城镇化所引发的经济社会结构变动，是农村流动人口产生和发展的主要土壤。因此，本书选择将改革开放之后中国的工业化和城镇化建设历程作为划分农村流动人口发展阶段的主要依据。同西方国家工业化和城镇化几乎同步进行不同，由于建国初期工业化战略的选择，在相当长的一段时间内，我国的城镇化进程都滞后于工业化。改革开放之后，我国城镇化建

① 从流动类型来看，我国农村流动人口包括从乡村流入城市、从乡村流入乡村两个部分。鉴于本书是以城镇化为研究视角的限制，因此接下来将主要对从乡村流入城市的农村流动人口群体发展情况进行分析，对在乡村之间流动的农村流动人口情况则不再赘述。

设开始步入正轨的标志是1984年。这一年，国务院颁布《关于农民进入集镇落户问题的通知》，首次尝试放宽农业人口流动的政策限制。此外，这一年乡镇企业还在吸纳人口就业方面迎来第一个“高潮”。工业化建设取得重大进展有两个关键的时间节点。一是1992年，中共十四大决定建立社会主义市场经济体制，我国的工业建设开始进入高速发展阶段；二是2001年，正式加入世界贸易组织，我国工业化迎来了更广阔的发展空间。据此，可以将我国农村流动人口发展的历史过程分为以下四个阶段。

一、改革之初“离土不离乡”（1978—1983年）

虽然从今天来看，农村流动人口对促进城市经济增长、积累社会财富等发挥着积极作用，但回顾历史可以发现，其产生和发展可谓充满了曲折。改革开放之初，随着城镇化建设的重新起步，我国城乡之间开始出现农村人口的区域性流动和迁徙现象。但是，由于政策和客观条件方面存在的诸多限制，这一时期农村流动人口的发展尚处于准备和起步阶段，速度相对缓慢。

1978年是中国改革开放的元年。以此为分界，“以阶级斗争为纲”的国家政治生活开始让位于社会主义经济建设，后者成为党和国家新的工作重心。中共十一届三中全会结束后不久，为了在生产迅速发展的基础上显著地改善一般国民的生活，中共决定以实施农业生产责任制为突破口，对农村经济管理体制进行全面改革。此后，多种所有制并存，以市场调节为主要特点的商品经济在城乡二元社会迅速发展起来。中共采取的一系列改革措施，客观上解除了农村人口的经济限制，同时为其自由流动提供了基本的社会保障。但是，由于人民公社制度和农村社会组织对农村人口流动的约束力依然存在，青壮年农村劳动力大规模向城市流动的条件还不成熟。此外，农村经济体制改革所取得的巨大成绩，使农民对土地和农业生产充满热情，这也在一定程度上降低了农村人口流动的主观意愿。

在农村经济体制改革进行的同时，我国停滞了近二十年的城镇化进程也开始重新启动。1978 年 3 月，全国城市工作会议通过了《关于加强城市建设工作的意见》，决定适应城市发展需要，从地方财政收入中划拨城市维护和建设专项资金，加快推进城市住宅和市政公用设施建设。1980 年 10 月，在全国城市规划工作会议上，国家建委首次提出要加强城市建设的规划和指导工作，并明确了优先发展小城镇的城镇化方针。城市基本建设规模的扩大和城镇化基本方针的确立，标志着农村人口向城市迁移的外在拉力开始形成。但是，由于此时大中城市正处于工业的恢复和调整阶段，农村人口进入城市就业的体制障碍和制度环境尚未清除。此外，20 世纪 80 年代初期，城市中还有大量从农村返回的知识青年需要安排就业，故这一时期大中城市对农村人口就业的吸纳能力非常有限。

乡镇企业的出现和发展是这一时期推动我国城镇化建设的重要动力。乡镇企业的前身是人民公社制度下的农村手工业和社队企业。改革开放初期，在中央的鼓励和政策支持下，我国乡镇企业（社队企业）在生产经营活动方面的限制被逐步解除（见表 1-3），短时间内迅速发展，并在推进农村工业化、吸纳农村剩余劳动力、确保农村集体资产保值增值等方面发挥了重要作用。

表 1-3 1978—1983 年中共中央、国务院关于鼓励乡镇企业发展政策一览

颁布时间	文件名称	主要内容	
1979 年 3 月	《国务院关于发展社队企业若干问题的规定》（试行草案）	发展方针	（1）积极生产社会需要的产品，主要为农业生产服务，也要为大工业、为出口服务。（2）根据当地资源条件和社会需要，由小到大，由低级到高级
		具体措施	（1）制订长期发展规划，努力增加原材料、燃料、动力的生产，增加国内市场、外贸出口急需产品的生产。（2）资金的来源主要是靠企业本身自力更生，增加积累。（3）各工业部门要积极扶持生产同类产品的社队工业。（4）建立和健全社队企业经营管理制度。（5）积极进行技术革新和技术改造，努力挖掘生产潜力，不断创造新的生产水平
		重要意义	公社工业的大发展，既可以为社会提供大量原材料和工业品，加速我国工业的发展进程，又可以避免工业过分集中在大中城市的弊病，是逐步缩小工农差别和城乡差别的重要途径
1979 年 9 月	《中共中央关于加快农业发展若干问题的决定》	主要目标	社队企业要有一个大发展，逐步提高社队企业的收入占公社三级经济收入的比重
		具体要求	（1）宜于农村加工的农副产品，要逐步由社队企业加工。（2）城市工厂要把部分宜于农村加工的产品或零部件，有计划地扩散给社队企业经营，支援设备，指导技术。（3）社队企业的产、供、销要同各级国民经济计划相衔接。（4）国家对社队企业，分不同情况，实行低税或免税政策
		基本原则	发展社队企业，要坚持自愿互利的原则

续表

颁布时间	文件名称	主要内容	
1981 年 5 月	《国务院关于社队企业贯彻国民经济调整方针的若干规定》	存在问题	(1) 生产的产品不符合国家质量标准。(2) 投机倒把，哄抬物价，粗制滥造，以次顶好，牟取暴利。(3) 弄虚作假，偷税漏税。(4) 不具备安全生产条件，污染环境，造成资源浪费。(5) 管理混乱，经济效益低下
		调整方向	(1) 加强对社队企业的领导，健全社队企业的管理机构，充实力量。(2) 制定和调整发展规划。(3) 要搞好社队企业的立法。(4) 要逐步开展社队企业经济技术服务工作。(5) 加强社队企业的供销工作，做好市场情况的预测预报，开展联购联销，代购代销，疏通供销渠道
1983 年 1 月	《当前农村经济政策的若干问题》	政策意义	现有的社队企业，是支持农业生产的经济力量，而且可以为农民的多种经营提供服务，应在体制改革中认真保护，勿使削弱
		基本内容	认真进行调整和整顿，加强民主管理和群众监督，建立多种形式的生产责任制。有的企业可以试行经理（厂长）承包责任制

乡镇企业作为推动我国经济增长的主要驱动力，极大地促进了我国的城镇化和工业化进程。据相关统计，从 1978 年至 1983 年，我国各类乡镇企业经济总产值从 492.9 亿元增加到 1016.7 亿元，年均增长率为 21%，其中工业产值从 385.3 亿元增加到 757.0 亿元，增长近一倍，直接或间接带动吸收农村剩余劳动力 3235 万人。这一时期，由于城市的相对封闭状态，乡镇企业实际上成为农业人口向非农产业转移的主要渠道。五年间，全国农村劳动力总人数共计增加 4051 万人，其中有近 1/10 通过乡镇企业实现转移就业。乡镇企业就业人数约占全部乡村劳动

力总数的9.3%。[①]

总的来看，这一时期我国农村流动人口发展缓慢且来源相对单一，基本属于从农村进入小城镇务工或经商的农民。由于整体规模较小，该阶段农村流动人口群体的社会影响力较弱，未能引起党和政府的足够重视。从流动的地域半径来看，还是以县内流动为主。根据第三次全国人口普查资料估计，1982年全国流动人口总数约为657万人。有学者估算，若以出县流动为标准，改革开放之初全国流动就业的农村劳动力不超过200万人。[②] 究其原因，主要是由于我国的城镇化建设尚处于准备和起步阶段。受多方面因素的限制，城市对农村流动人口的吸纳能力非常有限。"离土不离乡，进厂不进城"成为这一时期我国农村地区工业化的主要方式，农村人口从事生产和生活的主要范围依然集中在农村地区。

二、城镇化建设"异军突起"（1984—1991年）

20世纪80年代中期至90年代初期，经济体制改革的重心从农村转向城市。在这一阶段，中共对重工业优先发展战略进行调整，城镇化建设也开始步入正轨。以此为基础，我国农村流动人口正式进入快速发展阶段。

经过几年的工业比例调整，加之农村经济管理体制改革取得巨大成功，我国城市工业建设开始走上稳步发展的轨道。基于此，中共十二届三中全会通过《中共中央关于经济体制改革的决定》，以城市为重点对经济体制进行全面改革。城市经济体制改革的内容非常广泛，涵盖提高

---

① 参见中国乡镇企业年鉴委员会．中国乡镇企业年鉴（1978—1987）[M]．北京：农业出版社，1989：41。

② 赵树凯．纵横城乡-农民流动的观察与研究 [M]．北京：中国农业出版社，1998：247-255.

国有企业活力、发展社会主义商品经济、实行政企职责分开等多个方面，涉及商品流通、收入分配、票证、劳务用工等制度在内的多项经济、政治制度改革。城市经济体制改革的稳步推进，为农村流动人口发展创造了有利条件。一方面，制约城市吸纳农村流动人口的政策性因素被进一步削弱。伴随着改革的推进，国家集中取消了一大批限制农村人口进入城市就业的体制机制，并开始在一些大中城市试行暂住证、蓝印户口等制度，加之沿海城市的逐步开放，农村剩余劳动力向城市流动的政治成本明显降低。另一方面，城乡之间的经济收入差距拉大。城市经济体制改革在激发市场活力的同时，在客观上拉大了城乡之间的收入差距。这一时期，与城市居民收入快速增长相反，我国从事农业生产的农村人口人均收入增长速度较改革初期显著下滑。1981—1984 年我国农村人口收入年均增长约 15.1%，1985—1988 年我国农村人口人均年收入增长下滑至约 5%，到 1989—1991 年这一数据进一步下降为 0.7%。①青壮年农村人口为寻求经济收入增长进行空间迁移的内生动力开始形成。

“六五”计划后期，为了缓解轻工业产品匮乏和消费品短缺的情况，进一步提升我国的工业化水平，中共中央决定对长期以来实行的重工业优先的发展模式进行调整，转而采取消费导向型的工业化发展战略。在此期间，中央政府采取了渐进式改革思路，开始有意识、有计划地降低重工业发展速度，大力压缩重工业投资规模，同时加大轻工业扶植力度，以市场需求为导向，将经济资源向农业和轻工业倾斜。其直接结果是作为劳动密集型产业代表的城市轻纺织工业实现高速增长。相较于重工业而言，同等规模的轻工业准入门槛更低，也能容纳更多的就业人口。因此，城市轻工业的快速增长，客观上为农村流动人口提供了更

① 喻葵．中国农业劳动力的重新配置［M］．北京：企业管理出版社，2016：15.

广阔的发展空间。

这一时期，我国城镇化建设也开始逐渐步入正轨。1984 年初，中共中央在一号文件中明确指出："随着农村分工分业的发展，将有越来越多的人脱离耕地经营……并将有较大部分转入小工业和小集镇服务业。这是一个必然的历史性进步……为改变人口和工业的布局创造条件。"① 这是官方首次明确肯定农村流动人口对工业发展的促进作用，并首次尝试放宽农村户籍人口向城市特别是小城镇迁移的控制。1984 年 11 月和 1986 年 4 月，国务院先后两次批转民政部关于调整设立建制镇、市的报告，决定适应城乡经济发展需要，降低建制市、镇的设立标准，拓宽农村人口向城镇流动的路径。自 1985 年起，国家正式启动"星火计划"，积极鼓励农村居民通过个人或联合的方式兴办各类乡镇企业。非集体乡镇企业的快速崛起，打破了传统乡镇企业的单一所有制形式，也吸纳了大量农村就业人口（见图 1-3）。

此外，这一时期中共中央还审时度势，对退役军人的安置制度进行了改革。1984 年 5 月，六届全国人大二次会议首次颁布《中华人民共和国兵役法》。1987 年 12 月，国务院又通过了《退伍义务兵安置条例》，明确"退伍义务兵安置工作必须贯彻从哪里来、回哪里去的原则"②。即除因战致伤、荣立二等功以上的退役军人可纳入城镇安排工作外，入伍前属于农村户籍的退役军人在复员之后，应在当地乡、镇政府的安排下回到户籍所在地继续从事农业生产活动。但是，该条例也特别指出，对其中有一定专长的退役军人，可以鼓励他们进城务工、经商，从事第二、第三产业。

---

① 中共中央文献研究室．十二大以来重要文献选编：上册［M］．北京：中央文献出版社，2011：370.

② 国务院法制办公室．中华人民共和国法规汇编 1987—1988：第 8 卷［M］．北京：中国法制出版社，2014：16.

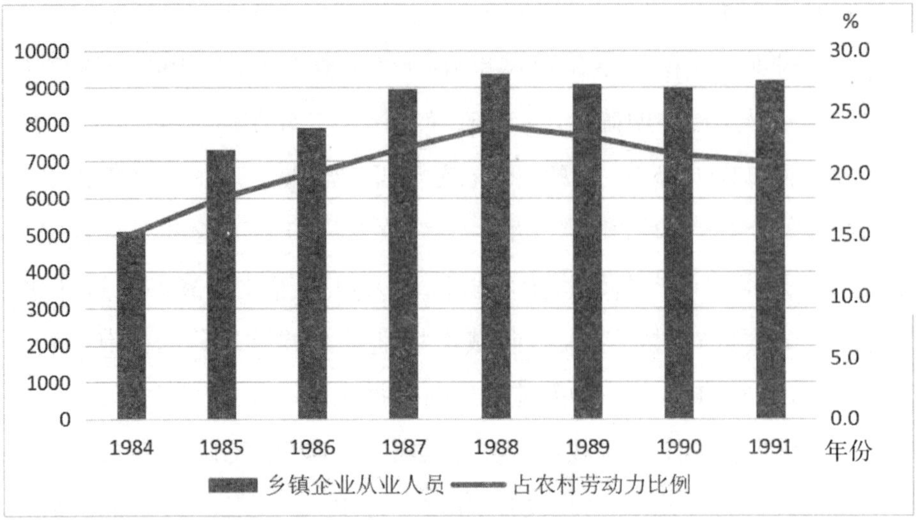

图 1-3 1984—1991 年我国乡镇企业以及职工人数发展情况

资料来源：根据历年《中国统计年鉴》《中国农村统计年鉴 1949—2004》等资料提供的数据整理而成。

在一系列因素的共同作用下，我国城镇化建设稳步向前推进。其中，新城市尤其是小城镇、小城市的发展占据了主导地位。据统计，至 1991 年底，全国建制市、镇数量分别达到 479 个、12455 个，较 1984 年初分别增加 179 个、5269 个，城镇化水平由 23.01% 上升至 26.37%。① 城镇化率的提升，带动我国农村流动人口实现快速发展。由于统计口径的差异，这一时期相关部门和学者对全国流动人口的数量估计存在很大差别，这里主要采用 1990 年第四次全国人口普查的数据②。据统计，截止到 1990 年底，全国流动人口总数为 2192 万人左右，其中

① 根据历年《中国统计年鉴》相关数据整理而成。

② 根据 1990 年全国人口普查数据结果，全国总人口为 1160017381 人。其中，已在本县、市常住一年以上，常住户口在外地的 19829712 人，占总人口的 1.71%；在本县、市居住不满一年，但已离开常住户口登记地一年以上的 1523911 人，占总人口的 0.13%；大陆 30 个省、自治区、直辖市中，居住在市、镇的总人口为 296512111 人，占全国总人口的 25.56%。

具有农村户籍的流动人口约为 1617 万人，结合相关研究成果①进行估算，可大致推出从农村流入城镇务工、经商的农村流动人口为 1253 万人左右。

总的来看，这一时期我国农村人口在城乡间的跨区域流动愈加频繁，整体规模和范围都呈进一步扩大趋势。农村流动人口日益成为影响我国城镇化建设和工业发展的重要力量，并表现出一些新的特点：一是在年龄结构上，从青壮年逐步扩展到具有一定职业技能优势的中老年人；二是在产业结构上，主要集中在城市建筑业、批发零售业、餐饮业等领域；三是在家庭结构上，从单一的劳动力流动向全家集体外出务工、经商发展。从身份类别来看，进城务工和从事个体工商经营的农民依然是农村流动人口的绝对主力。但是，由于乡镇企业和城市经济体制改革的双重推动作用，这一时期我国农村人口流动出现了两个方向：一是继续向小城镇的乡镇企业进行转移，但其速度随着改革的深入开始逐步放缓。二是遵循"离土又离乡"的逻辑，跨区域向大中城市特别是东南沿海地区的大城市流动，且规模呈不断扩大趋势。就后者而言，大量农村人口流入城市，在推动城市经济发展的同时在交通管理、社会治安、环境卫生等方面给城市带来了一些负面影响。为此，20 世纪 80 年代末至 90 年代初，国务院、公安和民政等部门密集颁布了《关于严格控制民工外出的紧急通知》《关于进一步做好控制民工盲目外流的通知》等一系列文件，通过建立就业登记制度等限制措施，开始有意识地控制人口流动规模，防止农村人口盲目外流。

① 根据相关研究成果，从农村迁出人口中，约有 58.82%迁入城市，18.72%迁入镇，两者合计占农村迁出人口的 77.54%。具体参见庄亚儿．中国人口迁移数据集［M］．北京：中国人口出版社，1995：180-181；国家统计局人口与就业统计司．1990 年人口普查数据专题分析论文集：下卷［M］．北京：中国统计出版社，1995：647。

三、市场经济中“乘风破浪”（1992—2000 年）

20 世纪 90 年代初，在邓小平南方谈话和中共十四大之后，我国进入了由计划经济体制向市场经济体制全面转型的新历史时期。在此期间，我国的工业规模高速增长，城镇化策略发生调整，农村流动人口也随之进入全面发展阶段，并最终获得政策上的合法性地位。

1992 年中共十四大闭幕之后，中共决定适应国际局势发展和国内形势变化，进一步加大经济发展和改革开放力度。这一时期，改革的方向主要集中在建立和完善社会主义市场经济体制、大力发展非公有制经济方面。1993 年 11 月，中共十四届三中全会对经济体制改革做出具体要求，标志着培育与发展社会主义市场经济体制成为今后一段时间党和国家经济工作的主要任务。1997 年 9 月，中共十五大提出要鼓励和引导个体、私营、外资经济健康发展，并将非公有制经济从“社会主义经济必要的、有益的补充”上升为“是我国社会主义市场经济的重要组成部分”，进一步提升了其在国民经济中的政治地位。1999 年 3 月，九届全国人大二次会议通过宪法修正案，规定要依法保护个体和私营经济的合法权益。这是国家首次从法律上赋予非公有制经济以合法地位。从中共十四大召开到 21 世纪初，在中央和地方政府的宏观调控与政策支持下，一个时期以来国内较为混乱的市场秩序得到扭转。非公有制经济获得了前所未有的发展（见图 1-4）。

市场经济体制的确立和非公有制经济的壮大，引发了我国经济社会结构的一系列变革。农村流动人口发展的外部环境日趋成熟。一方面，工业进入全面高速发展阶段。从 1992 年起至 2001 年，在“效率优先，兼顾公平”市场体制的激励下，非公有制经济发展的政治环境逐步宽松，加之基础建设投资的拉动和特区经济的区域优势辐射，我国非公有制经济发展活力充分迸发，带动重工业、轻工业以及服务业进入高速增

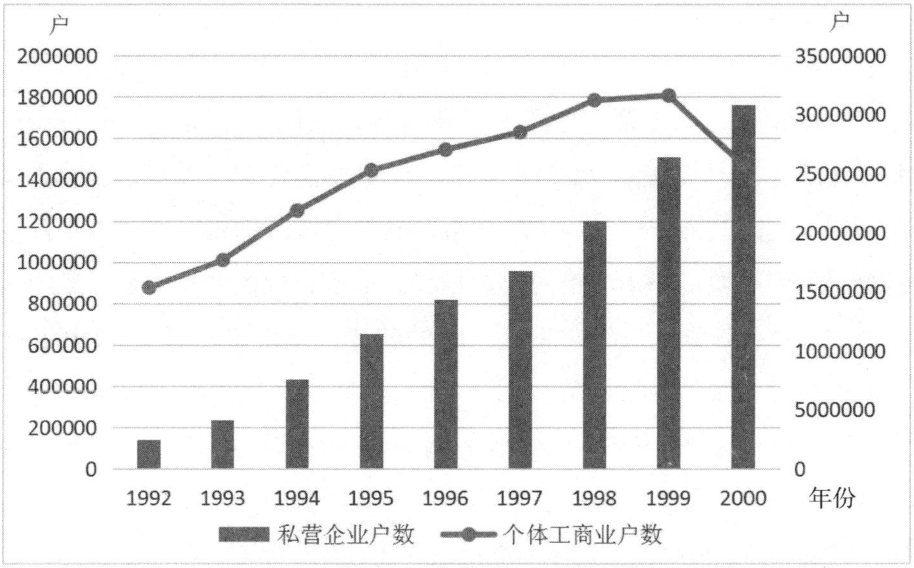

图 1-4　1992—2000 年我国私营和个体经济发展情况

资料来源：根据历年《中国统计年鉴》《中国工商行政管理年鉴》等资料提供的数据整理而成。

长时期。除 1997 年前后因受亚洲金融危机影响工业增长速度有所放缓外，这一时期我国工业产值的年增长速度均显著高于同时期国民经济增长速度。工业建设规模的快速增长，加剧了城市劳动力的结构性短缺，客观上促使更多的农村人口进入城市寻求就业。另一方面，高等教育领域改革稳步推进。为适应市场对资源配置的要求，满足国民经济发展对人才的需要，国家对高等教育体制进行全面改革已经势在必行。20 世纪 90 年代中期，政府开始取消对高校毕业生就业的行政干预，代之以市场为中介的自主化择业制度。随后，为了缓解全面市场化转型过程中出现的就业形势恶化情况，政府又决定实施扩招政策，进一步增加高等院校招生人数。由此开始，农村青年通过升学进入大中城市的渠道进一步拓宽。我国农村流动人口群体来源日趋多元化。

在城镇化建设方面，中共对改革开放以来的城镇化策略进行了积极调整，推动农村流动人口进入全面发展阶段。20 世纪 90 年代中后期，随着大量农村人口向第二、第三产业转移，我国小城镇人口进一步膨胀。基于此，中共决定转变改革开放以来的城镇化发展思路，在着重发展小城镇的同时，积极发展中小城市，发挥大城市的辐射带动作用。通过统筹大中小城市和小城镇的协调发展，形成合理的城镇体系，走中国特色的城镇化道路。城镇化发展策略的转变，使得这一时期我国的大、中城市呈现较快的发展趋势。据统计，至 2000 年底，我国各类城市数量达到 663 个，较 1992 年邓小平南方谈话前增加 184 个，增幅为 38.4%。其中，大中型城市占到了全国城市总数的 60%以上。[①] 大中城市在规模扩张过程中，大量征用周边农村土地用于基础设施建设。这些土地被征用的农村人口在尚未完成户籍转换之前，实际上也成为农村流动人口的重要来源。此外，中共还适应非公有制经济发展形势，对乡镇企业的产权制度和经营方式进行改革，并颁布实施《中华人民共和国乡镇企业法》，着力为乡镇企业发展扫除政策和体制上的障碍。这些举措，无疑对释放农村剩余劳动力的人口红利，加速农村人口流动起到了促进作用。

根据 2000 年第五次全国人口普查数据结果，结合 1992 年以来我国常住人口城镇化率与户籍人口城镇化率的差距推算（见图 1-5），这一时期全国人户分离人口约为 1.44 亿人，其中流动人口约为 1.21 亿人，农村户籍的流动人口约为 8600 万人。

总的来看，这一时期我国农村流动人口处于全面发展阶段。从发展速度来看，农村人口的社会性流动继续保持高速增长。从群体结构来看，农村流动人口来源呈现明显的多元化特征，不但涵盖了从农村进入城市务工的农民工群体和个体工商户群体，还包括经过升学、参军等渠

① 根据历年《中国统计年鉴》《中国城市统计年鉴》提供的相关数据整理而成。

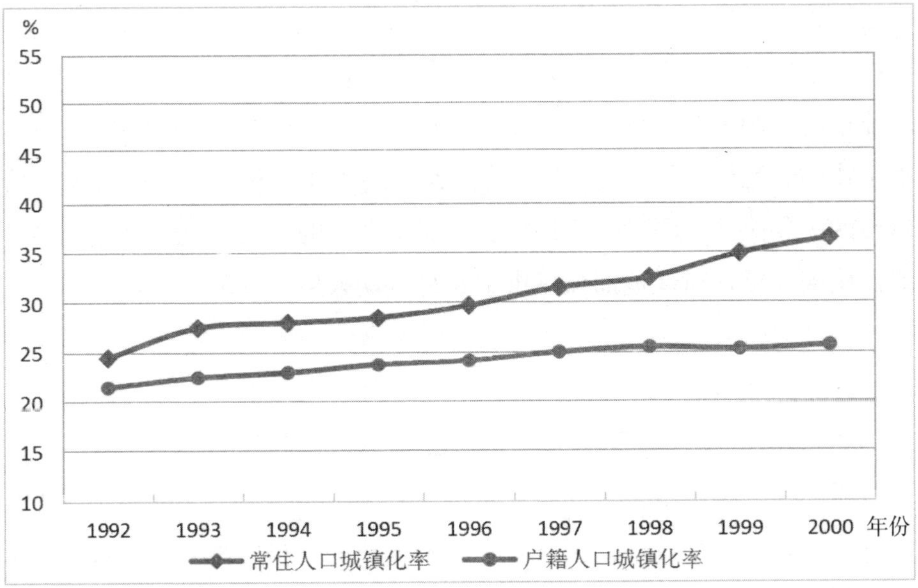

图 1-5 1992—2000 年我国常住人口城镇化率与户籍人口城镇化率

资料来源：《国家新型城镇化规划（2014—2020 年）》。

道进入城市，在毕业和退伍转业后出国或进入“两新组织”，户籍被转回农村的高校毕业生和退役军人群体，以及由于城市规模扩张导致土地被征用而成为流动人口的农村居民。其中，前两者构成了农村流动人口的主体。由于非公有制经济和市场经济发展的推动作用，加之严格控制大城市扩张和发展小城市、农村集镇政策的转变，农村流动人口向大中城市集中成为新的趋势。农村流动人口规模的持续增加，也引起了中央和相关部门的高度重视。1994 年 11 月，劳动部印发《农村劳动力跨省流动就业管理的暂行规定》，首次对农村人口跨区域流动就业的行为进行了指导和规范。1995 年 9 月，中办、国办批转专门通知，决定对农村流动人口实施统一的就业证和暂住证制度，进一步提高人口流动的规范化和组织化水平。1997 年 11 月，国务院办公厅印发《关于进一步做好组织民工有序流动工作的意见》，提出要根据城市发展建设规划，建立严格的农村劳动力输入计划和管理制度，健全和完善城市劳动力流动就业市场。2000 年 1 月，劳动部又印发《关于做好农村富余劳动力就业工作的意见》，要求进一步推进劳务输出的产业化，促进跨区域、跨城市的劳务协作，同时依法保护农村流动人口的合法权益。总之，这一时期国家开始针对性地加强城市中农村流动人口的管理工作。

四、21 世纪之后“高潮与回落”（2001 年至今）

如果说第一阶段农村流动人口产生是城镇化起步的产物，第二阶段农村流动人口快速增长是受工业发展方针调整和小城镇蓬勃发展影响，第三阶段农村流动人口全面发展的动力来源是工业高速增长和大、中城市崛起，那么这一阶段农村流动人口稳定发展主要是由于新型工业化和统筹城乡一体化发展战略的协同推进。

2001 年 12 月，中国正式加入世界贸易组织。在改革开放的前 20 年，由于外部环境的限制，我国的工业建设基本局限在国内。加入世界贸易组织，为中国的工业化提供了更为广阔的发展空间。成为世界贸易组织的成员国，有利于我国比较优势工业产品的出口，吸收和引进外商制造业投资，推动工业结构优化和技术升级。但与此同时，由于关税壁垒减少和行业准入限制放宽，国内工业特别是技术密集型产业发展也将面临巨大的全球化市场竞争压力，加之长期以来我国经济社会发展的不平衡以及粗放型的工业经济增长方式，传统工业化道路已经难以适应新的发展要求。基于此，中共十六大首次提出要以信息化带动工业化，“走出一条科技含量高、经济效益好、资源消耗低、环境污染少、人力资源优势得到充分发挥的新型工业化路子”①。2005 年 11 月，国务院审

① 中共中央文献研究室．十六大以来重要文献选编：上册［M］．北京：中央文献出版社，2005：16.

议通过《促进产业结构调整暂行规定》，提出适应市场经济发展和对外开放需要，进一步调整产业布局，以振兴装备制造业为重点发展先进制造业，促进工业的健康发展。2007 年 10 月，中共十七大进一步提出要坚持走中国特色新型工业化道路，促进工业由大变强，同时发展现代服务业，提高服务业比重和水平。2012 年 11 月，中共十八大更进一步强调要推动工业化和城镇化良性协调互动，“坚持走中国特色新型工业化、信息化、城镇化、农业现代化道路”[①]。

同推进新型工业化道路保持同步，这一时期党和政府在坚持中国特色城镇化道路的基础上也开始探索统筹城乡一体化发展。2002 年 11 月，中共十六大正式提出“统筹城乡经济社会发展”，掀开我国城乡一体化的序幕。2004 年 12 月，中央经济工作会议明确指出我国已经进入“以工促农，以城带乡”的发展阶段，要实行工业反哺农业、城市支持乡村的发展方针，扭转城乡差距扩大趋势。2008 年 10 月，中共十七届三中全会提出要把着力构建新型工农、城乡关系作为加快推进现代化的重大战略，促进生产要素在城乡之间自由流动。2013 年 11 月，中共十八届三中全会进一步提出要加快完善城乡一体化体制机制建设，破解城乡二元结构，促进城乡充分融合。

新型工业化和城乡一体化战略的协同推进，标志着我国工业化和城镇化进入新的发展阶段。这一时期，在工业化、信息化和城镇化并联式发展的作用下，我国农村流动人口数量不断增加，并稳步向大中城市的制造业、服务业进行转移。截止到 2016 年，我国流动人口总数达到 2.45 亿人。其中，农村流动人口数量占全部流动人口总数的 81.2%[②]，

---

① 中共中央文献研究室．十八大以来重要文献选编：上册［M］．北京：中央文献出版社，2014：16.

② 国家卫生和计划生育委员会流动人口司．2017 中国流动人口发展报告［M］．北京：中国人口出版社，2017：6.

约为1.99亿人。总的来看，这一阶段我国农村流动人口发展表现出一些新趋势。

首先，我国农村流动人口规模持续增加，但增长速度不断降低，进入相对平稳发展阶段。以农民工为例，2010年后，我国外出流动务工的农民工同比增长速度出现明显的放缓趋势（见图1-6）。

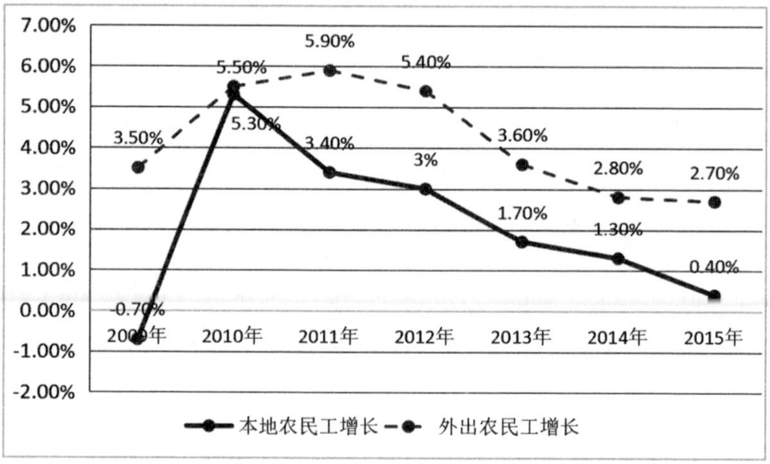

图1-6　2009—2015年我国外出农民工增长速度变化

资料来源：根据历年《中国流动人口发展报告》数据整理而成。

其次，农村人口长距离流动的情况减少，跨省流动人口比重不断下降。农村流动人口向沿海地区聚集的趋势有所弱化，部分地区出现了以省会城市为中心的流动趋势。

最后，新生代农村流动人口比重不断提高，整体受教育年限大幅增加，性别结构趋于平衡，其中相当一部分人表现出在流入地长期定居的意向。与此同时，在群体构成方面，农村流动人口也出现一些新特点。一是具有农村户籍的老年流动人口、流动儿童数量稳步增加（见图1-7）。二是由于拆迁改造造成农村流动人口的人数不断增加。前者主要是由于进城务工或从事个体经营的农村人口在城市发展趋于稳定后，家中老人和子女选择进城投靠。后者主要是因为在城市规模快速发展的背景下，城中村拆迁在全国范围内成为普遍的趋势。三是农村流动人口在城市中的就业日益向公共管理、卫生、教育、金融等行业聚集（见表1-4）。

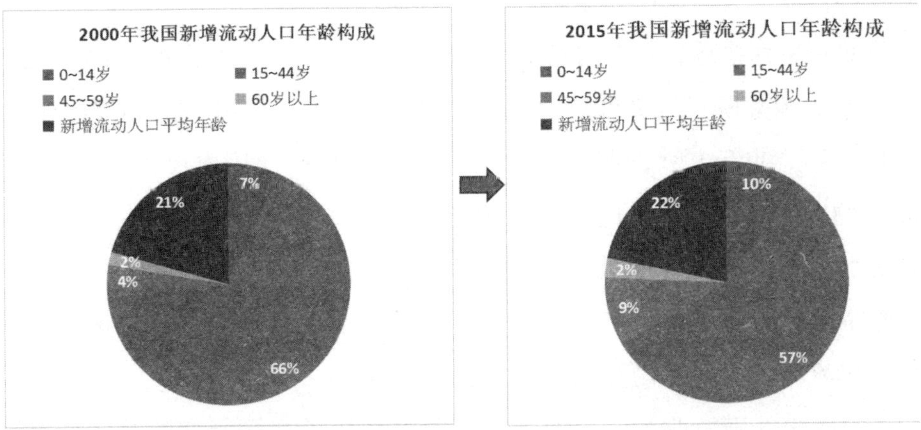

图 1-7　2000—2015 年我国新增流动人口年龄构成变化

资料来源：根据历次全国人口普查，全国 1%人口抽样调查相关数据资料统计计算。

表 1-4　2010—2015 年我国农村流动人口就业行业变化统计

<table>
<tr><td rowspan="7">农村流动人口就业</td><td colspan="2">持续增加</td><td>持续减少</td><td>先减后增</td><td>基本持平</td></tr>
<tr><td>信息计算机</td><td>科学技术研究</td><td rowspan="2">批发零售</td><td rowspan="2">采矿业</td><td rowspan="6">制造业</td></tr>
<tr><td>金融业</td><td>教育</td></tr>
<tr><td>房地产业</td><td>卫生社会保障</td><td rowspan="2">住宿餐饮</td><td rowspan="4">建筑业</td></tr>
<tr><td>租赁和商务服务</td><td>文化体育娱乐</td></tr>
<tr><td>交通运输仓储</td><td>公共管理和社会组织</td><td rowspan="2">居民维修</td></tr>
<tr><td>电热燃水供应</td><td>水利环境和公共设施管理</td></tr>
</table>

资料来源：根据 2010 年全国人口普查，2015 年全国 1%人口抽样调查相关数据资料统计。

总的来看，目前农村流动人口已经稳定在一定的规模。由于户籍制度等方面的限制，大量农村流动人口虽然长期在城市生活和就业，可他们始终处于边缘化地位，并未完全融入城市发展，主要体现在：一是合法权益难以得到充分保障；二是经济压力普遍较大，居住和生活环境有待改善；三是无法享受当地政府所提供的一些基本公共服务。对此，中央采取一系列措施，加紧破除妨碍农业流动人口融入城市的体制弊端。2003年，国务院一号文件首次提出“公平对待、合理引导、完善管理、搞好服务”的新方针，明确要求各地取消对企业使用农民工的行政审批。2006年，国务院专门印发《关于解决农民工问题的若干意见》，为系统解决农民工问题提供了政策依据。2012年5月，国务院在制订国家基本公共服务体系的“十二五”规划时，明确提出要加强制度设计，使农村流动人口享受均等化的基本公共服务。

近年来，随着改革的全面深化，国家加快了户籍制度改革的步伐。2014年7月，国务院印发《关于进一步推进户籍制度改革的意见》，明确提出要取消农业户口与非农业户口性质区分和由此衍生的蓝印户口等户口类型，建立城乡统一的户口登记制度。这标志着政府开始从根源入手解决流动人口的壁垒限制。取消农业户籍这一制度性约束，能够有力地促进农村人口的市民化进程。但是，由于改革本身并未触及附着在户籍制度上的社会福利差异，因此即使全面放开建制镇和小城市的落户限制，一般城镇户口和大城市、特大城市户口在社会保障、医疗、教育、养老等公共服务方面依然存在着相当的差距。此外，农村户口本身能够带来土地承包权、宅基地使用权等基本权利，也使得许多农村人口依然不愿意将户籍迁往中小城市。从这个角度来看，未来很长一段时间内，农村流动人口还将持续存在。

第三节 中国共产党对农村流动党员管理的探索历程

农村流动党员管理问题是中国共产党在国家社会结构转型和体制转轨时期，基于特定制度设置而面临的过渡性问题。中共十一届三中全会以来，农村流动人口的发展经历了由慢到快、由少到多的过程，中国共产党对农村流动党员群体管理工作的认识也经历了一个由表及里、由浅入深的过程。本书基于农村流动党员群体发展情况和流动党员管理政策的演变，就党对农村流动党员管理的探索进行阶段划分。其中，1994年、2002年、2007年是三个关键的时间节点。1994年，中组部颁布专门规定，首次提出了“流动党员”的概念，标志着中共中央开始正视流动党员管理问题。2002年，中共十六大对改革开放以来的党员发展方针做出调整，开始将流动人口纳入党员发展范畴，并从保持党员队伍先进性角度入手，探索将流动党员管理纳入党的建设总体规划。2007年，中共十七大在流动党员的管理理念、方法和体制机制等方面进行全方位创新，推动流动党员管理进入新的发展阶段。基于以上内容，本书将党对农村流动党员管理的探索历程划分为四个阶段。

一、“转型”中的艰难探索（1978—1993年）

中国共产党对农村流动党员的管理探索始于十一届三中全会之后，是伴随着农村流动人口的出现开始的。20世纪50年代中期，社会主义各项基本制度在国内逐步确立。中国共产党作为政治领导核心对一切社会资源实行集中管控，加之国内工业的缓慢发展以及城市建设的长期停滞，农村流动人口在经济、政治等领域基本上已经没有了生存和发展的空间。即使有“零星”的农村流动人口，也始终处于“非法状态”。这种情况一直持续到1978年，随着经济体制改革的稳步推进，农村流动人口党员产生和发展所必需的条件逐步成熟。

改革开放初期，农村流动人口以及其中的党员数量较少，对基层党建工作影响也不大，因此各级党委和组织部门对农村流动党员的关注度相对不够。但是，党对在经济社会结构转型和对外开放背景下加强农村党员管理的重要性始终具有清晰的认识。例如，早在1983年2月14日，中共中央就印发《关于加强党员教育工作的通知》，要求党的各级组织必须适应环境变化要求，以新党章为主要内容加强对党员的思想教育。与此同时，这一时期中共还就如何管理居住地、工作地同组织关系所在地相分离的党员群体进行了初步探索。例如，1981年7月30日，中组部印发《关于安排和组织好离休、退休、退职党员组织生活的通知》，提出对就地安置并归属原单位管理的离、退休党员，如果居住地离原单位较远，参与党组织生活比较困难，可以由党组织出面将他们另编入党支部或小组，由党委派专人联系；或是经由居住地所在街道党委同意，平时在街道参与活动，定期返回原单位参与党组织生活。又如，1981年9月1日，中组部出台《关于共产党员因私事出国或去港澳地区的若干问题的规定》，指出在国家交往和对外交流日益频繁的情况下，党员跨国流动现象将会越来越多。要根据党员外出时间的长短和出国原因，对其组织关系采取不同的处理办法。一是对短期请假出国、探亲和长期自费留学的党员，其组织关系要保留在原单位（公社党委）。二是对已经在境外定居或出境超过所请假期一年未归者，要将其组织关系转移到县一级的党委部门保存备查。三是对身处境外，本人要求退党的，应当按照党章规定办理退党手续等处理办法。以上这些探索，对新历史条件下加强具有流动属性特点党员群体的组织管理具有重要借鉴意义。

20 世纪 80 年代中后期，农村剩余劳动力进行跨区域流动的现象愈加频繁，农村流动党员的数量不断增加。例如，1978 年河南省林州市共有农村外出建筑务工人员 44600 人，其中农民工流动党员 760 人；1986 年，全市农村外出务工人员猛增到 133400 人，其中农民工流动党员数量更是达到 3150 人，流动党员数量 8 年间增长了 3.1 倍。[①] 又如，1986 年四川省岳池县共有外出务工农业人口党员 1413 名，分别隶属于 21 个党支部和 73 个党小组，已经占到全县 24365 名农村党员数量的 5.8%。[②] 在这种情况下，中央组织部门开始注意外出农民党员的教育和管理工作。1986 年 2 月 28 日，中组部出台了《关于调整和改进农村中党的基层组织设置的意见》，明确指出当前“外出务工、经商的农民党员日益增多，农村党员的活动范围发生了较大的变化”，必须“按照党章有关规定，结合本地党员流动和分布的实际情况，逐步调整和改进农村中党的基层组织设置，并加强管理”。[③] 一是对在乡镇企业、城镇务工的农民工党员和个体工商户党员，应根据人数、行业和从业地点，建立由城镇党委领导的党支部和党小组，对其进行管理。二是对集体外出的党员，要根据外出时间和人数，建立由原村党组织领导的临时党支部或党小组。对外出时间长、地点较为固定的，可以由所在地党组织领导。三是对分散外出的党员，所在党支部要及时予以登记。根据外出时间和地点，或回来参加组织生活，或定期向原党支部递交思想汇报。该意见作为改革开放后中共最早的针对流动党员的管理办法，首次提出要在适应农村产业结构、劳动力就业结构以及党员分布情况变化的基础上调整组织设置和隶属关系，以确保党员能够及时参与党的组织生活，接

① 房其清．林州市建筑志［M］．郑州：中州古籍出版社，2008：425.

② 岳池年鉴 1986—1992［M］．重庆：重庆出版社，1995：43.

③ 中共中央组织部组织局．加强农村党的基层组织建设［M］．上海：上海人民出版社，1986：278.

受党组织的教育和监督。1990 年 8 月，中共在山东莱西召开全国村级组织建设工作座谈会。这次会议在明确党组织是农村基层组织领导核心的基础上，进一步提出村党支部要主动适应商品经济发展要求，指定和委派专人负责农村外出党员的管理工作。1992 年 2 月 14 日，中组部制定《关于共产党员交纳党费办法的规定》，对在乡镇企业工作的农民党员、在城市中从事个体经营的农民党员的党费交纳比例、计算办法等进行了专门细致的规定，为督促农村流动党员增强党的观念，认真履行党员义务，自觉接受党组织教育管理提供了重要支撑。同年 9 月 3 日，中共中央政治局审议通过《关于加强党的建设，提高党在改革和建设中的战斗力的意见》，提出要加强新的经济组织中的党建工作。尤其是"乡镇企业、私营企业等经济组织，也要从各自的实际出发，抓紧建立、健全党组织"①。这一要求对实现外出农村人口党员管理的组织全覆盖具有重要意义。

中共十三大至中共十四届四中全会期间，各地方党委和组织部门从基层党建工作面临的现实问题出发，也先后对规范外出农民党员教育和管理开展了一些探索。例如，1988 年初，天津市委和农工委要求全市在外出务工、经商地点相对固定的农民党员中全面建立党组织，对"早出晚归的党员，要认真地组织他们参加党日活动，党支部提前通知约定参加支部活动时间"，对"零星分散、从业地点不固定的党员，做到外出登记、定期联系"。② 1988 年 4 月，广东省委组织部印发《关于加强农村外出外来党员管理的意见》，提出要对外出外来党员和本地党员一视同仁，统筹编入流入地党支部和党小组，造册登记后报上级党组

① 中共中央文献研究室．十三大以来重要文献选编：下册［M］．北京：中央文献出版社，2011：656.

② 中共天津市委党史研究室，中共天津市委农村工作委员会．中国新时期农村的变革（天津卷）［M］．北京：中共党史出版社，1999：266.

织备案，进行统一管理。1993 年 2 月，中共湖南省委组织部召开全省发展党员和“推优”工作座谈会，提出要适应市场经济发展要求，加强对人才流动中的知识分子党员、改革后进入劳务市场的农民党员等各类流动人口党员的管理，可以探索利用外出农民党员回家“双抢”或过节等时机进行单独教育，也可以采取定期写思想汇报或定期返乡汇报方式对他们进行教育等。在传统领域外，通过调整党组织设置对外出务工、经商的农民党员群体进行管理，是这一时期流动党员管理的主要特色，它所积累的经验为后来的农村流动党员管理工作提供了重要参考。

二、从“正视”到“重视”（1994—2001 年）

20 世纪 90 年代，我国农村流动人口进入全面发展时期。随着人事劳动制度改革的深入，农村党员流动的范围越来越大，数量越来越多，占全体党员的比重也不断上升。例如，据统计，1995 年辽宁省共有流动党员 120897 名，占到全省 279 万名党员的 4.33%，并且以每年 26.45%的速度不断增加。[①] 又如，21 世纪初安徽省仅外出务工的农村流动党员规模就在 14 万人左右[②]，已经占到全省 269 万党员总数的约 5.2%。[③] 因此，如何在推进城乡经济发展、激发市场活力的同时，使大量处于流动状态的农村党员能够及时参与党的政治生活，自觉接受党组织的教育、管理和监督成为党的组织部门的一项重要任务。

加强流动党员的组织关系管理，是农村流动党员管理的基础性工作。1994 年 1 月 4 日，中组部印发《关于加强党员流动中组织关系管理的暂行规定》，根据不同情况分别就外出务工、经商党员，退伍军人

---

① 高东旭．流动党员管理工作的现状、问题及对策［J］．党建研究，1995（11）．

② 中共中央组织部，全国党的建设研究会．改革创新铸辉煌 纪念改革开放 30 周年党的建设和组织工作理论研讨会论文集［M］．北京：党建读物出版社，2009：661．

③ 据相关统计，2002 年安徽全省党员总数为 269 2931 名，参见中国共产党党内统计资料汇编（1921~2010）［M］．北京：党建读物出版社，2011：19。

以及大、中专毕业生中尚未落实工作单位的党员的组织关系管理问题做出详细规定。该规定还指出："促进改革开放和经济发展，进一步解放和发展生产力，使流动的党员能够及时参加党的组织生活，接受党组织的教育和监督。"① 这是"流动党员"的概念第一次出现在党的正式文件中。同年9月，中共十四届四中全会通过《中共中央关于加强党的建设几个重大问题的决定》，对市场经济条件下党的基层组织建设面临的新情况进行了梳理，其中特别提道："大批劳动力在产业间转移和地区间流动，需要采取有效措施管理好流动中的党员。"② 这是中央首次以文件的形式肯定流动党员管理的重要性和紧迫性。此后不久，为更好地贯彻中共中央的战略部署，部分地方党委和组织部门尝试通过采取单独组建、联合组建、挂靠组建等方式，加快了在农村流动党员中建立党支部的步伐。例如，1994年底，福州市委集中力量在全市外出流动党员中建立党支部20个，党小组72个③，并根据具体情况将其中一部分流动党支部和党小组归属市有关基层党组织直接负责管理，另一部分由该市属党组织与流入地党组织共同管理。又如，1994年，山东省邹平市组织部印发《流动党员统计表》，对全县外出务工、经商的2452名农民流动党员的基本情况进行逐一登记，并建立档案。然后根据其分布情况，集中建立了流动党支部2个，临时党支部16个，党小组152个。④

中共在加强农村流动党员管理方面的另一项重要探索是建立流动党员活动证制度。为贯彻中共十四届四中全会精神，1994年10月，中央召开全国农村基层组织建设工作会议。在会后下发的通知中，首次提出针对农村外出党员实行统一的流动党员活动证制度。同年12月19日，

① 中国共产党党内法规选编［M］. 北京：中国方正出版社，2014：107.
② 中共中央文献研究室. 十四大以来重要文献选编：中［M］. 北京：中央文献出版社，2011：12.
③ 石建国. 中国共产党福州地方组织志［M］. 北京：中国大百科全书出版社，1998：246.
④ 邹平县管理流动党员新办法［N］. 人民日报，1996-01-26（3）.

中组部正式印发《关于试行〈流动党员活动证〉制度的通知》，决定自次年7月1日起在全体流动党员中正式实施流动党员活动证制度。流动党员活动证制度是中共促进党员合理流动、加强流动党员组织管理的重要制度创新。短期外出（6个月以内），或长期外出但暂时无法转移组织关系的党员通过持有《流动党员活动证》，能够参与外出所在地的党组织活动。流动党员活动证制度的实施，对流出地党组织了解和掌握流动党员的基本情况具有重要作用。例如，上海市松江区自1995年至1997年，共有“外出务工经商农民党员329人，发放流动党员活动证272份，占外出党员总数的82.7%”。[①] 又如，浙江省委组织部自1995年7月1日起开始试行《流动党员活动证》制度。截止到1998年底，“统计共有流动党员数量54811名，其中跨省流动16230名，持证外出的18285名，转出组织关系的834名，开具党员证明信的4274名。”[②] 通过发放流动党员活动证，当地组织部门及时掌握了流动党员的具体人数、流向，为后续加强对这些流动党员的教育、管理提供了依据。但需要指出的是，由于主客观因素的限制，流动党员制度在实施过程中还存在一些问题，影响了实际效果，特别是进入21世纪以后，随着农村流动党员数量的增多、流动频次的提升，加之部分农村基层党组织的软弱涣散，党员外出流动不领取活动证明的现象愈加普遍。

农村流动党员的出现和快速增长，同党的基层组织建设工作未能适应市场经济发展，及时拓展党组织覆盖、强化组织功能密切相关。一方面，随着改革的推进，非公有制经济组织和新型社会组织实现了迅速发展。但由于相当长一段时间里新经济领域和新社会领域党建工作的滞后，“两新”组织中党组织的整体覆盖率较低，跨区域就业农村党员的

① 上海市松江区地方史志编纂委员会．松江县续志［M］．北京：方志出版社，2007：122.

② 《浙江省中国共产党志》编辑委员会．浙江省中国共产党志［M］．杭州：浙江人民出版社，2007：189.

组织关系转递受到很大影响。另一方面，单位制解体后，越来越多的“单位人”开始向“社会人”转变，传统单位所承担的党员管理职能逐步弱化。社区、行政村成为不同职业、身份人群聚集的生活共同体，重要性日益增强。同单位制党组织相比，城市社区、行政村基层党组织所处的生存和发展空间决定了其要避免自身角色在复杂环境中被边缘化，就必须进行组织功能拓展，将对不同地域来源、不同职业党员的统筹管理服务纳入职能范畴。

中国共产党很早就意识到这一问题，并开始着手加强新形势下的流动党员管理工作。一方面，中共中央和组织部门密集出台了一系列党内法规，尝试将加强流动党员管理监督、发挥流动党员先进性作用等内容纳入城乡基层党组织的工作范畴（见表 1-5）。

表 1-5 1994—2001 年基层党组织建设法规文件涉及流动党员内容一览

颁布日期	颁布单位	文件名称	涉及流动党员的主要内容
1994 年 11 月	中共中央	《关于加强农村基层组织建设的通知》	(1) 加强对离乡外出务工经商的党员的教育管理。(2) 对农村外出党员实行统一的流动党员活动证制度，使他们能及时参加外出所在地区党组织的生活，即接受教育和监督
1996 年 9 月	中组部	《关于加强街道党的建设工作的意见》	街道、社区基层党组织要按照有关规定，加强对流动党员的教育管理

续表

颁布日期	颁布单位	文件名称	涉及流动党员的主要内容
1999 年 2 月	中共中央	《中国共产党农村基层组织工作条例》	(1) 农村基层党组织要加强并改进对外出党员的教育和管理。(2) 对外来党员，有关党组织应当及时将他们编入党的支部和小组，组织他们参加党的活动
1999 年 3 月	中共中央中组部	《关于加强农村基层干部队伍建设的意见》	要重点从农村知识青年、退伍军人、乡村企业骨干、外出务工经商回乡的优秀党员中选拔村党支部书记

另一方面，中共还加大了在新经济领域和新社会领域中开展党建工作的力度。这一时期，中共遵循“哪里有群众哪里就有党的工作，哪里有党员哪里就有党的组织，哪里有党的组织哪里就有健全的组织生活和坚强的战斗力”的原则，积极拓宽“两新”组织中党组织的覆盖面。2000 年 7 月和 9 月，中组部先后印发《关于加强社会团体党的建设工作的意见》和《关于在个体和私营等非公有制经济组织中加强党的建设工作的意见（试行）》，要求各级党委充分认识加强非公经济组织和新社会组织党建工作的重要性与紧迫性，采取有效措施，积极推进“两新”组织中党的建设工作。与此同时，两个意见还提出要督促当前社会团体常设办事机构专职人员中的党员和个体、私营等非公有制经济组织中的流动党员及时接转党的组织关系，按时参加党的组织生活；结合各自业务活动，加强对党员的教育工作，使党员教育体现社会团体和非公有制经济组织的特点，贴近党员的实际等。在各级党委和组织部门的大力推动下，这一时期“两新”组织中的党组织嵌入工作取得了显

著成效，一大批“隐形党员”和“口袋党员”开始亮明身份。以浙江省为例，1998 年，浙江全省各类私营企业共有党员 7.3 万名，较 1993 年增加约 1.8 倍。其中，100 名员工以上的私营企业 2200 余家，建立党组织的占 30.9%，较 1993 年上升 25.3 个百分点。[①] 1993—2004 年全国私营企业党组织组建情况如下（见图 1-8）。

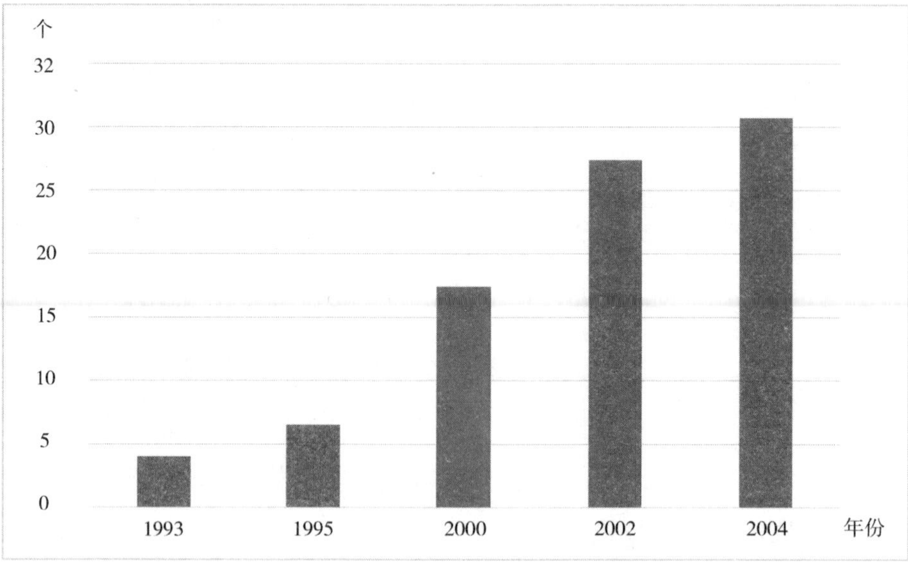

图 1-8　1993—2004 年全国私营企业党组织组建情况

资料来源：根据《2004 年中国第六次私营企业抽样调查数据及分析报告》提供数据整理②。

此外，这一阶段中共还首次对如何加强高校毕业生、退役军人流动党员的管理进行了一些探索。如 1998 年 6 月，中组部、中宣部和教育部党组为提高高等院校党建工作水平，联合制定《普通高等学校党建

① 中共中央组织部 . 组工通讯（2000）[M]. 北京：党建读物出版社，2001：65.
② 参见中华全国工商业联合会，中华民（私）营经济研究会 . 中国私营经济年鉴 2002—2004 [M]. 北京：中国致公出版社，2005：21。

工作基本标准》，其中提到要围绕学校中心工作，积极探索流动党员的管理方法，使共产党员能够发挥先锋模范作用。1999 年 11 月，中组部和解放军政治部联合印发《关于加强待安置退役军人党员管理工作的通知》，明确强调要加强退伍军人党员安置和组织关系转接工作，提议有条件的地方安置部门可以设立接收待安置退伍军人党员临时党支部，组织党员交纳党费和开展活动。对退伍军人到安置部门报到后又外出流动的，要参照流动党员有关规定进行管理。

从中共十四届四中全会到中共十六大，流动党员的管理工作开始受到各级党委和组织部门的格外关注，特别是对农村流动党员的管理方法，地方各级党组织从实践层面出发进行了一系列有益的探索和创新，取得了一些成绩。例如，广东省深圳市针对不同类型外来农村流动党员的特点，通过单位管理、行业管理、挂靠管理、社区管理等方式对处于流动状态的党员试行分类管理，取得了良好的效果。[①] 又如，河北省迁西县根据全县外出党员队伍分布行业特点，出台专门文件对外出农民党员管理做出具体规定，并尝试建立流动党员的跟踪考察、定期汇报和考评等基本教育管理制度；[②] 浙江省建德市要求全市各街道（乡镇）党（工）委、社区以及企业主管部门党委均建立流动党员管理站，同时针对外来务工流动党员组织开展“六个一”（一站、一读、一卡、一账、一制、一岗）活动[③]等。但是，受多方面因素影响，这一时期部分党组织在管理流动党员的过程中，也出现了一些偏差。例如，一些地方的村党支部严格限制农民党员自由外出，对党员要求外出流动的申请一律不

---

① 中共深圳市组织部．开创新世纪基层党建工作新局面：深圳市党的基层组织建设工作会议材料汇编［M］．内部资料，142-143.

② 中共河北省迁西县委组织部．中国共产党河北省迁西县组织史资料：第 3 卷［M］．内部资料，9.

③ 《建德市志》编纂委员会．建德市志 1978—2005（中）［M］．杭州：浙江人民出版社，2010：1106.

予批准；还有一些村党组织对部分擅自外出的流动党员进行批评教育和组织处理等。这些突出管理和强控制的政策，不但侵犯了党员的基本权利，也在一定程度上挫伤了他们参加党的组织生活的积极性和主动性。

三、“奠基性文献”与全面深化（2002—2006年）

以中共十六大的召开为分界点，中国共产党对农村流动党员的管理进入全面展开的新阶段。这一时期，农村流动党员快速发展，并呈现几个明显的变化。一是农村流动党员在数量和规模上出现较大增长。中组部统计显示，截至2007年3月底，全国31个省（区、市）和中央有关部门为205.6万名流动党员发放了《活动证》，占流动党员总数的93.7%①，据此可以推算这一时期流动党员总数约占全部党员总数的3%②，其中绝大多数属于农村户籍的流动党员。二是在流动趋势上，市场经济发育程度较高、经济较为发达的地区成为外来农村流动党员的主要集中地。三是农村流动党员结构趋于多样化。除传统的农民工、个体工商户流动党员外，在民营和外资企业、社会中介组织中工作的农村流动党员迅速发展，在流动党员群体中的比重不断上升。在此期间，中共根据所处时代环境变化，以贯彻“三个代表”重要思想和保持共产党员先进性教育为主线，对加强和改进流动党员的管理工作展开了进一步探索。这一时期的探索围绕两个方面来进行，一是开始在社会流动人口群体中发展党员；二是以组织关系管理作为政策制定依据，推动流动党员管理的常态化、规范化。这些举措，对促进农村流动党员发展产生了重要影响。

---

① 党员队伍建设成效显著［N］. 人民日报，2007-07-15（1）.

② 截止到2006年12月31日，全国党员总数为72391329人（含预备党员2859802人），参见中国共产党党内统计资料汇编（1921—2010）［M］. 北京：党建读物出版社，2011：10。

21 世纪后，随着市场经济体制的进一步完善，我国的经济结构和生产关系出现重大变革，引发了社会阶层结构的剧烈变迁。在国内，首次出现了诸如民营企业的创业人员和技术人员、个体户、中介组织从业人员等新的社会阶层。他们中许多人拥有农村户籍，在不同所有制、行业和地域之间频繁流动，属于农村流动人口群体的一部分。如何更好地代表和维护这些新的社会阶层成员的利益，并通过党组织的力量进一步提高他们的思想政治觉悟，进而巩固党的阶级基础和群众基础，是党实现长期执政的必然要求。早在 2001 年 7 月，江泽民就提出："不能把有没有财产、有多少财产当作判断人们政治上先进与落后的标准。而主要看他们的思想状况和实际表现，看他们以自己的劳动对建设中国特色社会主义事业所作的贡献。"① 他强调，各类新社会阶层成员在党的路线、方针和政策指引下，通过诚实劳动、合法经营为推进社会进步做出了贡献，属于中国特色社会主义事业的建设者。党要增强在新经济领域和新社会领域的影响力，必须将其中的优秀分子吸纳入党的组织。在这一思想的指导下，2002 年 11 月，中共十六大正式提出："要把承认党的纲领和章程、自觉为党的路线和纲领而奋斗、经过长期考验、符合党员条件的其他社会阶层的先进分子吸收到党内来"，同时要"适应新形势，探索党员管理工作的新机制新方法"。② 这些论断，为党在新的社会领域中发展党员提供了理论依据，也在客观上拓宽了农村流动党员的来源途径。

此后不久，以"三个代表"重要思想为理论指导，中共中央和组织部门陆续出台了一系列文件，尝试将流动党员的管理纳入党的建设总体规划。2004 年 6 月，中组部印发专门意见，就做好新形势下发展党

---

① 江泽民．论党的建设［M］．北京：中央文献出版社，2001：514.

② 中共中央文献研究室．十六大以来重要文献选编：上［M］．北京：中央文献出版社，2011：41.

员工作提出具体规定，首次提出“企业、农村、机关、学校、科研院所、街道社区等党的基层组织要把外来、外出务工经商人员和其他流动人员纳入发展党员工作范围”，“流入地党组织与流出地党组织要加强联系，做好对流动人员入党积极分子的政治审查和预备党员教育管理的衔接工作”。[①] 这是市场经济条件下中国共产党发展党员策略的重要转变。2004 年 9 月，中共十六届四中全会审议通过《中共中央关于加强党的执政能力建设的决定》，明确了当前和今后一个时期加强党的执政能力建设的主要任务。在加强和改进基层党建工作方面，该决定提出要“探索党员教育管理工作的新机制，加强流动党员管理，促进广大党员发挥先锋模范作用”[②]，并将其作为保持共产党员先进性的一项重要任务来抓。随后不久，中组部印发意见，要求街道、社区党的基层组织要在不断扩大党的城市工作覆盖面的基础上，加强流动人员中党员的管理，并重视做好在流动人员中发展党员的工作。2004 年 11 月 1 日，中共中央组织部印发《关于进一步加强党员组织关系管理的意见》，明确了对流动党员组织关系的分类管理办法。其中特别提到，要加强企业、街道社区等有关单位党组织关于党员组织关系转移和接收工作的有效衔接，对集体外出、地点相对集中且外出时间较长的流动人口中的党员，可以采取多样化的管理方式。这些规定，为防止党员组织关系“挂空”等提供了新的指导。

2006 年初，依照党的十六大和十六届四中全会的部署，中共中央决定在全党范围内开展保持共产党员先进性教育活动。2006 年 6 月 21 日，中共中央办公厅正式印发了《关于加强和改进流动党员管理工作

① 中央纪委法规室，监察部法规司．纪检监察业务法规政策选编［M］．北京：中国方正出版社，2005：368-369.

② 中共中央文献研究室．十六大以来重要文献选编：中［M］．北京：中央文献出版社，2011：294.

的意见》。该意见是目前党内关于流动党员管理最主要的党内法规和制度规范。其主要内容包括三点。第一，对流动党员的概念做出了明确界定。即“流动党员是指由于就业或居住地变化等原因，在较长时间内无法正常参加正式组织关系所在党组织活动的党员”。第二，阐述了加强和改进流动党员管理工作的基本原则。主要包括“坚持以流入地党组织为主、流出地和流入地党组织共同管理”“坚持区别情况、动态管理”“坚持教育、管理与服务相结合”三条。第三，对流动党员管理工作中的主体责任和对流动党员的要求进行了规定。例如，流出地党组织的主要任务是“了解掌握外出流动党员情况，加强与流入地党组织的联系，配合流入地党组织共同做好流动党员外出期间的教育管理工作”；流入地党组织的主要任务是“对流动党员管理负有主要责任，要加强与流出地党组织的联系，把流动党员纳入本地党员教育管理的整体工作中”①。此外，该意见还对流动党员管理工作中出现的失职失责处分等情况进行了细致规定。

这一时期，有关部门也积极响应中央号召，出台了相关规范，进一步深化了对退役军人流动党员管理的探索。例如，2004 年中组部、解放军总政治部发出《关于加强自主择业军队转业干部党员教育管理工作的通知》，要求各地在接收转业军人党员干部报到时，要根据居住、就业情况，逐一落实组织关系；对流动性较强的党员，要根据流动党员管理办法进行严格管理等。

2006 年 6 月 30 日，胡锦涛在庆祝中国共产党成立 85 周年大会上的讲话中肯定了一段时间以来流动党员管理制度化建设的成就。他指出：“各级党组织在加强党员经常性教育管理、做好党员联系和服务群众工

① 关于加强党员经常性教育的意见 关于做好党员联系和服务群众工作的意见 关于加强和改进流动党员管理工作的意见 关于建立健全地方党委、部门党组党委抓基层党建工作责任制的意见 [M]. 北京：中国方正出版社，2006：19-27.

作、加强和改进流动党员管理工作、建立健全抓基层党的建设工作责任制等方面形成了一些务实管用的新制度，推动了保持共产党员先进性长效机制建设。"① 此外，这一时期为了确保《关于加强和改进流动党员管理工作的意见》的贯彻实施，中组部还发出专门通知，就流动党员活动证与党员组织关系介绍信的填写、印制和使用做出具体要求，进一步提高了流动党员管理的制度化水平。

四、"适应性变革"与管理创新（2007 年至今）

党的十七大以来，中共积极适应基层党建工作发展要求，先后颁布了一系列新政策、新措施，推进了流动党员管理理念、方法和体制的创新。流动党员管理工作迎来新的发展阶段。在管理理念上，由常规管理逐步转向动态化管理，再到动静结合；在管理方法上，由单纯的教育、管理向寓教育、管理于服务做出转变；在管理体制上，由城乡封闭式、分割式管理逐步转向开放式、城乡一体化管理。

2007 年 2 月，中组部下发通知，要求党的各级组织部门设立专用电话，为流动党员提供咨询服务。这是党的组织部门拓宽联系和服务流动党员的一项重要举措。2007 年 10 月，中共十七大报告首次提出："加强和改进流动党员管理，加强进城务工人员中党的工作，建立健全城乡一体党员动态管理机制。提高发展党员质量，优化党员队伍结构，及时处置不合格党员。"② 构建城乡统筹的基层党建新格局，是中共在市场经济人力资源高速流动的条件下，从统筹城乡经济社会发展现实需要出发，对加强流动党员管理进行的新探索。20 世纪 90 年代以来，为

① 中共中央文献研究室．十六大以来重要文献选编：下［M］．北京：中央文献出版社，2011：528.

② 中共中央文献研究室．十七大以来重要文献选编：上［M］．北京：中央文献出版社，2009：41.

有效应对流动党员特别是具有农村户籍的流动党员数量不断增加的现状，中共在掌握党员流动去向、转递组织关系等方面出台了一系列措施，取得了一定的效果。但是，由于传统的以行政区划为主要特点的城乡党员管理二元结构体制障碍，农业流动人口党员的跨区域管理对接受到很大制约。在这种情况下，中共配合统筹城乡一体化发展国家战略，首次尝试打破党员管理的地域、单位限制，对城市和乡村两个领域的基层党建工作进行统筹协调，推进党员管理体制机制的创新，建立城乡一体化的党员动态管理机制。与此同时，中共十七大还首次将流动党员管理作为基层党组织的一项任务写入党章，标志着流动党员管理从党内法规法理上正式成为党的基层组织一项重要职能。

围绕构建城乡一体化的流动党员动态管理机制，中共在理论和实践层面都进行了进一步探索。

第一，做好流动党员信息采集工作。准确把握党员的情况是加强流动党员动态管理的前提。2007 年 11 月，中组部联合公安部印发专门通知，要求各地主动适应工业化、城镇化加速推进的新形势，坚持在管理中体现服务，在服务中强化管理，做好流动人口中党员的信息采集和服务工作。该通知要求各地基层党组织积极协助公安机关，在外来流动人口办理暂住户口登记和暂住证时一并对其政治面貌进行登记，录入暂住户口信息系统，做到对流动人口中的党员底数清、情况明、信息随调随用。这是党内首次在全国范围内对流动人口党员情况进行全面摸底排查。

第二，构建完备的党员信息库。党员信息库是加强党内数据统计、实现党员信息资源共享的有效手段。它作为流动党员动态管理机制的配套措施，能够实现对党员情况的及时反映和动态化管理，对推进管理的科学化、信息化具有重要作用。2008 年 2 月，习近平在全国组织工作会议上重申要打破城乡组织设置造成的党员管理条块分割，建立统一的流动党员信息管理系统，“使党员无论流动到哪里都能够与党组织取得联系，融入党的组织，参加党的活动，得到组织关怀”。[①] 2008 年 9 月，习近平在中央党校开学典礼上发表讲话，将流动党员管理问题上升到“党的建设一个崭新的课题”的高度，从理论上进一步凸显了流动党员管理在基层党建工作中的重要地位。同年 12 月，为更好地贯彻中共十七届三中全会关于加强农村改革发展和党建工作的精神，中组部印发通知，从准确掌握流动党员基本情况、发挥流动党员在促进经济发展中的作用、营造流动党员管理服务良好氛围等方面出发，对国际金融危机冲击下持续推进农村流动党员管理服务工作做出具体部署，要求有条件的基层党委全面建立流动党员信息库，村、社区一级的党组织建立流动党员信息管理台账。

第三，实施城乡一体化的农民工党员发展办法。2009 年 9 月，中共十七届四中全会审议通过《中共中央关于加强和改进新形势下党的建设若干重大问题的决定》，提出“建立全国党员信息库，加强党员动态管理，健全城乡一体、流入地党组织为主、流出地党组织配合的流动党员教育管理服务工作制度”，同时决定“实行城乡基层党组织一方为主、接续培养、两地考察、相互衔接的优秀农民工入党办法”。[②] 这主要是由于传统党员发展实行的是属地管理。受客观条件限制，农村流动人口外出务工、经商后，一直在异地他乡工作和生活，户籍所在地党组织无法及时掌握他们的情况。同时由于户籍并不在现居住地，当地的基层党组织也没有培养他们的义务。这就导致农村流动人口入党的培养、考察程序上出现了真空地带。实行城乡基层党组织一方为主、接续培

---

① 中共中央文献研究室．十七大以来重要文献选编：上［M］．北京：中央文献出版社，2009：225.

② 中共中央文献研究室．十七大以来重要文献选编：中［M］．北京：中央文献出版社，2011：165-157.

养、两地考察、相互衔接的农民工入党办法，能够有效加强农村流动人口党员培养过程中流出地与流入地党组织相互衔接和沟通，为破解农村流动人口入党这一难题提供助力。

进入新时代，中共延续了十八大之前对流动党员管理工作的探索。2012年11月，党的十八大报告继续强调："改进对流动党员的教育、管理、服务。"① 2013年，习近平总书记在全国组织工作会议上提出，对我们这样一个拥有8500多万党员的执政党来说，推进全面从严治党必须落实到党员队伍的管理中去。2018年11月，中共中央颁布《中国共产党支部工作条例（试行）》，给予流动党组织建设以明确要求，即"流动党员较多，工作地或者居住地相对固定集中，应当由流出地党组织商流入地党组织，依托园区、商会、行业协会、驻外地办事机构等成立流动党员党支部"。② 2019年5月，中共中央印发《中国共产党党员教育管理工作条例》，专列一章阐述流动党员管理规范。对农村党支部、城市社区、公共就业和人才服务机构、高校等各类基层党组织加强流动党员管理做出新规定，意在激发党组织的生机活力，推动全面从严治党向纵深发展。

这一时期，我国流动人口宏观政策进一步调整，加之提高基层党组织服务功能的要求，中共对流动党员的管理方式也相应地发生改变，由单纯的组织管理向服务管理、加强激励做出转变。各地都对此进行了一些实践探索。例如，宁波市北仑区制定《外来流动党员管理服务十二项措施》，维护流动党员的合法权益，帮助他们解决就业帮扶、子女入学、廉租房租赁等工作和生活中的困难。通过开通24小时流动党员咨

① 中共中央文献研究室．十八大以来重要文献选编：上［M］．北京：中央文献出版社，2014：42.

② 中共中央办公厅，中央"不忘初心、牢记使命"主题教育领导小组办公室．中国共产党党内重要法规汇编［M］．北京：党建读物出版社，2019：121.

询服务热线，接受农村流动党员的求助，并提供生产生活、社会公共事务等方面的信息咨询。① 又如，山东省平邑县针对流动党员的岗位特点，开展了送资金、送技术、送服务和扶助困难党员的“三送一扶”活动，专门设立流动党员困难救助基金，对生活困难流动党员实施救助。当地党组织通过走访慰问、“一对一”“多对一”结对帮扶等形式，对流动党员家里的留守老人、儿童进行照顾。对在外务工的农民工流动党员，县驻沪党总支还高薪聘请法律顾问，积极为流动党员提供法律援助服务。此外，平邑县驻外党组织还定期评选表彰优秀驻外党组织和优秀流动党员，激发他们投身当地经济发展的热情。② 这些探索，充分体现了尊重和维护流动党员权利，增强服务和激励的党员管理新思路，是新形势下加强党对农村流动人口管理的重要创新，为确保每个党员都能纳入党组织的管理提供了保障。

第四节　农村流动党员管理四十年：成就与不足

从改革开放以来农村流动党员管理发展历程来看，我国农村流动党员的管理工作经过多年的萌芽、探索和发展，取得了很大的成就。但是，由于农村流动人口在我国形成和发展的时间较短，流动人口相关的党的建设理论尚不成熟，实践也不充分，农村流动党员管理工作还存在一些不能忽视的问题。

---

① 张力娜，吕敏．社区流动党员管理的有效路径探索：基于宁波市北仑区新碶街道的实证分析［J］．宁波经济（三江论坛），2010（1）．

② 中共山东省委党史研究室．中共山东编年史：第 20 卷［M］．济南：山东人民出版社，2015：586．

一、农村流动党员管理工作取得的成就

改革开放以来，经过中共各级组织和全体基层党员干部的持续推动，特别是农村党员的积极响应，农村流动党员管理工作取得了很大的成绩。根据四十年来的管理实践，可以将农村流动党员管理工作取得的成就分为以下四个方面。

第一，根据农村党员的流动特点，灵活农村基层党组织设置方式。改革开放前，党在农村基层组织的设置方式主要是以生产单位为基础设立，即在人民公社一级设立党委，在生产大队设立党支部，在生产队设立党小组。党组织设置原则较为固定。中共十一届三中全会后，农村的生产组织形式发生了很大变化，农业人口的分散性、流动性大大增强，农村党员的组织性不断弱化，原有基层党组织设置方式已经无法适应党员管理的新要求。在这种情况下，通过调整基层组织的设置方式，突破流动党员管理的地域限制，成为加强农村基层党建工作的内在要求。在中共中央的领导和号召下，各地党组织以有利于开展活动、有利于党员管理为原则，对此进行了一系列探索。例如，在跨乡、跨县的大型经济联合体中设立党支部，由当地党组织领导；在集体外出的党员中，根据外出时间长短，由所在地党组织设立临时党支部或党小组；在外出农民党员集中流入的地区设立党组织，接受原党组织统一管理等。这些新的党组织设置方式，使党的组织覆盖紧紧围绕着党员的活动轨迹展开，有利于将党制定的方针、政策以及上级党组织的新精神、新要求及时传递给广大流动党员，进而巩固和夯实党的组织基础，充分发挥党员的先锋模范和带头作用。

第二，加强外出党员的组织关系转接，推动流动党员活动证全面普及。20 世纪 90 年代中期以后，在城乡、地域、行业之间流动迁移的农

村户籍党员日益增多，给农村基层党员队伍建设带来很大压力。随着越来越多的农民党员游离于党组织之外，对农村流动党员进行管理的难度也在不断增加，引发了包括党员转接组织关系难、参加党组织活动难、接受党组织监督难等各类问题。“口袋党员”“隐形党员”“挂名党员”等流动党员群体规模不断扩大。为此，各单位管理责任主体采取一系列措施，通过各种手段督促农村流动党员主动转接组织关系。例如，一些地方高校针对农村户籍的毕业生党员群体，积极优化组织关系转接流程，参照人事档案转移的方式对党员组织关系采取机要文件流转，加强流入地和流出地党组织之间的直接联系，有效防止“口袋党员”“隐形党员”的出现。又如，一些民营企业的基层党支部探索试行“一对一”党员转接回执跟踪制度，通过将企业内部一名在职党员和一名流出党员实行“一对一”转接，督促流动党员尽快完成党员档案的组织关系转接，拿到回执，确保流动党员的组织关系能够及时转入新的党组织。在加强党组织关系转接的同时，中共中央还通过建立和完善流动党员活动证制度，通过发放流动党员活动证，准确掌握流动党员的联系方式、流动时间、流出去向等基本情况，也为流动党员在外地参与党组织生活提供依据，以确保党员无论流动到哪里，都能够接受党组织的教育和管理。

第三，突出基层组织的服务职能，做好农民流动党员管理服务工作。21 世纪以来，党在基层党建工作方面的一个重要创新就是增强党的基层组织服务职能，寓党员教育、管理和监督于服务之中。面对日益严峻的农村流动党员管理形势，各级党组织通过提高服务意识、扩展服务内容、创新服务体系，主动为流动党员排忧解难，确保他们“流动不流失、离乡不离党”。例如，一些地方尝试建立归属本地区党委领导的党员服务中心或流动党员之家，负责外来党员登记和管理，受理流动党员的投诉，为他们提供各类服务。对外来流动党员在工作和生活中遇到的问题，党员服务中心加强组织关怀，主动协调相关机构，帮助维护流动党员的合法权益。一些地方针对农村户籍的应届毕业生流动党员，深化落实各项服务举措，通过建立大学生流动党员求职信息库、举办专场招聘会，为他们在城市就业提供帮助；针对有返乡就业意向的农村户籍退役军人流动党员，提供技能培训和岗位推荐服务，并提供全程就业咨询；针对有创业意向的农民工流动党员，协调相关部门主动做好小额创业贴息、创业启动资金申报工作等。这些措施，无疑增强了基层党组织对流动党员的凝聚力和向心力，为流动党员主动联系党组织提供了内在动力。

第四，持续推进制度创新，建立和完善流动党员管理体制机制。科学的制度是实现党员管理常态化、规范化的重要基础。农村流动党员管理之所以成为基层党建工作的热点难点，一个重要原因就在于农村党员流动范围大、管理工作牵涉主体多，具有很强的不确定性，从而在很大程度上影响了传统党员管理方式的有效性。要破解这一难题，必须针对农村党员流动的特点，大胆探索创新，建立党员流而有序的管理体制。在这一过程中，中央、地方各级党委和组织部门积极适应经济社会发展需要，逐步摸索党员流动规律，陆续颁布了一系列涉及流动党员教育、管理等内容的党内法规和制度条例，对实现流动党员的分类指导、动态管理、科学教育、有效监督起到了重要作用。这些关于流动党员的具体管理制度包括：流动党员跟踪管理制度、党员外出申请制度、流动党员档案管理制度、流动党员“三方联管”制度等。这些制度创新集中体现了中共对流动党员和新形势下基层党建工作的认识，是党长期以来对流动党员实施教育、管理、监督历史经验和成功方法的科学总结，是今后开展流动党员管理工作的制度依据。

综上所述，中共能够在流动党员管理探索方面取得一系列成绩，主要源于全党内外的共同努力。其中，既有中共党内最高领导层的持续关注，党的各级组织对管理方针的细化、创新和坚决贯彻，流动党员的积极回应，也有对实践路径的科学选择以及“两新”组织的主动配合等。这些成就，无疑是来之不易的。

二、农村流动党员管理工作存在的不足

回顾改革开放以来农村流动党员发展的历史，再结合当前农村党员队伍建设实际，可以发现我国农村流动党员的管理工作取得了很大的成就，但是也存在很多亟待解决的问题。这些问题主要有以下四个方面。

第一，基层党组织覆盖不全面，农村流动党员管理依然存在“空白点”。基层党组织既是巩固党的执政基础的组织支撑，也是教育、管理和监督党员的主要载体。改革开放以来，随着经济体制转轨的稳步推进，非公有制经济组织和新社会组织的数量不断增加，在国民经济体系中所处的地位也越来越重要。从加强党的执政能力的角度出发，全面推进“两新”组织党建工作，拓宽党的组织覆盖面，目的不仅是引导“两新”组织的轨道化发展，还在于提高党对流动人口的整合，实现政治吸纳，增强党组织适应性。近些年来，在各级党委和组织部门的大力推动下，“两新”组织中的党组织嵌入工作取得了一定的成效。但总的来看，由于缺乏刚性制度约束和行政制约手段，加之我国经济领域市场竞争日趋激烈，社会结构高速变动，给党的组织覆盖面延伸带来严重限制。同时外出农村人口党员本身的流动性较强，有些地方甚至出现规模较小的“两新”组织党支部刚成立就面临被撤销的局面。党的组织覆盖存在倒退的风险。

第二，流动党员组织管理日益规范化，但教育和监督工作依然存在

薄弱环节。党的十一届三中全会以来，中共在加强流动党员队伍建设方面进行了一系列的探索。例如，创新流动党员管理理念和方式；针对流动党员开展主题实践和民主评议等各项组织活动；通过各种方式维护流动党员的民主权利；确立流动党员管理和服务的基本制度规范等。这些探索对推进流动党员管理的科学化、规范化和制度化发挥了重要作用。但需要指出的是，当前流动党员的发展现状和党员的管理目标之间还存在一定的差距，主要原因在于对流动党员的教育方法单一，教育内容枯燥，流于形式，针对性不强；基层党支部对流动党员监督不到位，缺乏有效的监督渠道，监督机制不完善等。究其根源，一方面是部分流动党员长期游离于组织之外，理想信念发生动摇、组织观念淡漠，以至于自由散漫成为习惯，不愿自觉接受甚至从内心抵触党组织的教育和监督；另一方面是基层党组织长期以来重组织管理而轻教育、监督，造成部分流动党员有组织而无纪律，党性修养和宗旨意识弱化，甚至小节发展到大错，走上违法违纪的道路。

第三，基层党建保障机制不健全，流动党员管理工作缺乏有效支撑。根据统筹城乡一体化党建工作现实需要，加大组织资源、经济资源、人力资源等各类党建资源的投入力度，是确保农村流动党员管理有序运转的前提。近年来，流动党员管理工作取得很大成效，但是依然存在着一些突出问题，其中之一就是无论是流出地向外延伸建立的临时党组织还是流入地党委在本地区设立的“两新”基层党支部，实际上都面临着物质保障缺乏的问题。其主要表现为：缺少专业的党务工作人员负责流动党员管理工作、缺乏加强流动党员服务的组织资源保障、临时党支部开展组织活动缺少经费和场地支持等。例如，河南省某市在郑州市建立的 13 个外建党总支中，只有 2 个能够获得流出地党组织每年拨付的少量活动经费。[①] 其余的党总支或是依赖挂靠企业拓宽经费来源渠道，或是完全依靠党务工作者的奉献精神开展工作。在缺乏足够党建资源的情况下，基层党组织功能的发挥受到很大限制，流动党员管理工作的开展也受到影响。

第四，农村流动党员整体素质不断提高，但先进性作用难以充分发挥。加强和改进流动党员管理工作，目的不仅在于巩固党在基层的组织基础，还在于更好地发挥流动党员的先锋模范作用，进而扩大党在新经济领域和新社会领域的影响力。改革开放以来，农村流动党员队伍结构发生很大变化。一方面，流动党员整体受教育程度进一步提高，经济状况显著改善，在社会各领域各行业的影响力不断增强。另一方面，不同农村流动党员群体之间的差异也在扩大，并且有相当一部分在城市就业的农村流动党员生活逐渐趋于稳定，流动性显著降低。各地在开展基层党组织建设的过程中，强化工作责任，针对流动党员群体出现的这些新特点，采取了一系列措施，鼓励流动党员参与社区治理、相互交流，有效提高了农村流动党员队伍的整体素质。然而，由于保持流动党员先进性长效机制建设还比较薄弱，加之缺乏适用于流动党员群体的科学考评办法、奖励表彰机制和良好的平台，农村流动党员的先进性作用难以得到有效发挥。

总的来看，追溯农村流动党员发展的历史，正视农村流动党员管理工作存在的现实问题，对城乡基层党建工作进行深刻剖析，有助于我们更好地了解和把握农村流动党员管理情况，为新时代加强和改进农村流动党员管理工作提供参考，同时对推动流动人口党的建设理论的发展，加强对城乡基层党建工作的理论指导和政策引领，也具有重要的借鉴意义。

---

① 杨群红．构建城乡一体农民工流动党员动态管理机制［J］．中州学刊，2011（4）．

第二章　农民工和个体工商户流动党员的管理

本章主要探讨的是农民工和个体工商户流动党员的管理工作。农民工党员和在城市中从事生产经营活动的农村个体工商户党员，是以经济利益为主要迁移动力的流动党员。这类流动党员往往身处经济欠发达农村地区或是在当地农村经济社会结构中处于相对弱势地位，其流动带有明显的自发性、盲目性特点。农民工和个体工商户流动党员群体通常面临着较大的经济压力。他们的户籍和党组织关系都在农村。在基层党建实际工作中，这类流动党员很少会发生组织关系永久迁移的情况。一是由于有些农村地区的党员数量本来就比较少，如果再将这些年富力强的党员的组织关系迁出，流出地党组织的组织力量就会遭到严重削弱，故很多流出地党组织不愿将其组织关系转出。二是对流入地党组织来说，流动党员组织关系的迁入，也会在一定程度上打破当地党组织原有的“平衡”，故很多流入地党组织主观上不愿接收。三是这类党员中很多人是迫于生计前往城市就业经商，他们熟悉农村生活环境，在主观上缺乏从农村向城市永久性迁移的意愿。以上情况，决定了当前各地对农民工和个体工商户流动党员主要采取的是流入地、流出地共同管理模式与行业管理模式。

第一节 农民工和个体工商户流动党员的特征

中共十一届三中全会以来，农村流动党员发展经历了一个由点到线，再到面的过程。最初的农村流动党员，主要是脱离农业，背井离乡，前往周边小城镇或大中城市务工、经商的农村青壮年党员。这类农村流动党员群体是由于农业生产方式和基本经济制度调整，从农村生产资料的束缚中解放出来的。他们对农村的土地、文化、风俗、人际网络等还存在着一定的依赖，每逢农村的重要事项以及春节、中秋等传统节庆，他们都要回到家乡。因而，也有学者称这类农村党员群体的流动是“候鸟式”迁移。一方面，他们在外务工、经商所获得的经济收益，有相当一部分都投入支援家乡的建设上，对促进农村经济社会的发展起着推动作用。另一方面，他们是农村基层党组织干部队伍的重要来源，担负着推进城乡党建工作融合的责任。

一、基本特征：以“经济利益”为驱动

农民工和个体工商户流动党员是农村流动党员群体最主要的组成部分。这类党员受经济因素驱动，长期离开家乡，和同乡亲友在城市从事一些稳定性与收入都较差的体力劳动工作或个体经营活动。其中，农民工流动党员的流动地点相对不固定，他们随着工程项目和或业务的变化而发生变动，这类流动党员群体在数量和分布上均处于动态变化之中。农民工和个体工商户流动党员普遍缺乏同流入地基层党组织的联系，对他们的管理离不开流入地和流出地党组织的协调与合作。一个时期以来，各地组织部门和相关研究机构为了解、掌握这类流动党员的基本情

况和发展动态，进行了一系列的调研活动。例如，早在 1983 年，山西省山阴县委组织部对农村流动党员进行全面调查，统计出全县共有外出务工、经商流动党员 326 人，约占全县农村党员总数的 7.5%①；2003 年，湖南省常德市在承担全国农村党员保持先进性教育活动试点任务过程中，调查统计全市共有农村流动党员 17920 名，约占农村 193753 名党员总数的 9.2%②；2009 年，黑龙江省委组织部成立课题组，选取 128 个农村进行抽样调查，发现农村外出党员 597 名，约占全部抽样农村党员总数的 11.6%③；2014 年，甘肃省陇南市委组织部以全市 195 个行政村为对象进行调研，结果显示外出务工经商的农民党员已经占到全市农村党员总数的 18.4%④。从以上调研结果来看，不同时期不同地区农村外出务工、经商党员占全部农村党员的比例差异较为明显，但基本上呈现逐年递增的发展趋势。

农民工和个体工商户流动党员通常是在传统的社会流通渠道之外，依靠亲友帮带介绍或自发的方式进行跨区域流动，到小城镇或大中城市寻求就业机会。这类农村流动党员的组织关系一般都在家乡农村的基层党支部。迫于生计，他们离开家乡前往城市从事非农产业工作超过 3 个月，无法继续接受所在党组织的教育和管理，同时受到主、客观因素的种种限制，也未能及时进行组织关系转接，因而成为流动党员的一部分。这类群体非常广泛，常见的包括在城市中从事建筑业、城市环卫工作的农村户籍党员；在城市轻纺织工业和加工制造业工作的外来农村人口党员；在城市中从事诸如修理培训、住宿、批发零售等方面经营的农

① 山西省委组织部．山阴县农村党员外出务工情况［J］．山西组工通讯，1984（15）．

② 韦绍斌．微探索：基于实践的理性思考［M］．长沙：湖南师范大学出版社，2012：243.

③ 全国党的建设研究会．优秀调研成果选编：2010 年自选课题［M］．北京：中央文献出版社，2012：27.

④ 中共甘肃省委组织部．甘肃组织工作调研报告选：2015 年［M］．兰州：甘肃人民出版社，2016：398.

村个体工商户党员等。农民工和个体工商户流动党员群体虽然在户籍类别上都属于农业户口，但从事的工作基本都是城市中的非农产业。由于他们在城乡之间一直处于“钟摆化”流动状态，因而有些人是在家乡被吸收进入党组织，有些则是在外出务工、经商地被培养成党员。这里以农民工流动党员为例加以说明。

农民工是推动我国工业化建设的重要动力来源，也是促进城市经济发展、缩小城乡差距的有生力量。随着我国城镇化进程的推进，农民工的规模也在不断增长。作为社会转型时期农民工群体的组成部分，农民工流动党员能够发挥重要的示范性作用和先锋模范作用。加强农民工党员管理，抓好农民工群体的党建工作，对提高农民工整体素质、发挥党组织对农民工群体的思想教育和政治引导作用、维护党在农民工群体中的政治影响力等具有十分积极的意义。中共十一届三中全会后，农村经济体制改革正式启动，大量的农村剩余劳动力开始向城市转移。其中，安徽作为全国最先推行家庭联产承包责任制的省份，首先出现大规模农民工问题。《人民日报》相关报道显示，早在1979年底，安徽省的农民工人数就达到14.8万人，到1980年底，增加至15.2万人，至1981年上半年，又增加约6000人。[①] 在这些农民工群体中，有相当一部分人具有共产党员的政治身份。他们同其他农民工一样，为增加劳动收入在城乡、产业和地区之间流动迁移。面对这一情况，当时的安徽省委要求各级党委和组织部门下大力气做好工作，动员农民工返乡，特别是基层党组织干部要带头清退自己的亲友返乡，农民工中的党员也要做好表率作用。这种情况一直持续到20世纪80年代中期。1984年和1985年的中央一号文件中，党中央、国务院对农民工进城给予明确的政策支持。1985年11月，中组部在全国农村基层组织建设座谈会上，首次提

① 安徽十万多农民工返乡务农［N］. 人民日报，1982-01-31（1）.

出要正视农村在外流动的农民工党员问题。此后，中央和地方党委、组织部门开始就加强农民工流动党员的管理、发挥党员作用等进行探索。

相对于在城市中从事专业技术工作，受过高等教育的高校毕业生流动党员群体，农民工党员群体的经济状况和生存环境都更为艰苦，也更为封闭。由于文化层次较低、职业技能单一，他们只能在城市中从事一些劳动强度大、技术含量低的体力工作。如环卫工、水泥工、建筑工、钟点工等。这些工作通常也是城市居民不愿意从事的，并且由于工作本身的特点，农民工党员在城市中经济收入较低，流动较为频繁，同流入地党组织联系较少，也缺乏基本的社会保障。他们虽为城市公共服务的重要提供者，但难以享受到城市发展带来的福利。

进入21世纪后，农民工党员队伍发生了一些变化，出现了“新生代农民工党员”。随着第一代农民工由于年龄增长和体力下降逐步返回乡村，新生代农民工陆续进入城市并开始成为农民工的主体，再加上农民工党建工作的有序开展，新生代农民工党员的数量不断增长。新生代农民工党员普遍很早就进入城市工作。他们长期生活在城市，没有从事过农业生产，也不像父辈一样对农村具有强烈的归属感。新生代农民工党员存在很多共性特征：一是新生代农民工党员城市融入度高，有些已经形成稳定的城市社会关系网络，单纯依靠流出地党组织很难进行管理；二是新生代农民工党员受教育程度较高，综合素质高，思想较为活跃，接受新鲜事物的能力也比较强，增加了党组织开展思想教育工作的难度；三是新生代农民工党员的民主意识和政治参与意愿更强，对参与党组织活动有很高的积极性和自觉性；四是新生代农民工党员在新生代农民工中具有较强的影响力和威望，维权意识强，辐射带动作用明显。这些因素客观上加大了新生代农民工党员教育管理工作的难度。

二、农民工和个体工商户流动党员的主要特点

农民工流动党员和在城市中从事生产经营活动的个体工商户流动党员是我国社会结构调整时期出现的流动党员群体。相较于高校毕业生流动党员、拆迁安置流动党员等群体，这类流动党员有着鲜明的特点，具体包括以下四方面。

（一）党员队伍结构多元，异质化特征显著

农民工和个体工商户流动党员作为流动党员队伍中的一支重要力量，也是一个庞大的社会群体，包含着各行业、各领域的农村流动党员。这些流动党员虽然在生活环境、流动状态等方面表现出一定的共性，但个体情况却千差万别。例如，从年龄和学历情况来看，这类农村流动党员虽然以青壮年人口为主体，但学历层次差别较大。相关课题组的调查显示，35 岁以下、36～55 岁、56～65 岁三个年龄段的农民工流动党员分别占到农民工流动党员总数的 60%、10%、25%。其中，30～40 岁的农民工多具有高中、大专学历，主要从事一些依赖专业知识储备的管理性、技术性工作；50 岁以上的农民工党员则以初中文化程度居多，其就业多集中于以体力劳动为主的行业。[①] 从就业结构分布上看，这类流动党员的就业结构同所属农民工、个体工商户群体一样，都呈现日益多元化的趋势。特别是进入 21 世纪后，流动党员的从业范围进一步扩大，除涉及“两新”组织和国有企业外，还有很多人选择自主创业。此外，还有一部分年迈的农民工党员以打零工为主。随着年龄的增长，他们的失业持续期延长，再就业概率降低，亟待党组织的帮扶关怀。总之，这类农村流动党员群体内部结构分化、异质化特征明显，

① 杨群红．农民工流动党员群体的基本特点及管理创新［J］．学习论坛，2012（10）．

给基层党组织实施分类教育和管理带来一定困难。

（二）流动趋向逐步稳定，总体分布和发展不均衡

农民工和个体工商户流动党员经过多年发展，流动态势逐步趋于固定，在流入地的居留稳定性持续增强。从目前掌握的资料来看，这类党员的流动趋向同我国农村人口流动情况是一致的。一是从宏观流向上看，由于以经济为主导的流动机制作用，农村党员主要是由经济发展相对滞后的中、西部地区向经济较为发达地区大中城市的非对称迁移。此外，近年来，中西部农村地区的外出流动党员出现了回流现象。这主要是受限于流入地行政部门的限制措施、生活经济成本增加以及经济形势短期波动带来的比较预期收入差距缩小。但需要指出的是，这些回流的农民工党员和农村个体工商户党员很多并未回到户籍所在地，而是趋向于在流出地就近的乡镇、区县居住就业。二是从流动状态上看，经过长时间发展，这类流动党员的流入地大体趋于固定，整体流动强度呈减弱态势，特别是一些农村个体工商户流动党员，就业和居住状况保持稳定，家庭化迁移成为趋势，流入人口的家庭规模有所扩大，流动频率明显下降。随着部分城市落户政策限制的放宽，农村转移人口市民化进程加快，一些农民工党员与农村个体工商户党员实际上已经具备户籍和党组织关系迁入的条件。三是从分布范围上看，这类流动党员外出务工、经商很大程度上依赖同乡亲友带动。因而，有些地区的流动党员分布呈现以血缘、地域为纽带的聚集现象。但总的来看，同一城市或区域不同行业、领域的农民工党员和个体工商户流动党员居住界限划分明显，具有很强的封闭性。其居住分布主要还是分散状态，并呈现不均衡的发展态势。

（三）兼具城乡居民双重特性，担负城乡党建融合职责

农民工和个体工商户流动党员，长期在农村和城市之间流转，他们既熟悉传统农村的社会环境，又接受现代城市的文化和生活方式，因而成为统筹城乡经济社会发展，推进城乡党建一体化的重要力量。一方面，除部分跟随父辈在城市中成长起来的新生代流动党员外，农民工和个体工商户流动党员普遍成长于农村，在长期的乡村生活中形成了独特的价值观念和生活习惯，特别是第一代农民工党员，都在不同程度上从事过农业生产。他们虽然长期离开家乡在外务工，但是对土地等生产要素依然具有情感和功能的双重依赖，加之家庭、亲人以及社会关系网络都在农村，因而始终难以彻底割断同农村的联系。这类流动党员普遍经由村党支部培养教育入党，同家乡基层党组织联系密切，并且出于确保村党支部书记选举权等现实利益考量，一些常年在外的流动党员也不愿意将组织关系转移至流入地党组织。另一方面，由于长期在城市工作和生活，这类流动党员的城市适应度普遍增强，对城市文化产生认同。他们积极参与城市建设，并主动根据市场需求调节就业，增加经济收入。碍于户籍制度的限制，他们无法完全融入城市。这些在外流动的农民工党员和个体工商户党员，很多都是农村基层党组织的骨干力量。他们经过在外务工、经商，开阔了视野、增长了见识、积累了资金、掌握了先进的技术和管理方式，也清楚地认识到城乡之间的发展差距，是农村基层党组织干部队伍建设的重要来源。总的来看，农民工和个体工商户流动党员兼具城市与农村居民的双重特点，这就使得他们能够在统筹城乡发展中发挥带头人作用，在城乡基层党建一体化工作中发挥桥梁纽带作用，推动基层党建城乡融合、组织互动。

（四）整体角色意识较强，但部分党员认同感呈弱化态势

农民工和个体工商户流动党员是农村外出流动人口中政治素质最高的群体。他们虽然长期在外工作和生活，但是经过党组织多年的教育和培养，普遍具有较强的党性修养和宗旨意识，对党员角色和政治身份的认同度较高，也有很强的责任感和荣誉感。在客观条件允许的情况下，他们能够主动交纳党费，并设法正常参加流入地党组织的组织生活，履行自己的义务。尤其是新生代农民工流动党员，非常重视行使选举权、参与权等党内民主权利的机会。但需要注意的是，由于这类党员本身具有流动性强、工作压力大等多特性，在基层党建实践工作中，有很大一部分农民工、个体工商户流动党员长时间脱离党的组织，未能按照党章有关规定接受党组织的教育和管理。与此同时，一些农村基层党组织日常管理工作也不到位，没有及时发放《流动党员活动证》，缺乏针对性的流动党员关怀和激励措施，造成部分流动党员出现思想滑坡、精神懈怠和理想信念动摇的情况。有些甚至发展到组织上的自由散漫、各行其是。随着时间的推移，这种态势还会进一步扩大。这类党员选择既不在外出时主动联系党组织，也不向流入地亮明党员身份，对自觉接受党组织监督产生抵触，最终结果是游离于党组织之外，成为“隐形党员”“挂名党员”。长此以往，不但影响农村流动党员引领作用的发挥，也会削弱党在农村的组织基础。

第二节 农民工和个体工商户流动党员的管理情况

只有通过严格的教育和管理，才能真正把广大农村流动党员组织起

来，使之成为具有统一意志、统一行动以及强大战斗力的集体。一段时间以来，针对农民工和个体工商户流动党员群体的特点，各地城乡基层党组织切实推进党员队伍管理创新，积极探索符合农民工党员和农村个体工商户党员流动特色的有效管理方式。在经过长期实践摸索的基础上，形成了行业管理以及流入地、流出地共同管理两种具有典型意义的流动党员管理模式。这些管理模式对确保农民工和个体工商户流动党员纳入党组织的覆盖范畴，扎实推进农村基层党建工作，维护城市稳定发展等发挥了重要作用。

一、农民工和个体工商户流动党员的管理模式

自20世纪90年代以来，各地党组织按照“党员流动到哪里，党组织就覆盖到哪里”的思路，对从农村流入城市务工、经商的流动党员开展管理实践探索，形成了一些较为有效的管理方式。

（一）行业管理模式

行业管理模式，指的是根据流动党员所从事的职业特点，依照方便管理、就近一致的原则，由流入地用人单位或单位所在行业协会、所属管理机构成立临时或固定党组织，对这些流动党员进行管理的模式（见图2-1）。在组建形式上，通常有单独组建、行业联合组建、依托组建等方式。例如，市场监管部门、专业市场党组织通过在外出经商流动党员相对集中的蔬菜市场、建材城、家具城等地点设立联合党支部，将这些流动党员的组织关系转入其中，进行分类管理；国有企业在外包项目工程中，在外来务工流动党员聚集的建筑工地等场所设立归属企业项目工程部党委领导的临时党支部，对农民工流动党员进行统一管理等。行业管理模式遵循的基本原则是“单设机构、以条为主、分类管理”。相较于实行区域化管理，将党员的组织关系转入单

位、行业协会、行业主管部门等往往是优先选择。这种管理模式的优点是：(1) 能够根据职业特点，对流出地分散的外出务工、经商党员进行有效管理；(2) 流动党员之间存在共同职业环境和生活轨迹，彼此之间交流沟通不存在障碍。不足之处主要是：由于同流出地党组织联系不够，临时党支部在流动党员摸排过程中，可能存在潜在疏漏，无法确保清查出全部“隐形党员”和“口袋党员”。目前，这种管理模式应用范围较为广泛，比较具有代表性的有：重庆市巴南区市场监督管理局在区委组织部（区委非公工委）统筹指导下，根据专业市场经营特点，通过开展“双找、双带、双推”活动，建强“党委、支部、党小组”三级架构，对流动党员进行组织管理①；中建七局四公司不断探索围绕项目管理，拓展党建空间，通过建立联合党支部、搭建联建平台等措施，及时掌握农民工党员思想动态，有效化解矛盾，促进农民工党员管理融入企业项目运营②等。

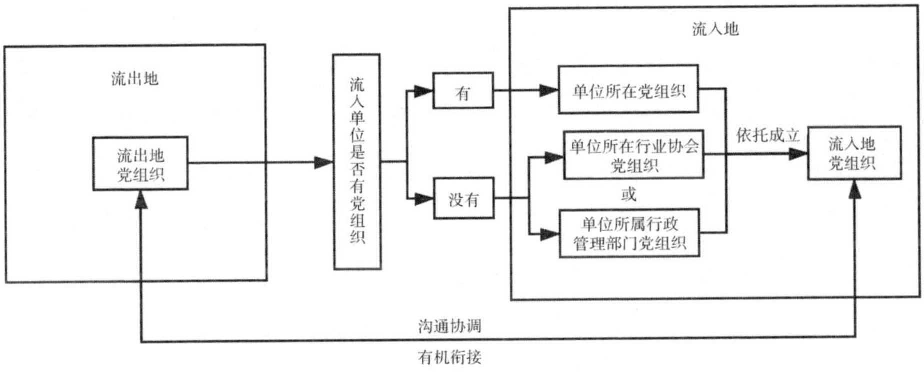

图 2-1　农村流动党员行业管理模式

① 重庆市巴南区市场监督管理局：“五个三”党建工作法助推诚信和谐专业大市场建设［EB/OL］. 人民网，2019-08-01.

② 中建七局四公司：联建党支部，流动党员的温馨港湾［EB/OL］. 人民网，2014-02-17.

（二）共同管理模式

所谓共同管理模式，主要指根据流动党员分布情况，以流入地党组织为主、流出地和流入地党组织密切配合、有机衔接，通过依托驻外机构、劳务基地等外建党组织或委托流入地党组织在流出党员相对集中的城市或地区统一设立流动党支部或临时党支部，对本地区流出党员进行统一管理的模式（见图 2-2）。这种管理模式是遵照中组部《关于加强和改进流动党员管理工作的意见》中确立的流动党员管理工作基本原则形成的，一般以流入地党组织为责任主体。共同管理模式遵循的基本原则是“协同联建、以块为主、双向共管”。这种管理模式的优势在于：（1）能够统筹流入地和流出地两方的党建资源；（2）有利于全面了解和掌握流动党员的情况，促进流入地与流出地的党员管理工作相互融合、扩展和延伸；（3）有利于打破传统党员管理模式下不同地域党员管理工作相互隔离的状态。其不足之处在于：对于外出党员流向较为分散，各方面资源有限的农村基层党组织来说，管理成本过高。目前，这种管理模式普遍运用在本区域外来务工、经商流动党员较多的地区。如湖北应城推出“组织全覆盖、教育全要素、管理全对接、服务全方位”的“四全四有”模式，通过与属地组织部门积极协调，依托驻外商会、劳动服务站等建立流动党组织，对应城籍流动党员实施有效管理①；福建莆田驻京党工委与北京多区党组织双向协同，通过信息共享、协力摸排、工作协调等措施，建立共同管理机制，将在外流动党员纳入组织管理范畴②等。

---

① 湖北应城：创新“四全四有”模式强化流动党员服务管理［EB/OL］. 人民网，2018-10-30.

② 流动党员 离乡不离党组织［N］. 人民日报，2019-01-15（11）.

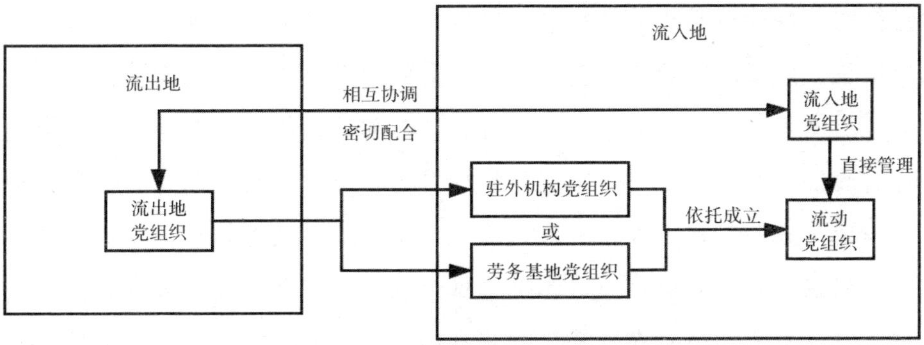

图 2-2　农村流动党员共同管理模式

二、农民工和个体工商户流动党员管理的典型案例

从农村进入城市务工、经商和从事其他服务行业的流动人口是我国工业化和城镇化进程中成长起来的新型劳动大军。随着社会主义市场经济体制的发展和完善，这些农村流动人口在产业和地区之间的流动日益频繁。如何对其中的流动党员进行有效教育和管理，在新的历史条件下使他们始终保持共产党员的先进性，考验着党的长期执政能力。很多地方对此进行了探索。

案例一：Z 公司对农民工流动党员的管理

（一）Z 公司农民工流动党员发展总体情况

Z 公司成立于 20 世纪 50 年代初期，是国务院国有资产监督管理委员会直接管理的特大型国有企业，也是我国集基建建设、工程设备和零部件制造等为一体的中央企业集团。随着国有企业改革的深化，特别是企业用工制度的改革，以农民工为代表的流动务工人员日益成为推动企业发展的重要力量。目前，公司及下属各类二级公司在从事生产运营和开展相关业务过程中，每年为农民工提供近两百万个工作岗位。主要包括：由劳务公司派遣的专门农民工队伍、签订短期劳务合同的临时农民工队伍、以工序或劳务分包形式参与具体生产施工的农民工队伍。

近些年来，公司党委在发展过程中高度重视履行国有企业的社会责任和政治使命。一方面，推进外包项目工程管理的科学化和规范化，努力创造良好的工作环境，为农民工长远发展提供技能培训，切实保障其合法权益。另一方面，公司党委根据企业发展情况，深入推进农民工党建工作，不断加强对农民工流动党员的教育、管理和服务，有效防止农民工党建工作的真空化。截至目前，企业共拥有基层党支部9400余个、党员11.8万名，其中相当一部分是已经亮明身份的农民工党员。

（二）Z公司加强农民工流动党员管理工作的具体做法

Z总公司是国务院国资委下属的国有独资企业，也是外来农民工的实际用人单位。这种行政体制决定了企业在加强流动党员管理的过程中，必须遵循传统意义上的“单位制”党建要求。根据中央关于加强流动党员管理的规定，公司依据工程项目相对封闭且独立的环境，在农民工党员群体中建立流动党组织，对不同用工形式的农民工流动党员进行分类管理。这种管理方式具有明显的依托行业、单位特征，属于典型的行业管理模式。在这种管理模式下，企业要妥善处理好同农民工、派遣单位之间的“三角关系”，统一设置各类临时党支部和党小组，直接归属于工程项目党工委或党支部领导。公司党委、纪委负责对项目工程部的党建工作进行指导、检查、督促和考核。由于有着良好的党建基础和组织依托，公司下属各单位的流动党员管理取得了良好的效果，也在一定程度上反映了当前农民工流动党员管理工作的基本特点。

（1）坚持农民工党员主动申报和党组织摸排登记相结合，及时掌握农民工流动党员的基本情况

在当前农民工流动党员管理实践工作中，一项基础性难题就是流动

党员的身份很难被完全掌握。这其中既有流动党员自身态度消极的主观因素，也有传统党员管理体制僵化、部分基层党组织重视不够等客观因素。基于此，公司在所属单位范围内普遍确立了农民工流动党员登记和排查制度，对流动党员的身份信息进行核查和动态跟踪。一方面，所属单位在同农民工施工队伍签订劳务合同之前，不但要求农民工主动申报个人基本信息，如年龄、籍贯、学历等，同时还严格遵照流动党员管理的相关规定，按程序查看《流动党员活动证》等党员证明材料，并积极同农民工党员组织关系所在地基层党支部进行沟通，确保农民工党员身份信息的准确性。在此基础上，建立企业农民工党员信息库，方便对再次参与企业外包项目工程的农民工流动党员进行管理。此外，用人单位还将农民工党组织和党员发挥作用情况作为签订劳务合同的重要参考指标，鼓励流动党员主动亮明党员身份。另一方面，部分所属单位在对农民工流动党员进行摸排的过程中，遇到登记为党员但是不具备流动党员活动证、党员证明信的流动党员，指导他们同流出地党组织积极联系，取得证明材料；对经调查后确认没有主动表明党员身份的农民工流动党员，坚持思想政治工作和党纪教育相结合，督促这些流动党员尽快办理组织手续，自觉纳入流动党支部的管理范畴。

(2) 根据农民工流动党员特点灵活设置党的基层组织，为流动党员在项目工程地“安家”

如何根据农民工流动党员的分布情况合理设立党的基层组织，是流动党员管理工作的又一个难点。一直以来，受到诸多客观条件的限制，农民工中的党员数量较少，在务工地滞留的时间也比较短。一些单位由于雇佣农民工队伍中党员人数不足3人，无法满足《中国共产党章程》中关于设立基层党组织的基本条件；还有一些单位虽然勉强建立了党支部和党小组，但由于党员很快发生流动，已经建立的党组织又面临着被撤销的尴尬局面。对此，公司党委在经过深入调查的基础上，印发针对外包项目工程农民工队伍的党组织建设指导意见，在组建工程项目部时根据用工形式和党员分布情况，同步加强农民工党员临时党组织建设。一是同所属企业具有长期稳定劳务协作关系，施工地点不发生较大变动，劳务分包工期在6个月以上的农民工队伍，只要符合党组织设立条件，就根据情况在其中正式建立农民工党员流动党支部或党小组。二是对具有短期劳务协作关系，项目工程施工期在6个月以下的农民工队伍，具有3名党员以上的，建立临时党支部或党小组。如果党组织成立后由于农民工党员流动出现党员人数不足3人的情况，则将剩余的党员统一编入工程项目经理党支部。三是对参与项目分包经营的农民工队伍，其中党员人数不足3人的，可以参照上述情况将其编入企业项目工程经理党支部，或是同企业就近的其他项目工程成立联合党支部，确保他们能够及时接受党组织的管理监督。此外，公司所属二级公司党委还严格落实总部分承包方党建的管理办法，加强和规范对农民工流动党员党支部的管理，落实支委会职责，防止出现有组织而无人管事的情况。

（3）加强载体建设，为农民工流动党员接受组织管理和发挥先进性作用创造有利条件

近年来，Z公司及所属成员单位结合企业发展现实需要，在加强农民工党员管理实践的基础上，围绕生产经营活动和调动农民工生产积极性来开展农民工党建工作。经过几年的努力，逐步把农民工流动党支部打造成农民工优秀党员和要求政治进步农民工群体发挥先锋模范作用的新平台。一是规范党建阵地建设。督促企业所属二级公司和项目工程分承包方（派遣单位）加强党员活动中心建设，并根据施工进度设立项目工程部流动党员活动室，为农民工流动党员查阅党的报刊文献、举行支部会议、开展党组织活动等提供便利。二是创新组织活动方式。针对农民工的工作特点，采取小范围、分批次的教育方式，利用节庆假日组织农民工党员开展集中学习和交流研讨。把党的文件精神学习和形势任

务教育、日常工作等有机结合起来。鼓励和动员党员、农民工与企业正式职工一起开展文化娱乐活动，吸引党员踊跃参加。加强农民工党员党性修养和思想教育，培育健康生活理念，在丰富农民工党员业余精神文化生活的同时为其长远职业发展提供助力。三是推进党员制度化管理。试行农民工流动党员目标管理机制，对农民工流动党员参与项目工程流动党支部的组织生活、“三会一课”等提出具体要求，并制订与之相对应的管理考核办法。四是积极搭建活动平台。所属单位在开展“身边的党员榜样”“党员先锋”等党建主题活动过程中，主动将农民工流动党员吸纳进来，调动他们干事创业的激情，引导他们在党员先锋岗、党员示范岗等岗位上发挥表率作用，同时组织农民工党员开展竞赛争先，同台竞技，充分展现农民工流动党员的风采。

（4）加强农民工群体人才队伍建设，推动农民工党员和党务工作者队伍不断发展壮大

优秀稳定的农民工人才队伍是做好新时代农民工群体党建工作的重要基础。着力打造一支综合素质高、职业技能强、积极向党组织靠拢的农民工人才队伍，并将其中的先进分子吸纳进入党的组织，是加强流动党员教育和管理工作的题中应有之义，也是新时代巩固党的阶级基础和组织基础的内在要求。公司党委一贯重视农民工人才队伍建设，并将其作为农民工党建工作的重要内容加以坚持。一方面，公司鼓励部分有条件的下属单位针对签订劳务合同的农民工群体开展定期教育和职业技能培训，开办项目部农民工业余学校，大力培育农民工技术骨干，将农民工党员培养成技术带头人，同时有选择、有重点地发展和培育新党员，将施工队伍中政治觉悟高、原则性强、能够发挥表率作用，愿意为党的事业奋斗的新生代农民工列为入党积极分子和培养对象，在经过严格考察和农民工原籍党组织充分沟通后，逐步吸收进入农民工党员队伍。另一方面，企业部分下属单位还着力提高优秀农民工党员代表领导党建工

作、开展党务工作的能力。通过基层书记“一对一”指导见习党务工作者、实施年度培训计划等方式，将热衷于党务工作的农民工党员培养成流动党支部的党务工作者。

（5）坚持以“企业党建”带“农民工党建”，持续深化农民工群体党建工作

同国有企业党建工作有稳定的员工队伍作为组织基础相区别，农民工群体大部分时间都处于流动状态。对其进行组织管理，既涉及人员的动态流动，也包括组织关系的转接、居住和工作地点的变化等，再加上农民工与国有企业之间没有单位隶属关系，只有劳务提供关系，这些客观条件决定了农民工同用人单位之间无法形成类似传统“单位制”党建模式下国有企业与员工之间的密切关系。因此，如何在农民工流动党员管理实践中，通过发挥传统国企党建框架的经验和独特优势，解决好“谁来抓，怎样抓”的问题，进而加强党员和党组织之间的联系，推动农民工党建工作的全面展开一直是一个难题。Z公司及所属各单位对此进行了一些探索。一方面，在项目启动之前，工程项目部党组织要切实履行党建“牵头人”职责，同外包农民工队伍流动党支部签订责任认定书等，并进行严格审查考核，以充分发挥农民工流动党支部在施工安全、工程监督等方面的积极作用。另一方面，将农民工流动党支部纳入所属单位党组织架构统一管理。积极选派责任意识强、群众基础好、党务工作经验丰富的企业职工党员担任党群工作协理员，同农民工党员进行连带活动。加强与外协队伍的沟通交流、指导外协队伍有效开展党群工作。与此同时，负责联络的党员还要发挥好沟通项目工程指挥部、派遣单位与农民工之间的桥梁和纽带作用，定期向项目工程部分管领导汇报农民工队伍管理情况，并将农民工和农民工党员的意见、要求向上级进行反映。

案例二：T县对在沪经商农民个体户流动党员的管理

（一）T县外出经商农民个体户流动党员基本情况

T县位于浙江省中东部，是台州市所属县级行政单位，也是国家级生态示范区和风景名胜区，享有中国乌药之乡、全国围棋之乡等诸多美誉。全县共下辖3个街道、7个镇、5个乡，374个行政村，人口总数约60万。由于地处沿海地区，T县地貌以低山和丘陵为主，耕地面积约270.2万平方千米，只占到全县土地总面积的18.9%，人均耕地面积尚不足1亩。

中共十一届三中全会之后，以乡镇企业崛起为主要动力，我国农村地区的工业化发展迎来“春天”。受此影响，20世纪80年代中期，T县县域内块状经济规模快速壮大，逐步形成“一镇一品”格局。为了将所生产的产品推销至全国，越来越多的T县人开始向外流动，在异地发展创业。从数量上看，截止到2016年5月，全县共有约19万农村户籍人口外出从事个体工商业经营，约占全县人口总数的1/3，其中党员数量3086名，占全县农村党员总数的19.6%。从流向上看，T县外出经商农村人口的流动范围几乎遍及全国各地，并且相当一部分人的首选经营地点为上海。

（二）T县外出经商农民个体户流动党员管理的具体做法

早在20世纪90年代中期，为适应新时期加强基层党建工作的现实需要，确保每个外出经商党员都能够接受党组织的教育和监督，县委组织部门以县域内在沪流动党员为对象，就如何加强异地党员的管理进行了一系列实践探索。在虹口区委组织部（流入党组织）的支持协助下，1995年4月，全国第一个跨区域流动基层党组织——T县在沪流动党支部在上海市北京路正式成立。该基层党支部依托T县驻上海办事处成立。在组织架构上，它隶属于县委组织部（1997年后隶属关系变更为县直机关党工委），挂靠在虹口区委组织部，由两者共同领导、共同管理。随着流动党员数量的增加，2001年流动党支部正式升格为流动党总支，2008年在流入地党组织的配合下，进一步升格为在沪流动党委。截止到2018年，T县在沪流动党委共下设9个党支部，有农村户籍的个体工商户流动党员310余名。这种管理方式以流入地党组织为主要责任主体，由流入地、流出地双方在外出人口较为集中的地区协作建立党支部，将外来流动党员编入其中，属于典型的共同管理模式。在流入地、流出地双方的共同努力下，T县在沪流动党员管理工作取得了显著的成绩。

（1）加强流入地、流出地党组织齐抓共管，实现外出经商流动党员组织全覆盖

流入地党组织和流出地党组织之间的有机衔接是填补流动党员管理空白，有效防止党员流失的关键一环。一段时期以来，T县在沪流动党支部和流入地虹口区委组织部密切配合，对在沪经商的T县农村户籍流动党员探索实施双重管理。首先，同流入地党委签署《双重管理协议书》①，对即将前往上海创业经商的T县流动党员持证异地活动做出硬性规定。县组织部门明确要求外出流动党员必须首先到户籍所在地基层党支部领取党员活动证或办理组织关系转接，之后再到T县在沪流动党组织报到，否则对其不予在T县或在沪商会进行注册，为实现党员组织管理的无缝衔接创造条件。其次，通过互访座谈、经验交流、定期召开联席会等方式，加强流入地、流出地党组织之间的沟通和互动。例如，通过举办以“两地联手抓党建、凝聚党员为奉献”为主题的流动党员

① 《双重管理协议书》对流出地、流入地双方职责做出明确规定，即流出地党组织主要负责组织设置、人事任免、党籍管理和党员发展审批等，流入地党组织主要负责指导流动党组织日常工作和开展教育培训等。

研讨会，加强了两地党组织之间的联系通报，有效解决了流入地和流出地党组织信息不对称问题。再次，鼓励和引导流动党员参加流入地党组织生活，规定流出地党组织在年底对党员表现进行考核时，也要把流入地党组织的意见作为综合评价的重要依据。最后，督促流入地、流出地党组织在发展党员问题上实现信息共享。流动党支部在发展新党员、预备党员转正等环节探索试行“两票两权制”，即流入地党组织要充分考虑流出地党组织的建议，对组织关系在流出地且尚未转接的流动党员，可以行使评议权、投评议票，对组织关系已经转接至流动党支部的党员，可以行使表决权、投表决票，在保障流动党员民主权利的同时，确保党员发展工作的稳定性、连续性。

（2）推进流动党支部规范化建设，提高流动党员管理工作科学化、制度化水平

扎实做好流动党支部规范化建设工作，是确保流动党员管理长效性的重要内容。T县流出地组织部门、流入地党组织和在沪流动党委三方合作，对此进行了一些探索。首先，县委组织部从在沪流动党组织发展实际情况出发，先后制定和颁布了《T县驻上海外出流动党员教育管理暂行规定》《T县驻上海党总支发展党员暂行规定》《在外服务型流动党组织规范化建设星级评定方案》，对在沪经商的T县流动党员转接组织关系、参与集体学习、党费交纳使用以及发展新党员等都做出了原则性规定。其次，在虹口区委组织部门的大力支持和协助下，T县在沪流动党委统筹制定了包括支部目标管理制度、党员活动迟到和缺席自愿性处罚制度、流动党员联络员制度、党员发展问责制度、会议通知制度等一系列党支部规章制度。这些制度化规定，明确了流动党支部任务、党员职责、组织活动规程，有力地推进了流动党员管理工作的科学化。再次，针对在沪经商农民流动党员分布散、时间紧的特点，流动党委所属各党支部坚持推进党内组织生活规范化，集中于每月中旬晚间召开支部

党员大会和支委会，同时将参加党的组织生活情况作为评价党员合格与否的重要标准，规定2次以上无故不参加党的组织生活者，给予书面告诫，年底考核评价为不合格党员。在党组织的严格要求和约束下，各流动党支部组织生活出勤率基本保持在95%以上。最后，充分发挥个体工商户党员在经商理财方面的优势，推进党务经费管理的规范化。近年来，T县在沪党委所属流动支部通过经商党员募集40多万元设立流动党员活动基金，每年投资所获收益按照一定的比例返利，作为流动党员活动经费，同时为保证经费使用过程公开透明，选出党员作为专门会计、出纳，做到资金去向和账目支出清晰明了、有据可查。

(3) 探索流动党支部同本地党组织结对共建，促进党建资源有效整合利用

在当前流动党员管理实践工作中，很多流动党支部在组织党员开展活动时面临的首要难题就是党建资源相对匮乏。如果没有充足的党建资源基础作为保障，对流动党员的教育和管理就会陷入有组织而无活动、无实效的“空转”危机。加强不同行业、不同地域基层党组织之间的沟通交流和结对共建，是破解这一难题的重要方式。在虹口区委组织部的指导下，T县在沪流动党委积极推动所属流动党支部同流入地基层党组织开展结对共建活动，促进党建资源的有效整合。一方面，T县在沪流动党委同所属社区综合党委开展结对共建活动，根据“以城带乡、资源共享”的原则，充分利用社区基层党组织具有的各类资源优势，为流动党支部开展活动、服务党员创造条件。例如，扩大社区综合党委党建指导员的工作范畴，利用他们党务工作经验丰富的优势，为加强结对共建流动支部党员提供业务咨询和党务指导。又如，依托社区文化中心设立流动党校、流动党员专门会议室，为流动党支部召开会议、开展座谈提供场所支持。结对共建流动支部党员持活动证，能够在社区活动中心免费使用活动设施、享受图书借阅服务等。另一方面，T县在沪流

动党委还积极同宁波银行上海分行党委等签订《结对共建协议书》。通过利用整合联建单位的资源优势，为流动党员在商旅、信贷业务、文化宣传、保险、医疗等各类服务方面提供便利。

(4) 突出基层党组织服务功能，积极主动帮助在外流动党员排忧解难

适应我国经济社会发展要求，加大对流动党员的服务力度，做到寓教育、管理于服务之中，是创新基层党建工作，提高流动党员管理有效性、针对性的重要方式。T县在沪流动党委和所属流动党支部对此做出了一些尝试。首先，所属流动党支部深化服务理念，坚持围绕服务党员就业、生活开展思想教育和实践活动。通过主动设立党员关爱基金，开展党员交心谈心活动、设立志愿者服务队等措施，充分维护党员的各项权益，竭力为在外经商流动党员家属子女就业就学提供便利，帮助流动党员化解社区生活中面临的各类矛盾和邻里纠纷。其次，T县在沪流动党委充分发挥党组织的纽带作用，积极为党员创业经商搭建平台。通过加强党员之间的沟通交流、取长补短，把组织生活会搭建成信息资源共享、商机合作共赢的桥梁。在党组织的牵线搭桥下，经营户党员推销产品、承接业务省去了中间环节，减少了成本，真正做到了党员之间的互惠互利。再次，T县在沪流动党委不断拓宽基层党组织对流动党员的服务路径，筹备建立"党员创业服务中心"，编辑党员通讯录、为流动党员在交易过程中遇到的现实问题提供政策咨询、法律援助等服务。最后，虹口区委组织部门将在沪党员创业者纳入"两新"组织人才服务范畴，组织他们参加企业发展研修项目，为他们搭建参与社会活动平台，并且多次邀请有关部门领导、专家就投资建议、区域经济规划、产业发展形势等内容为他们做专题报告或讲座，使个体经营户流动党员的事业扩展更加顺利。

(5) 发挥党组织教育激励作用，引导流动党员开展"双向服务"

外出经商流动党员是连接流入地和流出地党组织的重要党建纽带，对统筹推动“两地”经济发展、维护流入地社会秩序、促进流入地市场健康发育等发挥着特殊作用。长期以来，T县在沪流动党组织围绕引导流动党员在流入地、流出地开展“双向服务”、发挥先锋模范作用进行积极探索。首先，在流动党委的鼓励和引导下，一大批外出经商致富的流动党员踊跃回馈家乡。他们通过返乡创业、加大投资力度、支持家乡福利事业、完善活动设施建设、美化居住环境、为家乡旅游事业积极宣传等方式，促进流出地经济文化全面发展。其次，流动党委配合流出地党组织积极实施回归村干部工程。努力在外出经商的流动党员中选拔和培养村干部，改善流出地村干部素质和结构，推动农村各项事业的发展。再次，流动党委成立了专门的社会综治组，负责T县在沪经商人员重大纠纷和事件的协调处理工作。近年来，在各流动党支部的支持和鼓励下，流动党员争做和谐带头人，通过加强思想教育、说服等方式，亲自参与调解纠纷、化解潜在群体性事件，为维护当地治安稳定做出了贡献。最后，T县在沪流动党组织针对个体工商经营户党员特点，在经营实践中积极开展党性教育，充分发挥党员的辐射带动作用。一方面，在专业市场内发起联摊包片活动，指导流动党员联系周围5~10户摊位，实施帮思想教育、帮传递信息、帮经营指导，包管理、包卫生、包按时缴纳税费，既增强了流动党员的责任感，也在商户中形成了良好的示范带头作用。另一方面，指导开展亮证上岗活动，设立“共产党员柜台”“共青团员柜台”，要求流动党员主动表明身份、挂牌经营，在提升经营者形象、带来实际效益的同时，使党员自觉地接受群众监督，加强了自身党性意识。随着流动党支部在市场商户中的影响力越来越大，很多之前没有同党组织联系的“口袋党员”“隐形党员”也纷纷亮明身份。

第三节　农民工和个体工商户流动党员管理评述

Z公司党委对农民工流动党员管理的探索和T县在沪流动党委对外出经商农民个体户流动党员管理的探索，是流动党员管理实践中的典型案例。这些案例，突出体现了当前农民工和个体工商户流动党员行业管理、共同管理模式的优势与不足，为我们今后继续探索这类流动党员的管理工作积累了经验。

一、农民工和个体工商户流动党员管理的基本经验

（一）发挥传统“单位制”框架内的党建工作优势

长期以来的“单位制”党建工作实践，为中国共产党积累了丰富的党建经验，也形成了一整套行之有效的关于党的组织载体、活动内容建设的方式方法、制度规范。对这些工作方法、制度进行进一步完善和创新，并将其灵活地运用在对流动党员的教育、管理、监督和服务工作中，是我国经济社会结构转型背景下加强和改善农村流动党员管理的重要手段。Z公司、T县都是这类单位制党建模式的代表。它们普遍具备重视党建工作的优良传统，也拥有相对丰富的党建工作方法、较为完善的党建工作制度体系。例如，在Z总公司党组织系统内部，已经具备了较为规范的党员组织关系和党籍管理制度，形成了一系列关于开展党的组织活动的具体办法，民主评议党员制度、“三会一课”制度等基本得到有效贯彻落实；T县组织部门和直属机关工委一贯注重加强农村基层党组织党员队伍建设，并就开展党员经常性教育工作进行了一些制度化

探索，形成了独具特色的发展党员流程和机制等。灵活运用这些“单位制”党建模式下形成的工作方法、制度规范，无疑能够有效降低我们探索流动党员管理活动的组织成本。因此，在今后的农村流动党员管理实践中，可以充分发挥传统单位制党建工作的独特优势，推动体制内党建工作逐步向外延伸，进而带动体制外流动党员管理活动有序开展。这样，流动党员管理工作就能取得事半功倍的效果。

（二）加强流入地党组织、流出地党组织的协调联动

在农村流动党员管理实践中，流动党员流向复杂多变，仅凭借流入地党组织无法完全掌握他们的情况；流动党员居住地和工作地远在他乡，单纯依靠流出地党组织也很难对其进行有效的教育监督。因此，要提高农村流动党员管理的实效性，就必须加强流入地党组织和流出地党组织的协调联动、相互配合，这也是统筹城乡基层党组织建设工作的前提条件之一。Z公司党委、T县县直机关党工委分别作为流入地党组织、流出地党组织的代表，以实际行动密切流入地、流出地党组织间的关系。如T县县域内基层党支部严格按照相关管理规定发放“流动党员活动证”，全面掌握党员外出信息，主动向流出地党组织进行通报，定期和流入地党组织进行联系沟通，全面了解党员外出期间的思想动态和党组织活动中的表现，实现信息共享；通过协商签署共管协议，不定期和流入地党组织开展学习交流，联合协作，协助流入地做好社会管理工作，做到资源共用、活动共办。Z公司主动同流出地党组织沟通，做好农民工党员组织关系转接工作，及时将流动党员的学习表现、落实组织关系情况等反馈给流出地党组织，将农民工流动党员管理纳入本单位党员管理整体规划，自觉承担起对外来流动党员管理的主要责任，做到党员共管。可以看出，要提高农村流动党员管理的针对性，就必须积极鼓励和引导流入地、流出地党组织打破地域限制，密切配合，实现共同管理、共同负责、共同

发展。只有这样，才能真正确保流动党员管理工作取得应有的效果。

（三）明确流动党组织的设置规范和隶属关系

当前，对外来人口中流动党员的组织管理形式主要有两种：一是将流动党员就近编入流入地区、流入单位现有的党组织进行统一管理；二是针对不同类型流动党员特点，由户籍关系所在地党组织、现工作地党组织、现居住地党组织根据情况设立专门的流动党组织进行分类管理。就后者而言，如何理顺流动党组织的隶属关系，目前官方尚没有给予明确的规定。因此，在探索设立流动党支部、流动党小组的过程中，各相关责任党组织应当加强协调沟通，在权责明晰的基础上规范流动党组织设置程序，使其具有清晰的组织隶属关系，以利于流动党组织各项功能的发挥。上述案例中 Z 公司所属各单位在项目工程施工阶段加强各方联动，设立了直接受项目工程指挥部党工委、党支部领导的流动党员支部、党小组，而项目工程指挥部党工委、党支部又受子公司党委领导。从而形成了总公司党委—子公司党委—项目工程部党工委（党支部）—流动党员支部（党小组）四个组织层级。自上而下建立，层层实施领导。T 县同流入地党组织积极协调，依托在沪商会成立的流动党委，受虹口区委组织部和县直机关党工委同时领导，构成了县直机关党工委—县在沪流动党委—流动党员支部（党小组）以及虹口区委组织部—T 县在沪流动党委—流动党员支部（党小组）双重组织架构。明确的组织隶属关系和层级化的组织设置方式，能够将流动党组织嵌入中国共产党严密的组织体系，成为其中的一环。这对流动党组织摆脱自身局限性，避免流动党员由于多头管理导致的无人管理现象，确保上级党组织决议、部署在流动党组织得到贯彻执行，发挥流动党组织的服务监督职能等具有重要作用。

二、农民工和个体工商户流动党员管理的问题与不足

（一）过分依赖于上级党委和组织部门的重视

农民工流动党员和个体工商户流动党员队伍具有分散、多变的特点。对其实施监督和管理，是一项长期的基础性工程，离不开必要的工作措施作为保障。在当前农民工和个体工商户流动党员管理工作中，无论是以Z总公司党委为代表的行业管理模式还是以T县县直机关党工委、虹口区委组织部为代表的共同管理模式，都在客观上要求流入地、流出地党组织重视加强和改善对流动党员的管理，主动将流动党员教育、监督和服务纳入自身的日常工作范畴。而这种情况能否实现，很大程度上依赖于上级党委和组织部门的重视。换言之，当前流动党员管理工作的有序开展主要是迫于上级党委和组织部门的外在压力，流入地、流出地基层党组织自身缺乏充足的内在动力。究其原因，流动党员管理工作虽然普遍受到各级党委和组织部门的重视，但实践中各级党委并未就落实这项工作向基层党组织提供必要的活动经费来源、人员编制、社会资源支持，也没有制定系统的工作规划和科学化、制度化的考核办法。从基层党组织的角度来看，流动党员群体情况复杂，管理难度大，需要投入大量的人力、时间和精力，长期坚持较为困难，只能依赖上级党组织的强势推动。一旦流入地或流出地任何一方党组织对流动党员管理工作的重视程度下降，那么就很容易出现一头冷、一头热，一头管、一头不管，一头严管、一头松管的情况，加剧基层党组织管理流动党员的畏难情绪，降低基层党组织开展工作的积极性和主动性，进而削弱流动党员管理的实际效果。

（二）以传统的组织管理方法为主，创新性略显不足

从Z公司党委、T县县直机关党工委对农民工、个体工商户流动党员的管理实践来看，目前流入地、流出地基层党组织普遍能够做到发挥主观能动性，就不同类型流动党员的特点采取一些针对性的管理措施，进行一些方法和机制上的创新。如Z公司所属单位实施的农民工流动党员目标管理机制，开展的“党员先锋”党建主题活动、农民工集体学习活动；T县在沪党委在虹口区委组织部指导下为促进流动党支部同本地党组织互联互助开展的结对共建活动、针对外出流动经商党员开展的联摊包片、亮证上岗活动等。但总的来看，这些管理措施依然以传统的组织管理方法为主，手段较为单一，大多停留在教育学习、纪律约束、组织激励方面，存在着活力和创新性不足、活动方式相对封闭等问题。流动党员参与活动的积极性和主动性普遍不高。此外，在组织生活开展实践中，还存在着为应付上级检查临时布置活动、赶交补交材料的现象，造成部分组织活动流于表面形式、无法取得应有的效果。就流动党组织自身而言，由于活动载体有限，途径方法少，在整合资源方面还没有形成综合效应，资源利用效率有待进一步提高，对如何灵活运用现代信息技术提高党员培训效果、简化组织关系接转程序等也还处于摸索阶段。这些情况，都会在一定程度上影响统筹推进农民工和个体工商户流动党员管理工作的成效。

（三）外出延伸管理对流出地党组织造成过重的负担

如案例所述，以流出地党组织作为责任主体，依托流入地党组织或驻外办事机构党组织，在流动党员相对集中的地区建立流动党组织，是目前对流动党员进行管理的一种常见做法。这种管理方式能够密切流动党员同流出地党组织之间的联系，有效确保党的组织工作实现对外出流

动党员的全覆盖，防止“口袋党员”“隐形党员”“失联党员”的产生。T县有关部门依托在沪商会、虹口区委组织部建立的驻沪流动党委，将T县在上海的各类流动党员全部纳入组织管理范畴，促进了流入地、流出地基层党组织建设工作相互融合、扩展和延伸。但需要指出的是，这种管理方式在实践中需要投入大量的人力和时间成本，对一些党建资源较为贫乏的农村基层党组织而言，实际工作效果并不十分理想，并且随着外出流动党员数量的增加和流动范围的不断扩展，势必会出现一个流出地党支部要同时对接几个，甚至是十几个流入地党支部的情况。以浙江省东阳市为例。早在21世纪初，东阳市委就根据全市外出流动党员分布情况加强延伸管理，在全国范围内建立了8个外设党委、6个党总支、285个党支部、262个党小组。① 繁重的组织对接和定向联系工作，给流出地基层党组织的日常运行带来沉重负担。近年来，一些地方的流入地党组织尝试运用移动互联网络技术作为同流出地党组织进行党员管理对接联系的辅助性手段，取得了一定的效果。但是，由于流动党员个体在互联网技术理解方面存在的差异化情况，这一方法还有待进一步探索和深化。

① 东阳市将外出流动党员全面纳入组织管理［EB/OL］. 人民网，2000-05-03.

第三章 农村高校毕业生和退伍军人流动党员的管理

本章主要探讨的是农村高校毕业生和退伍军人流动党员的管理工作。农村高校毕业生和退伍军人流动党员是以“个人发展”为主要迁移动力的流动党员。这类流动党员很早就离开农村，经过多年的发展已经基本融入城市。他们的流动带有明显的计划性、目的性特点。农村高校毕业生和退伍军人流动党员群体的学历层次与个人素养要普遍优于其他农村流动党员群体。由于具备一定的专业知识和技能，加之行政部门的就业政策倾斜，他们在城市中主要从事一些学历、技术准入门槛都较高的工作。这类流动党员的组织关系归属地具有明显的多元化特征，几乎涵盖了各个领域的基层党组织。流出地党组织对他们的影响力相对较弱。在基层党建工作中，对农村高校毕业生和退伍军人流动党员主要采用的是中介管理模式、属地管理模式与流出地管理模式。

第一节 农村高校毕业生和退伍军人流动党员的特征

20 世纪 50 年代中期，为加强农村流动人口管理，规范城乡资源配置秩序，更好地集中力量推进国家工业化建设，中国共产党依靠户籍制度、单位制度、档案制度等逐步构建起一套稳定的身份制度体系，以“先赋性”标准对社会群体进行划分。在这种背景下，整个社会结构相对封闭，流动渠道单一。农村人口只有通过升学、参军提干和城市招工等有限的途径才能实现个人跨越式发展。中共十一届三中全会后，在多重因素的作用下，整个社会的流动性大大增强，流动方式发生剧烈变化。但是，升学、参军作为农村居民实现社会阶层跨越的传统渠道依然发挥着重要作用。在这个过程中，有大量的农村青年通过参加选拔性考试、参军入伍等方式离开家乡，并于毕业、退役转业后选择留在城市发展，其中有相当一部分人具有共产党员的政治身份。受城市落户政策的限制，这类党员群体中部分人的户籍被迫转回农村，再加上居住地和工作地的变化，无法按时参加组织关系所在党组织的活动，因而成为农村流动党员群体的一部分。农村高校毕业生和退伍军人流动党员经过制度化的社会流通渠道进入城市。他们同农村的联系相对薄弱，更倾向于实现户籍永久性迁移，融入城市发展。

一、基本特征：以“个人发展”为导向

农村高校毕业生和退伍军人流动党员，指的是具有农村户籍，为谋求个人发展，通过升学、参军等途径离开农村，在结束学习和服役后留在城市发展，户籍关系被转回原籍，并且由于居住地和工作地发生变化，无法正常参加组织关系所在党组织活动的党员群体。受各方面条件限制，目前国内关于这部分流动党员的调研数据资料相对有限，且大多是不加区分户籍的集中统计。如在高等院校方面：据西南林业大学统计，从2002年10月至2009年7月，七年间全校共发展学生党员6972人，平均每年996人，截至2009年7月，共有219名往届毕业生党员

的组织关系保留在学校，约占同期全校学生党员总数的 5.4%[①]；据复旦大学统计，截至 2012 年底，全校共有中共党员 19100 名，其中本专科学生党员 2606 名，研究生党员 6399 名，其中因出国留学、就业等各种原因将组织关系保留在学校的党员 1847 名，占全校党员总数的 9.7%[②]。在人才市场等中介组织方面：据相关统计，2008 年，义乌市人才市场共有高校毕业生流动党员 309 人，其中正式党员 44 人，预备党员 265 人[③]；2011 年，铁岭市人才市场当年共接收应届毕业生档案 5196 本，办理毕业生党员组织关系转接 29 人，市人才市场管理的大中专毕业生、退役军人流动党员数量共计 132 人[④]。在社区党组织方面：据云南省盈江县统计，全县所属各社区 2005—2008 年共接收复退军人党员 32 名，大中专院校毕业生党员 23 名，占全部接收党员总数的 20.4%[⑤]。

从现有资料来看，农村户籍高校毕业生、退伍军人流动党员的队伍结构较为复杂。一方面，高校毕业生流动党员的数量同每年新发展学生党员数量密切相关。除国家机关、事业单位、国有企业历年招聘的应届毕业生党员外，新发展的学生党员基本流入“两新”组织领域，其中有相当一部分成为流动党员。另一方面，从 20 世纪 90 年代至今，我国退役军人的安置工作虽然呈现一定的市场化趋势，但本质上还未完全摆脱城乡分割的二元化安置结构。农村户籍的退役军人，除极少部分人通过国家政策安排落户城镇外，其他基本上遵循“从哪里来，回哪里去”原则，回户籍所在地继续从事农业生产。这些人中，有部分人进入村两

---

① 西南林业大学年鉴（2009）[M]. 内部资料，69-70.
② 复旦大学年鉴（2013）[M]. 上海：复旦大学出版社，2014：303.
③ 义乌年鉴（2009）[M]. 上海：上海人民出版社，2009：260.
④ 铁岭年鉴（2012）[M]. 沈阳：辽宁民族出版社，2012：144.
⑤ 谢大鹏，李林山. 盈江党建回顾与实践创新探索 [M]. 德宏：德宏民族出版社，2009：231.

委干部后备队伍，其余大部分则发生“二次流动”，成为农村流动党员的一部分。

农村户籍高校毕业生、退伍军人流动党员经过传统的制度化渠道进入城市。促使他们流动迁徙的内在动力是实现个人长远的职业规划目标和完成社会阶层跨越。这类流动党员的户籍经城市转回农村，党组织关系归属地复杂，包括高等院校党组织、人才中介市场党组织、乡镇党组织等。出于各种原因，这些党员的组织关系并未随着他们就业或工作的调动而顺利转接，造成他们无法正常参与党的组织生活，成为流动党员的一部分。

农村户籍的高校毕业生和退伍军人流动党员的来源非常广泛，主要有以下四类党员群体。第一，党组织关系保留在学校的农村户籍高等院校毕业生党员，具体包括三种情况：（1）大中专院校毕业后，尚未落实工作单位，待就业或升学的农村户籍毕业生党员。根据国家相关政策，应届高校毕业生可以申请1~2年的暂缓就业期。这类毕业生党员群体由于个人就业去向问题尚未确定，多选择将党组织关系和个人档案保留在学校，但本人实际上脱离了学校党组织的管理；（2）大中专院校毕业后，进入非公有制经济组织或新社会组织工作，由于就业单位党组织不健全，造成组织关系客观上无法转接，只能将其保留在学校的农村户籍毕业生党员；（3）大中专院校毕业后，个人去向已经确定，但由于其他原因如选择继续出国深造、就业单位党组织健全但管理者缺乏接收意愿等，导致组织关系保留在学校未迁出的农村户籍毕业生党员。第二，党组织关系转接至人才市场、人才交流中心等中介机构的农村户籍党员，具体包括两种情况：（1）大中专院校毕业后，虽然已经落实工作单位，但由于所在非公有制经济组织或新社会组织尚未成立党组织，因而选择将组织关系转递至人才交流中心等中介机构的毕业生党员；（2）结束服役后，到安置部门报到之后又选择外出流动，并将组织关系转递至现居住城市所在人才交流中心等中介机构的退役军人党员。第三，党组织关系转递至原户籍所在地乡镇党组织，但依然在外地就业与居住的农村户籍高校毕业生党员和退役军人党员，具体包括三种情况：（1）大中专院校毕业后，由于各种原因，短时间内无法落实工作单位，因而将党组织关系转递到原户籍所在地乡镇党组织，本人在外流动的高校毕业生党员；（2）服役期结束后，在短时间内无法落实就业去向或选择自主择业，将党组织关系转到父母、配偶居住地或原户籍地所在乡镇党组织，本人在外流动的退伍军人流动党员；（3）服役期结束后，将党组织关系随同人事关系和档案材料暂保存在家乡县以上政府人事（民政）部门所属复转安置部门党组织，本人继续在外流动的退伍军人流动党员。第四，其他类型的农村户籍高校毕业生、退役军人流动党员，具体包括两种情况：（1）将党组织关系从原党组织迁出后，由于种种原因未到流入地党组织报到，也没有办理组织关系接转手续，而是选择将组织关系介绍信装进口袋自行留存，隐蔽自己党员身份的高校毕业生党员和退伍军人党员；（2）将党组织关系从高校、部队迁入现工作单位所在基层党组织，但由于工作或居住地频繁变动，较长时间无法参加所在组织活动的毕业生、退伍军人党员。

农村户籍高校毕业生、退伍军人流动党员群体存在于体制外几乎所有行业领域，他们中既有民营企业的管理人员和技术人员，又有中介组织从业人员、自由职业人员等，是我国经济和社会发展的重要力量。作为社会转型时期的特殊党员群体，这类流动党员能够在新社会领域充分发挥先进性作用，对引导“两新”组织的轨道化发展，提高对流动人口的整合，实现政治吸纳，增强党组织的适应性等都具有积极作用。近年来，随着一批大、中城市落户政策的进一步放宽，越来越多的农村高校毕业生和退伍军人流动党员开始进行户籍迁移，实现从农村居民向城市居民的转变，其增长速度呈递减趋势。但需要注意的是，这类党员群体的流动状态并未随着户籍的永久性迁移而趋于稳定。由于工作地的频繁变化，他们依然属于流动党员群体的一部分，只是从户籍关系上转化为城市流动党员。

总的来看，农村高校毕业生和退伍军人流动党员虽然具有农村户籍，但是普遍很早就离开家乡。他们对城市文化高度认可，也期望通过市民化融入城市发展。除极少部分人外，这类流动党员群体普遍缺乏回到农村发展的主观意愿。但是碍于政策限制，他们未能实现身份的转变，户籍被迫迁回农村。与此同时，受到“两新”组织迅速发展、新社会领域基层党建工作相对滞后、组织观念淡薄等因素的影响，这类农村流动党员的组织关系未能及时转接至新的就业单位和居住地，造成人、户籍、组织关系三方分离。加强对这类农村流动党员的教育和管理，必须依靠中央层面的顶层设计和宏观规划。

二、农村高校毕业生和退伍军人流动党员的主要特点

农村高校毕业生和退伍军人流动党员除了具有一般农村流动人口的特征之外，还具有很多不同于其他流动党员群体的特点。具体包括以下四方面。

（一）综合素质较高，自我中心特征明显

农村户籍的高校毕业生流动党员和退伍军人流动党员是基层党员队伍建设的重要来源。他们是青年高校毕业生和青年退伍军人中的优秀代表与骨干力量，也是农村流动党员中最具有活力的群体，在推进城市经济社会发展方面发挥着重要作用。第一，这类流动党员普遍很早就离开农村，经过多年的专业学习和军事训练，文化素养、职业技能和学历层次明显提升，个人视野开阔，综合素质较高。这一点也是他们相较于其他类型农村流动党员群体的最大优势。第二，他们的平均年龄在各类农

村流动党员群体中最低，具有明显的自我中心特征。他们倾向于独立思考，也更侧重于自我价值的实现，具有很强的可塑性。第三，由于入党时间普遍较短，加之部分基层党支部党员教育、管理工作的缺位，导致这类流动党员的纪律意识淡薄，放松了自我管理，尤其是一些刚踏入社会的农村高校毕业生流动党员，组织观念淡漠，作风比较散漫。他们在流出后既不转接组织关系，也不主动同流入地党组织进行联系，而是选择隐蔽党员的身份，在客观上增加了党员管理工作的难度。

（二）有序流动和无序流动并存，流动范围跨度大

20 世纪 90 年代，随着经济体制改革的深入和“两新”组织的迅速发展，党和政府开始对就业政策进行积极调整，城乡青年人口的就业观念也随之发生转变，就业方式日趋灵活，并表现出明显的市场化和多元化特征。在此基础上，高校毕业生和退役军人中农村党员群体的就业稳定性显著下降，进入高度流动状态。一方面，进入 21 世纪后，在高校招生规模扩张和青年党员发展力度加大的背景下，农村户籍的大中专院校学生党员和青年军人党员数量逐年增加。这些党员在进入社会后，面临着日益激烈的市场竞争压力。出于对职业前景、人际关系等方面的考量，他们频繁更换就业岗位和工作环境，离职率和再就业比例始终在高位徘徊。工作单位的改变，客观上要求党员的居住地和党组织关系也必须随之做出变更。此外，受择业空间扩大的影响，这类流动党员的流动范围广，流动面大，几乎遍布全国各地。另一方面，农村高校毕业生和退伍军人流动党员在流动趋势方面呈现有序流动与无序流动并存的特点。例如，农村户籍的高校毕业生流动党员在大中城市所属高校生活和学习多年，对城市及其周边环境较为了解，并且已经形成较为稳定的城市社会关系网络。在就业地点的选择上，这类党员群体都倾向于留在相对熟悉的城市就业和发展。与此同时，由于个体在家庭环境、经济条件

方面存在的差异，在经过一段时间的发展后，党员的流动趋向也开始出现无序流动的特征。例如，同样是青年退役军人党员，有的从小城市前往大城市就业，有的从大城市流入省会城市寻求发展，还有的从大城市回到小城市定居等。

（三）党员组织关系归属地多样化，组织关系转接难

党员组织关系归属地的多样化是农村高校毕业生和退伍军人流动党员群体的重要特点之一。同其他类型的农村流动党员主要是经由农村基层党支部发展入党相区别，农村高校毕业生和退伍军人流动党员基本是在高校学习与部队服役过程中被吸纳进入党组织的。在完成学业和服役期限满后，这类党员群体的居住地和工作单位都将发生不同程度的变化，因而党组织关系也必须随之进行转移。受市场化人才资源配置驱动的影响，加之国家机关和国有企事业单位的人员编制限制，这类党员群体的就业绝大部分集中在民营企业、外资企业以及社会中介组织等领域。由于“两新”组织中党组织覆盖的不健全，这类党员群体的组织关系有时不得不挂靠在大中专院校、人才服务中心、租住地社区、户籍所在地等各类党组织。党员组织关系归属地的多样性特点，不但在客观上加大了组织关系转接的难度，而且容易导致组织关系管理上的疏漏。例如，很多农村户籍大学生党员在进入民营企业后，选择将党组织关系随同人事档案一起挂靠在距离租住地社区和工作单位都较远的城市人才服务中心。其结果是这些党员既无法正常参加人才服务中心党支部的组织生活，又游离于所在社区党组织的管理之外，形成组织生活无人管理的状态。组织关系管理上的空白，必然会影响党员管理工作的效果，进而削弱基层党组织的凝聚力和战斗力。

（四）思想较为活跃，但政治敏锐性有所欠缺

受时代发展和社会环境因素影响，农村高校毕业生和退伍军人流动党员群体的思想较为活跃，有着很强的接受新鲜事物的能力。但与此同时，由于党龄较短，加之缺乏社会阅历和实践经验，这类流动党员也普遍存在着政治敏锐性不高的缺点。一方面，不同于成长在农村的农民工流动党员和长期生活在城乡结合地区的动迁安置流动党员，这类流动党员对城市社会和文化的认可度较高，价值观念和行为方式具有明显的开放性、多元化特点。他们普遍富有理想和创新精神，对参加党的组织生活充满激情，在参与党内事务过程中，能够积极行使自身的权利，并且充分尊重和包容不同意见、看法。他们中的大多数人能够自觉将国家、民族的前途命运同个人发展联系起来，期望通过自身的努力实现个人价值。另一方面，这类流动党员群体通常是在进入学校和部队后不久就递交入党申请，经党组织层层选拔、培养和考察后最终发展成党员。由于长期在封闭的环境中学习和生活，加之入党后党性教育的放松、政治经验不足，他们对党的理论、路线、方针、政策的认识不深，党性修养还有待进一步提高。在面对和处理复杂矛盾问题的过程中，他们的辨别能力也相对比较弱，受各种思潮影响，容易发生党性意识淡化、政治立场动摇的情况，亟待党组织加强思想政治教育。

第二节　农村高校毕业生和退伍军人流动党员的管理情况

改革开放以来，各地从基层党建工作面临的实际问题出发，不断推动流动党员管理工作创新，并积极探索符合农村户籍高校毕业生、退役

军人流动党员特点的管理方式。在此基础上，逐步形成了三种常态化的管理模式，即流出地管理模式、中介管理模式、属地管理模式。

一、农村高校毕业生和退伍军人流动党员的管理模式

近些年来，各级党委和组织部门围绕着提高流动党员管理水平等做了大量扎实细致的工作，逐步形成了一整套行之有效的关于农村高校毕业生和退伍军人流动党员的管理方法。

（一）流出地管理模式

所谓流出地管理模式，指的是流出地党委或组织部门在本单位内设立流动党支部或临时党支部，对组织关系保存在本单位，但本人已经外出流动的党员进行统一管理的模式（见图 3-1）。这种模式多见于体制内单位，如大中型国有企业以及高等院校、医院等事业单位，对因出国留学、单位委派、临时借调等原因在外流动，但组织关系依然保留在本单位党员的教育和管理，其中尤以大中专院校对毕业生流动党员的管理最为常见。根据 2004 年 11 月中共中央组织部颁布的《关于进一步加强党员组织关系管理的意见》规定，高校毕业生党员可以将党员组织关系保留在原就读学校的党组织（一般期限是两年），学校作为流出地党组织要担负起管理毕业生党员的主要职责。这种管理模式的主要优势在于：（1）党员的组织关系归属没有发生变化，有效降低了党员适应新组织环境的成本；（2）党员和党组织之间关系相对密切，有利于党员集体学习、预备党员转正等各项工作的开展；（3）有利于流出地党组织掌握外出党员的基本情况。不足之处主要是：（1）党员同党组织之间的联系过分依赖于党员的自觉性；（2）受客观条件限制，管理具有明显的过渡性特征；（3）应用范围有限，对流出地较远且过于分散的流动党员，难以进行有效监管。这类管理模式有很多。如江苏师范大学

对于档案暂时留存学校，流动性较大，无固定地点，但可以经常返回学校的毕业生党员，由院系党委成立临时党支部对其进行统一管理，同时向外出党员通报党组织的重要情况，通知他们按规定参加党内选举等重要活动①；北京师范大学部分学院对保留组织关系在学校的毕业生党员，指派专人负责管理，及时发放流动党员活动证，并告知中央组织设立的流动党员咨询服务专用电话，同时通过建立包括留学生党支部在内的临时党支部（党小组），将流动党员及时纳入组织管理②等。

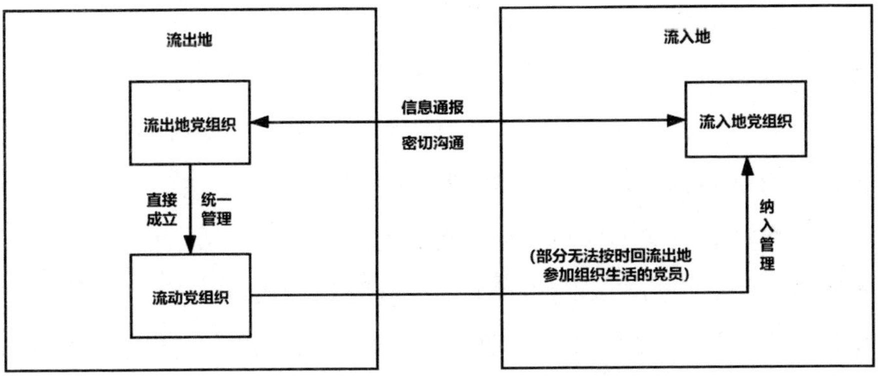

图 3-1 农村流动党员流出地管理模式

（二）中介管理模式

所谓中介管理模式，主要是指根据流动党员组织关系挂靠实际情况，依托以人才交流中心、就业服务中心等中介组织或机构，对居住地和工作地发生变化的流动党员进行管理的模式（见图 3-2）。在这种管理模式中，中介组织通常发挥着基层党建工作的桥梁和纽带作用，对组织关系无法转接至单位和现居住地的流动党员实施统筹管理。依托中介组织管理的各类流动党员群体较为广泛，包括大中专应届以及往届的毕

① 江苏大学流动党员管理规定［EB/OL］. 江苏大学官网，2016-04-01.

② 刘川生．高校基层党建工作创新研究：北京师范大学 2010 年党建研究课题文集：第 4 卷［M］. 北京：北京师范大学，2011：178-188.

业学生党员、海外归国留学生党员、退役军人党员、下岗职工党员等。在管理方法上，有的中介组织党委针对不同类型流动党员设立专门流动支部，采取分类管理策略。有的则将流动党员纳入本单位现有党组织，同本单位党员职工一起进行统一管理。中介管理模式的优势在于：（1）有利于保持党员组织关系的稳定性，有效避免因党员居住地和工作地频繁变化带来的组织关系转接困难情况；（2）适用范围较广，能够实现对各类流动党员的统筹管理，在一定程度上防止党员游离于组织之外，避免出现党员流失的情况。缺点在于：（1）中介机构主线工作强度高，在繁忙时期容易出现对流动党员疏于管理的情况；（2）流动党员受教育程度、职业状况差异明显，彼此互不相识，加之工作地和居住地高度分散，交通不便，难以协调一致开展组织活动；（3）中介机构党组织既缺乏行政资源，又不根植于流动党员的工作单位和居住地，因而对党员本身的组织约束力和影响力较弱。中介管理模式目前广泛应用于管理工作在“两新”组织领域的流动党员。如中国贸促会所属人才服务中心对流动人才党员组织关系进行集中梳理和排查，通过组建若干联合党支部，探索对流动党员进行集中管理①；四川省人才交流中心开展专项优化行动，聚焦基本组织、基本管理、基本活动、基本保障“四个基本”，以人才交流中心党委牵头，集中设置流动党支部71个，实现对挂靠流动党员的组织全覆盖②等。

① 中国贸促会四达人才服务中心全面开展流动人才党员组织关系排查工作［EB/OL］. 人民网，2016-06-02.

② 四川已设立487个人才市场流动党员党组织［N］. 四川日报，2018-08-11（2）.

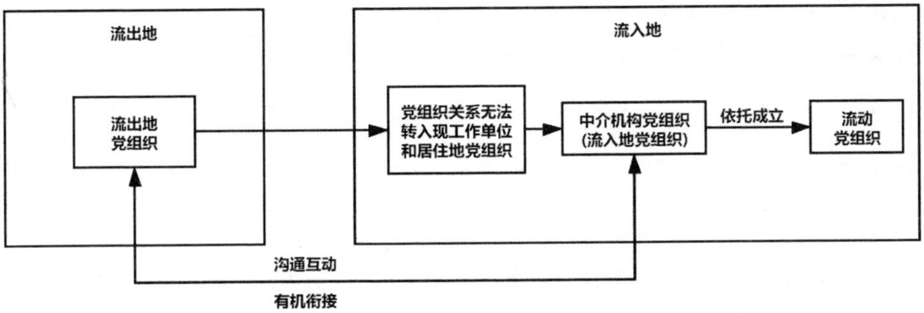

图 3-2 农村流动党员中介管理模式

（三）属地管理模式

属地管理模式，通常也称为“流入地管理模式”，主要是指流入地组织部门承担起主要责任，根据区域统筹的理念，通过在一定的区域范围内统筹设置党的基层组织或依靠现有党组织，合理配置党建资源，统一管理外来流动党员，进而推动本地基层党建工作同外来党员教育、管理和监督有机整合、优化重组的管理模式（见图 3-3）。这种流动党员管理模式在实践中主要有两种形式：一种通常是以街道社区的党员服务中心为依托，对所辖区域内组织关系无法挂靠工作单位的流动党员进行管理；另一种主要是在流动党员相对聚集的区域内，如商务楼宇、工业园区等联合组建党组织，挂靠街道或社区党组织，以对其组织关系实现属地化管理。目前，在一些整体规模较小、资源有限且没有条件单独设立流动党支部的“两新”组织大量存在的地区，为有效加强对其中存在的流动党员的管理，当地组织部门大都采用这种属地管理模式。属地管理模式的优势在于：（1）有利于理顺党员和党组织之间的隶属关系，提高管理实效性；（2）有利于统筹辖区内的各种党建资源，为流动党员管理工作提供足够的资源支撑。不足之处在于：（1）不同流动党员的生活轨迹完全不同，并且很少有交叉，协调党员时间参加集体活动困难重重；（2）流动党员在社区中处于“碎片化”状态，社区将其整合的难度较大。属地管理模式目前已广泛应用于城市社区党委对居住在本社区的外来流动党员的管理。如在本辖区“两新”组织就业的高校毕业生和退伍军人流动党员、租住或居住在本社区的流动人口党员、党组织关系转至社区的下岗职工党员、国有企业和事业单位的离退休党员等。这类管理模式具有代表性的有：湖南长沙县从外来流动党员动态摸排、精细管理、常态服务三个关键环节入手，构建“全链条”工作机制，实现对外来流动党员的统筹管理①；陕西渭南推动党建资源下沉，在离退休党员、流动党员较多的小区成立功能型党支部，以楼栋为单位组建党小组，搭建起“街道党工委—社区党委—小区党支部—楼栋党小组”的组织体系，加强流动党员精细化管理，引导他们亮明身份，积极参与城市居民小区建设②等。

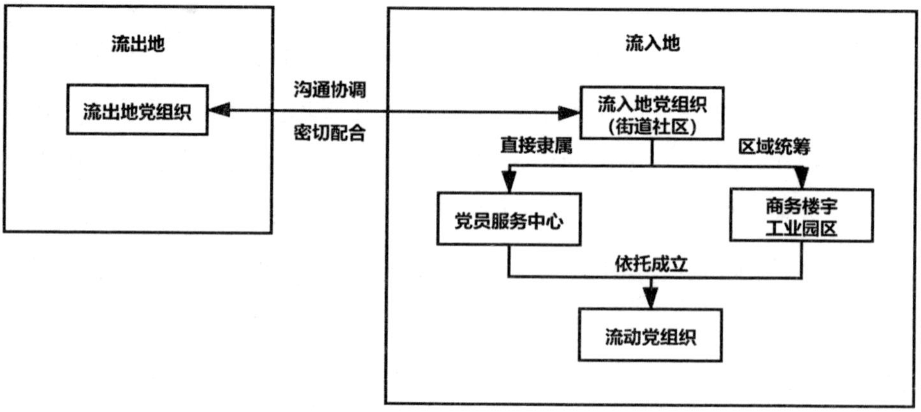

图 3-3　农村流动党员属地管理模式

① 湖南长沙县：构建“全链条”机制让外来流动党员在城市“安家”［EB/OL］. 人民网，2018-10-16.

② 陕西渭南：党支部建在小区里：“末梢”打通服务连通［N］. 中国组织人事报，2019-11-29（1）.

二、农村高校毕业生和退伍军人流动党员管理的典型案例

农村户籍高校毕业生、退役军人党员是经过党组织培养发展起来的农村青年群体中的优秀分子，也是我国社会主义现代化建设的重要人才资源。近年来，随着城镇化建设的不断推进，加之国家就业政策的调整和就业形式的多样化，这类流动党员群体数量不断增加。加强对这类流动党员的教育和管理，使他们在流动期间能够按时参加党的组织生活，是新时代党员管理工作的重要课题。各地对此进行了一些实践探索。

案例一：N 大学二级学院对毕业生流动党员的管理

（一）N 大学毕业生流动党员基本情况

N 大学坐落于江苏省南京市，是教育部直属的全国重点高校。截止到 2018 年年底，全校共下辖 19 个二级学院，有全日制本科生 17000 余人，研究生 8500 余人，每年新发展学生党员近 700 人。

近年来，随着高校人才培养模式的变化和就业形式的多样化，有越来越多的学生党员在出国留学、毕业后选择将党组织关系保留在学校。毕业生流动党员的人数呈不断上升趋势。为加强对这类党员群体的有效管理，使他们在外流动期间也能及时参加支部生活，接受党组织监督，N 大学校党委先后制定和颁布了包括《N 大学院级基层党组织工作细则》《N 大学党支部工作细则》《N 大学流动党员管理规定》等在内的一系列规章制度，努力破解高校毕业生流动党员管理难题。

（二）N 大学所属二级学院对毕业生流动党员管理的具体做法

在高校基层党建工作中，学生党员组织关系所在的班级党支部在毕业后会自动撤销。毕业生党员如果期望将党组织关系继续保留在学校，

通常需要将其转至所属二级学院或系，由院系基层党委（党总支）、学生党支部负责管理。N大学采取的也是这种管理方式。在应届毕业生离校后，对组织关系尚未转出的毕业生党员和延期毕业学生党员，N大学会统一将其组织关系转入二级学院所属流动党支部，建立毕业生流动党员档案，安排专人定期联系，由学院党委全面负责、统筹管理。这里以资源与环境科学学院为例进行分析。资源与环境科学学院是学校所属二级学院之一，现有学生党员416人，其中由于出国深造、毕业尚未就业等原因，将组织关系保留在学校的流动党员合计178人。近年来，学院党委积极响应校党委要求，作为流出地党组织围绕加强这类特殊党员的管理工作做了一些探索，不断推进方法和措施创新。

（1）加强毕业生党员思想教育工作，强化党员的党性意识

高校学生党员是大学生中的优秀群体，在日常学习和生活中对其他同学发挥着榜样示范与引领作用。一方面，他们综合素质较高、具有扎实的专业知识，但普遍缺乏政治阅历，党性意识不强。在进入社会后，面对着严峻的就业、工作和升学压力，他们很可能会失去参加组织活动的热情，依赖党组织给予长期思想教育。另一方面，一个时期以来，不少高校采取了以就业为导向的党员发展策略，降低了党员标准，也在一定程度上给高校党员队伍思想建设带来压力。如有的毕业生党员组织观念淡漠，在毕业前后忙于就业，组织关系多委托他人代为转接，对转接是否到位自己并不关心。还有的毕业生党员功利思想较强，他们在体制外就业后，认为党员身份对自身今后发展并没有太大帮助，为了避免频繁转接组织关系，干脆将其放在学校不管。因此，在毕业前夕专门开展针对毕业生流动党员的培训和思想教育工作，指导他们在毕业后继续保持同学校党组织的联系，参加组织生活是加强高校流动党员管理工作的重要内容。资源与环境科学学院坚持把党纪党性教育贯穿毕业生党员管理全过程，在每年毕业季专门召开党员大会，组织学院党务负责人、辅

导员对应届毕业生党员进行集中培训，向他们详细阐述党员组织关系转接程序、党费交纳流程，介绍办理预备党员转正手续、定期思想汇报制度等，努力把好“出口关”。督促暂缓就业、在“两新”组织就业的各类党员在流动期间强化自我教育和自我监督意识，自觉接受流出地党组织的管理，切实提高自身的党性修养和思想政治素质，收到了良好的效果。

(2) 开展“三查三核”，从源头上解决党员组织关系“空挂”“失联”

党的十八大以来，为贯彻落实全面从严治党要求，确保每名党员都纳入党组织的有效管理和服务之中。在校党委的统一部署下，包括资源与环境科学学院在内的各二级学院党委坚持开展“三查三核”活动，对学生党员组织关系进行全面摸排，形成了学院流动党员名册和工作报告。所谓“三查三核”，就是以院级党组织为单位，坚持党（总）支部自查、校院两级党组织核查的办法，摸清学校长年累计的学生流动党员底数，理顺“空挂”党员组织隶属关系，查找“失联”党员，并根据党员具体情况做出组织处理决定。其中，三查指的是查找党员基本信息和联系方式是否齐全，查找党员组织隶属关系和参加组织生活情况是否到位，查找党员组织关系转接情况是否落实；三核指的是核实流动党员的数量和基本流向，核实“空挂”党员人数和现状，核实“失联”党员情况和失联原因。通过开展“三查三核”活动，校院两级党委对现阶段学生党员队伍建设情况进行分析研判，掌握了校内毕业生流动党员的基本情况，为下一步规范流动党员组织关系管理，在程序规范、审核严格、慎重对待的基础上稳妥开展“失联”毕业生党员处理工作提供了依据。

(3) 实施积分量化考核，规范毕业生流动党员持证异地活动

在当前高校党建工作中，由于工作单位、居住地同学校相分离，部

分在“两新”领域工作，但组织关系保留在学校的毕业生党员，经常以各种理由不按要求回校参加组织生活，也不在流入地亮明党员身份，成为游离于党组织管理之外的“隐形党员”。为进一步强化这类党员的身份认同，鼓励和引导流动党员在流入地积极参加党组织活动，履行党员义务，校党委遵照中组部、教育部的有关规定，在全校范围印发《关于做好〈中国共产党党员活动证〉发放、使用和管理工作的通知》，明确要求各二级学院党委为责任主体，在毕业生流动党员中全面推行流动党员活动证制度，并根据党员表现实施积分量化考核。资源与环境科学学院遵照学校安排，对组织关系保留在学校，但无法定期参加学院党支部活动的毕业生党员，由学院党组织发放《流动党员活动证》，在党员外出后，持证向流入地党组织报到，并向学院党组织进行反馈。毕业生流动党员凭借《流动党员活动证》，参加所在地方、单位以及学院党组织的活动。党员参加活动情况详细记录在活动证书上，并由主持活动的书记签字确认。党员每次参加活动都可以获得相应积分，只有积分累积达到一定标准，才能办理预备转正和组织关系转接手续。

(4) 依托互联网技术和信息化平台，优化毕业生党员管理服务

高校学生党员作为新生代党员群体，有着较强的接受新鲜事物的能力，善于运用现代网络信息技术进行学习和交流互动。资源与环境科学学院党委根据毕业生党员这一特点，依托现代媒体技术和信息化平台，不断优化对毕业生流动党员的管理服务路径。一是为流动党员打造集学习、培养、考察、服务于一体的新型管理平台。学院党委积极创建微信公众号，开设培训园地、文件学习、网上党课等专栏，为毕业生流动党员提供大量线上学习辅导资料，方便毕业生党员随时随地查找党务信息，进行在线理论学习，同时准确记录每位毕业生流动党员的在线学习情况，给予评价评级。二是推动流动党支部网络化建设。在校党委的积极推动下，学院党委首次成立了流动党员网络支部，灵活运用QQ、微

信群等媒介开展支部集体学习交流活动，鼓励党务工作者通过现代通信手段对流动党员进行跟踪联系和服务，切实增强流动党支部的凝聚力和毕业生流动党员的归属感。三是建立预备党员网络转正通道。根据《中国共产党章程》的规定，只有经过一年预备期，由所在党组织考察合格后，预备党员才能转为正式党员。针对许多学生党员在预备期内毕业离校，但无法转接组织关系的情况。学院党委探索建立网络转正平台，通过视频审核等方式对预备党员实施考察。

案例二：S省人才交流服务中心对流动党员的管理

（一）S省人才交流服务中心流动党员管理总体情况

S省人才交流服务中心成立于1996年7月，是隶属于S省人力资源和社会保障厅管理的直属正处级事业单位，也是目前S省规模最大的人力资源服务机构。其业务范围主要包括流动人员档案管理、人才培训和职称评价、高校毕业生就业创业服务等。为加强流动党员管理，S省人才交流服务中心专门成立了新经济组织委员会，主要负责组织关系挂靠在人才交流服务中心的高校毕业生党员、退役军人党员等各类流动党员的教育服务、党费交纳、预备党员转正、组织关系转接、新党员培养发展、党务政策咨询解释等工作。截止到2018年7月1日，人才交流服务中心新经济组织党委共下辖基层党支部280个，其中代理单位党支部15个，流动党支部265个，有党员18430余名，每年交纳党费58.15万元，覆盖全省11000余个非公经济组织和新社会组织。

近年来，S省人才交流服务中心党委及下属新经济组织党委按照“巩固党的组织、创新管理方法、搞好党员服务、加强信息管理”的工作思路，结合流动党员队伍发展实际情况，把流动党员人才队伍管理服务进一步提高到新的地位。

（二）S省人才交流服务中心管理流动党员的具体做法

S省人才交流服务中心是直接隶属于政府部门的社会中介组织，具有明显的“官办”特征。中心党委对流动党员的管理属于典型的中介管理模式。在这种管理模式下，S省人才交流服务中心党委主要负责人才交流服务中心本单位的组织工作和党员管理工作。针对人事档案和党组织关系存放在省人才交流服务中心的流动党员，服务中心党委专门设立了新经济组织党委统筹管理。S省人才交流服务中心党委和所属新经济组织党委主要负责人实施交叉任职。新经济组织党委书记由S省人才交流服务中心副主任、党委副书记兼任。新经济组织党委兼具流入地党组织和流出地党组织的双重职责。其领导班子的产生和更替，由全体党员大会决定。省人力资源和社会保障厅机关党委、省直机关工委作为上级党组织负责定期对中心党委的党建工作进行检查和考核。

（1）规范组织建设，巩固流动党员管理的组织基础

健全的党组织是党员有效管理的坚实基础。如果党的基层组织自身软弱涣散，党员的管理工作就势必会流于形式。S省人才交流服务中心党委和所属新经济组织党委围绕这一问题展开了一系列探索。一是调整流动党组织设置。定期对在设流动党支部建设情况摸底调查，对党员流失较多的“空壳”党支部和党员数量较大但无法开展组织生活的“挂名”支部，进行合并、撤销或调整。将支部党员数量控制在30~50人，不建设超大型支部。探索建立“孵化”性支部，选择一些书记强、组织生活正常的党支部，专门管理预备党员。按照“随缺随补、随到随编、缺多少补多少”的原则，抓好党员补入支部工作，保持在设支部党员队伍的相对稳定。二是选拔培养流动党支部骨干。严格按照“党龄关、经历关、表率关、培训关”的标准，在流动党员队伍中选拔培养一支兼职党支部书记（委员）队伍。坚持每年举办一期党支部书记

（委员）培训班，搞好书记（委员）上岗前培训。将干部相关信息装入个人档案，建立流动党支部书记后备人才库，在已建支部书记出缺时及时增补。三是加强组织员队伍建设。坚持和完善组织员制度，设置、聘任一定数量的专职组织员，确保专职专用。通过组织员加强同流动党员之间的联系，随时掌握党员的流动状况，督促交纳党费，传达各类通知，协助召开党的会议、组织开展党的活动。四是开展失联党员“攻坚查找”活动。组织相关部门，建立失联党员查找工作档案，按照“一人一册”要求，逐人建档，对查找时间、查找方式、查找结果进行详细记录。请求上级部门予以协助查找线索，对确实联系不上的党员上报组织部门，协调公安、民政、电信等部门，进行深入查找，最大限度减少失联党员的数量。

（2）加强思想引领，提高流动党员的思想政治素质

流动党员之所以出现游离于党组织管理之外的情况，一个重要原因就是党员在主观上放松了对自身的严格要求，组织观念淡漠、理想信念发生动摇。为破解这一难题，新经济组织党委不断深化思想引领，切实提高流动党员的思想政治素质。一是探索党课教育培训制度。坚持分层次进行党课教育。新经济组织党委负责抓好党支部书记（委员）教育，党支部负责抓好党员教育。党支部书记（委员）的教育主要采取党课教育辅导报告会的形式进行，每季度集中安排一次。党员教育针对毕业生、退役军人、下岗职工、留学人员特点采取“线上”讨论与“线下”辅导、集体学习与个人研学相结合的方式进行。其中，“线上”讨论随时进行，“线下”辅导各流动党支部每季度集中安排一次，传达学习领会上级党课教育辅导报告会精神，鼓励党员个人自学。二是推进流动党员教育培训社会化。借助省、市委党校、干部管理学院以及其他社会专业培训机构力量，积极主动地抓好流动党员政治业务学习与职业技能教育培训。每季度进行一次党课集中教育辅导，邀请党建专家学者和党组

织领导同志就当年教育培训计划安排的一些重大政治理论问题，对总支及支部书记、委员进行培训；会后采取多种形式和方法将培训内容传达到全体党员。三是搭建流动人才党员教育平台。开办专门面向人才交流服务中心流动党员群体的《流动的红旗》报纸，编写《流动党员政治业务学习教育读本》，完善“党员之窗”网站，向流动党员及时传达党的路线方针政策和上级党委的指示决议。引导党员坚定理想信念，增强党的观念和党员意识。

(3) 注重经常性管理，把全面从严治党落实到流动党员队伍建设中

党员经常性管理是党的建设的一项基础性工作。近年来，新经济组织党委认真履行流动党员管理主体责任，下大力气抓流动党员经常性管理工作。一是加强与流动党员的经常性联系。在认真落实“三会一课”制度的基础上，及时掌握流动党员队伍发展情况，对发生严重违纪问题的流动党员进行严肃问责处理，对承担管理主体责任的所在流动党支部，新经济组织党委也要及时做出调整、撤销或改组的处理。二是从严管理流动党员组织关系。新经济组织党委按照有利于党组织对党员进行有效管理的原则，积极做好流动党员队伍“瘦身减负”工作。对凡是工作单位有党组织或单位没有党组织但单位所在工业园区、楼宇内设有党组织的，出国（境）、跨省流动党员的组织关系一律不予接收；已经接收的，按照相关规定一律转到党员当前工作单位或户口所在地。凡组织关系接收单位需要组织档案的，将组织档案副本加盖印章转往。三是严格流动党员日常管理。要求每个流动党支部都要建立流动党员微信群，线上随时活动，线下每季度要开展一次活动；提倡有条件的流动党支部试行建立微信公众号等。四是做好失联党员组织处置工作。探索开展失联党员组织处置工作。对首次失联、经“攻坚查找”活动取得联系的正式党员，可根据情况恢复其组织生活、补交党费、纳入组织管

理；预备党员可按其意愿分别做出再延长一年预备期或取消预备党员资格的处理。对屡次不参加党组织活动又无法取得联系的流动党员，先停止其党籍，两年后视情况分别做出恢复党籍或自行脱党处理。对二次失联的党员，要严肃党的纪律，按自行脱党处理。严格停止党籍的组织程序，按照流动党支部开会形成决议，上报新经济组织党委审批的程序进行。

（4）强化资源保障，为流动党支部开展组织活动提供便利

新经济组织党委针对下设流动党支部党建资源普遍短缺，组织活动具有局限性等问题，积极探索强化资源保障，为流动党员开展活动提供经费场地支持。一是明确组织活动经费保障。针对高校毕业生、退役军人流动党员群体年龄轻、党龄短，经受党内组织生活锻炼少的实际情况，加强集体组织活动，同时明确规定凡中心党委统一安排的活动、流动党支部年度计划的组织生活、主题党日实践活动，新经济组织党委要在留用党费中全额经费保障；对流动党支部临时性的组织生活，在请示报告上级党委后，也应纳入经费保障范围。二是建立先进党支部党务工作经费奖励制度。深入开展“支部建设组织年”“支部建设回头看与回头建”等活动，坚持进行先进基层党组织评选表彰。对受到新经济组织党委以上表彰的先进党支部、优秀共产党员和优秀党务工作者，给予所在流动党支部一定数额的党务工作经费奖励。三是成立了流动党员工作部，创办“流动党员之家”。将流动党员之家、党员活动室向全体党员免费开放。流动党员可以支部为单位申请预约，开展组织活动。四是建立流动人才党务工作者劳务费补贴制度。新经济组织党委不断完善支部工作保障措施，鼓励有条件的单位为兼职的流动党委委员、流动党总支及支部书记和委员发放适量的补助，同时灵活运用省人社厅下拨的“流动人才党员管理工作专项经费”，弥补流动党员管理工作预算的不足。

(5) 深化信息管理，创新流动党员管理方式

妥善运用现代网络信息技术，实施电子化管理，是加强流动党员管理工作的重要手段。近年来，新经济组织党委坚持深化信息管理，推进管理方式创新，极大地提升了流动党员管理工作效率。一是对原有“党员之窗”网站进行升级改版。开发党费收缴、网上登记、网上党校、网上组织生活等功能，建立一个具有S省人才交流服务中心特色，集管理、教育、监督、服务于一体的流动党员网站。与此同时，创建“流动党员之家”微信公众号，与中心流动党员信息管理系统、业务系统进行对接，实现中心整体信息平台的贯通。二是坚持用好“两个软件”，即中组部党员管理系统、省人才交流服务中心V40办公系统，及时上传、更新流动党员数据信息。建立流动党员信息月报制度，做好党内信息采集工作，确保信息及时、准确无误，为加强党员流动特点、规律分析，搞好管理提供数据支撑。三是逐级建立流动党员即时通信群。新经济组织党委流动党员工作部负责建立流动党支部书记群、流动党支部书记负责建立支部党员群、组织员负责建立分管联系党员群。党委信息群由党委办公室安排专人负责建立与维护，吸收总支及支部书记参加。群内定期发布网络通知、组织网上学习。此外，S省人才交流服务中心还坚持每年定期举办流动人才党员就业专场招聘会。通过微信、短信等方式将招聘信息告知有求职意向的高校毕业生、退役军人党员，并专门制作流动党员求职信息电子登记表，支持流动党员通过手机在线报名，对相关问题提供网络在线答疑，为流动党员实现就业和再就业提供了助力。

案例三：G市P区社区外来流动党员管理

(一) G市P区外来流动党员基本情况

P区位于G市中南部，是岭南文化、粤剧曲艺以及醒狮等民间艺术

的重要发源地之一，也是目前G市的重要交通枢纽。全区下辖10个街道、6个镇、97个社区。区内聚集有中山大学、华南理工大学、暨南大学等一大批高等院校。截至2017年年末，全区共有户籍人口93.45万人，登记在册外来人口140.38万人，实际服务管理人口超过300万人。流动人口数量占全区人口总数的2/3以上。

大量涌入的外来人口，给P区的经济社会发展注入了活力，也给当地城市社区治理带来新的挑战。其中，流动党员规模的不断扩大，成为P区社区党建工作一个不容忽视的问题。当前，全区共有高校毕业生党员、退役军人党员等各类流动党员近万名，广泛分布于“两新”组织中，数量位居广东省各县区前列。如何针对这一情况加强流动党员组织建设，创新服务机制，进而拓宽流动党员管理领域，成为全区社区党建工作的重点。近年来，P区通过对全区社区党建工作进行统一部署规划，创新流动党员管理融合“1+6”机制①，加强对外来流动党员的管理探索。

（二）G市P区所辖社区对外来流动党员管理的具体做法

近年来，面对着城市党建资源条块分割、流动党员分散分布的实际情况，P区党委积极扩大城市社区党组织工作空间，按照“区域统筹、行业引领、两新融合、街社兜底”的工作思路，全面探索建立社区“大党委”，实现对流动党员的覆盖式管理。所谓社区“大党委”，就是以社区为主要纽带，把企业、事业单位、社区等归属不同系统、拥有不同资源的各类基层党组织按照地域结合成紧密的党建共同体，同时打破传统基层党组织和流动党员隶属关系的局限，延伸和扩展社区党建工作

① 即全区及各镇街要建立1个流动党员教育管理融合阵地，建立健全流动党员组织全覆盖、教育管理、齐抓共管、关怀服务、流动党组织和党员结对及“互联网+”信息化融合等6项机制。

范围，明确社区党组织对所辖范围内居住和工作的所有流动党员的管理责任。目前，全区所属16个乡镇、街道已经相继成立43个社区“大党委”，覆盖了全部97个社区，管理流动党员近9100名。其中，“两新”组织的党建工作覆盖率分别达到95.85%和86.70%，流动党员管理工作实现100%覆盖。

(1) 创新组织结构设置，实现流动党员管理全覆盖

巩固和夯实党在城市社区的组织基础，是城市流入地党组织实现对农村流动党员管理工作覆盖的重要前提。2016年3月，P区在所辖沙湾镇成立了广东省内首个以流入地为主导的流动党员党委。以此为起点，全区下辖各乡镇、街道开始积极探索成立流动党组织。在这一过程中，区委组织部门根据各社区实际情况，灵活设置组织结构，探索形成了三种不同类型社区的流动党组织组建方式。一是产业园区模式。节能科技园是高新技术产业园区的典型代表。目前在科技园内，汇集了上千家创新型中小企业。由于市场竞争激烈，园区内每天都有许多企业关停和创立，各类党员流动性很强。为此，2016年12月，区委组织部在节能科技园内设立了流动党总支，按照地域将园区内除单设党支部企业以外的所有流动党员编入其中。当园区内中小企业符合党组织成立条件时，流动党总支就支持其单独组建党支部；当单建党组织因企业注销、党员流动等原因撤销时，其余下党员就自动归入流动党总支进行管理。二是居民社区模式。在以居民区为主体的城市社区中，区委组织部和街道党委积极探索对原有社区党支部进行改建，在党员组织关系挂靠单位保持不变的基础上，组建社区“大党委”。下设楼宇党支部、物业公司党支部、楼栋党小组等各类功能型党组织，将辖区内尚未建立党组织的“两新”组织流动党员、企事业单位内零散党员等纳入管理范畴。三是对产业园区和居民区混杂并存的社区，采取联合组建流动党员支部的模式。在这种模式下，产业园区党总支全面负责管理园区内部党建工作，

以“条”为主要设置依据的流动党支部挂靠在其下方。产业园区党总支和居民社区党总支之间为共建关系，以产业园区党总支为主，两者共同开展流动党员管理工作。

（2）加强全面检查和集中摸排，填补流动党员管理漏洞

加强“口袋党员”“隐形党员”的全面检查和集中摸排是流入地党组织做好流动党员管理工作的成功经验。为及时、全面、准确地掌握外来流入党员的基本情况，区党委和组织部门积极采取措施，制定《流动党员管理细则》，通过定期全面检查和不定期集中摸排相结合的方式，切实加强辖区内流动党员查找工作，精准识别流动人口的党员身份。例如，在区委组织部的牵头下，沙湾镇流动党委联合组织部门，定期从经济服务办、统管中心、工会、公安等部门以及所辖各居民社区中抽调人员专门成立流动党员查找工作组，采取拉网式排查工作。通过“两新”组织单位领导带头找、工青妇组织帮忙找、社区工作人员上门找、流动党员相互找等方式，全面摸清流动党员底数和详细信息，并认真填写《流动党员登记表》。建立各相关单位流动党员信息共享机制，加强与流出地的党建协作和互访通报工作。对核实身份的流动党员，主动将其纳入社区或工作单位党组织进行管理。对尚未确定身份的流动党员，安排专人通过电话、信函等方式到流动党员籍贯地党组织核实其身份，待完成后统一建立流动党员管理台账和个人档案。除定期全面排查流动党员外，社区还积极开展不定期流动党员摸排工作。例如，在居民社区宣传栏公开联系方式，以楼道或单元为基础，选派社区工作人员对新入户人员进行走访，填写《住户信息登记表》，及时识别党员身份。在产业园区内对新入驻企业的员工基本信息申报进行明确规定，并采取多种激励措施鼓励企业内流动党员主动亮明身份。在这一过程中，有很多流动党员主动找到党组织要求进行登记，流动党员管理工作的潜在漏洞得到及时填补。

(3) 思想关怀与生活关心并重，切实增强党员的组织认同感

提高流动党员接受教育和管理的主动性、自觉性，关键是增强流动党员对党组织的认同感。实现这一目标，客观上要求流入地党组织既要加强对流动党员的思想关怀，也要重视对流动党员工作生活上的关心和帮助。围绕这个问题，区党委和组织部门进行了一系列探索。一是高度重视社区党组织同流动党员的联系沟通，及时把握流动党员的思想动态。例如，社区党组织在落实“三会一课”基础上，实施社区书记党员谈话谈心制度，及时了解流动党员思想状况；鼓励社区党组织同流动党员进行全方位交流沟通等。二是保障流动党员各项民主权利，引导流动党员融入社区党组织。例如，区内各级党组织在党内选举、民主决策、表彰先进等工作中，切实把社区流动党员纳入党员队伍整体统筹考虑；将流动党员吸收到社区党组织建设中，鼓励流动党员为社区党建工作建言献策；定期举办社区党员集体学习活动，督促流动党员及时参加，提高其党性修养和组织观念等。三是发挥社区党组织的独特优势，给予流动党员关心和激励。近年来，社区党组织整合社区活动场所等党建阵地资源，为流动党员提供一站式服务，避免流动党员因不熟悉新社区环境造成时间精力浪费。例如，通过结对帮扶、跟踪指导等方式为外来流动党员创业提供帮助；组织心理咨询师为孤身在外漂泊的党员进行心理健康辅导；建立流动党员驿站为初来本地的流入党员提供短暂的免费住宿服务等。总之，社区党组织通过在各方面给予流动党员以关怀和关心，获得广大流动党员的称赞，切实增强了流动党组织的号召力和向心力。

(4) 丰富流动党员服务群众形式，有效推动社区融合发展

近年来，P区积极推行党员进社区服务活动，以社区党群服务中心（站）为主要平台，充分激发流动党员主人翁精神，增强党员服务群众的使命感和荣誉感，有效推动党建工作融入社区发展。一是鼓励和引导

流动党员根据自身特长、职业优势、兴趣爱好等特征，成立功能型党小组，在提高党组织整体凝聚力的基础上，由流动党员自觉认领服务项目，主动对接社区居民群众需求，同时将网格化管理延伸扩展至社区每个角落，结合在社区内开展家政维修、医疗保健、法律咨询等组团式服务，为居民日常生活提供各种便利。二是开展“党员定点联系服务群众”工作，组织社区内流动党员与有困难的社区居民签署《对接服务协议》，实行点对点精准帮扶，充分发挥流动党员先锋模范作用，帮助社区群众解决诉求，有效化解社区邻里矛盾。三是创建流动党员志愿者服务队，建立党员群众服务清单制度，设立志愿服务岗，全面支持流动党员投身社区公益活动，为实现社区有效治理提供了助力。

第三节　农村高校毕业生和退伍军人流动党员管理评述

以上案例中各管理主体对流动党员群体的管理探索，涵盖了当前城市基层党建工作中对农村高校毕业生和退伍军人流动党员进行管理的主要实践方法。对这些案例中的措施进行深入分析和梳理，汲取其中的经验，有利于我们今后进一步加强对这类流动党员教育、管理和监督服务工作的探索。

一、农村高校毕业生和退伍军人流动党员管理的基本经验

（一）突破传统党建工作组织载体设置思路

以行业或地域为标准建立党的基层组织，依托工作单位、居住地对党员进行教育和管理，开展党的各项工作是传统基层党组织建设的基本

方式。就前者而言，党的组织设置遵循的是“支部建在连上”的逻辑。即每一个共产党员都是一个单位内的成员，党的组织在单位框架内依靠行政权力开展工作。就后者而言，依托居住地建立基层党组织，对极少数暂不具有工作单位的党员进行管理，是对以行业为标准建党方式的有效补充。两者相结合，确保了党员管理工作的全覆盖。中共十一届三中全会后出现的“两新”组织是经济体制市场化运行的产物。随着改革的深入，这些“两新”组织逐步承担起一元化领导体制下党和政府剥离出来的资源配置职能及部分公共服务职能。由于不受纵向行政管理体制的束缚，加之党员同自身组织关系的分离，传统依托工作单位、居住地设置载体，对党员进行管理的方式在“两新”组织中并不完全适用。为破解这一难题，各地尝试突破传统载体设置思路。上述案例中S省人才交流服务中心设立新经济组织党委和流动党员工作部，就是在党员居住地、工作单位以外的组织关系挂靠单位设立基层党组织，对流动党员开展管理工作。P区在社区党建工作中树立“大党建”思路，根据党员分布灵活调整组织结构，采取联合组建、行业组建、选派组建等多种方式，突破单一工作单位设置框架，实现了对流动党员的有效管理和服务。总的来看，在市场化资源配置模式下实现流动党员管理工作全覆盖，必须采取多样化的建党模式，突破传统思路，从源头上灵活设置党组织的组建方式。

（二）优化服务功能，提高基层党组织向心力

以S省人才交流服务中心新经济组织党委为代表的社会中介机构党组织，是现阶段对高校毕业生、退伍军人流动党员群体进行管理的重要主体之一。一个时期以来，由于“两新”组织的快速发展，加之城市党建工作进展缓慢，有大量在民营企业、新社会组织中工作的党员，无法将组织关系转接至现工作单位或所在社区。他们之中许多人，不得不

选择将组织关系挂靠在人才服务中心等社会中介机构党组织。这些中介机构党组织不依托于党员的工作单位和居住地，同党员之间也没有业务上的领导关系，既无法运用单位体制内的行政、经济等资源，也不具备社区党建工作的感染力、凝聚力，因而对挂靠党员的组织约束力非常有限。因此，相较于建在工作单位、社区上的基层党组织，社会中介机构党组织必须突出服务功能建设，通过优化服务提高对流动党员的影响力和号召力。上述案例中S省人才交流服务中心新经济组织党委充分利用现有平台，坚持推进党务、政务相结合，以高校毕业生、退役军人、城镇困难人员党员为重点，积极开展各类服务，致力于满足不同党员主体多样化需要。如全面落实民营企业和小微企业吸纳毕业生有关政策，解除高校毕业生到体制外单位就业和灵活就业的后顾之忧；坚持开展档案管理延伸人事代理服务；改进高校毕业生离校前后信息衔接和服务接续工作，提高实名登记水平，做好毕业生跟踪服务；做好人力资源市场公益性服务，在经济下行的背景下，高度重视就业市场出现的“新动态”，加强监测、分析、预判、发布，为党员求职招聘提供准确信息等。总之，通过优化公共服务，新经济组织党委赢得了广大党员的拥护和认可，打开了党建工作局面。这也为我们今后改进流动党员管理工作提供了有益借鉴。

（三）将流动党员管理工作融入区域化党建发展轨道

近年来，随着城镇化进程的推进，产业园区、产业园和居民混杂社区、外来人口聚集区等各类新型社会空间形态大量出现。社区逐渐成为城乡党建工作的重心和矛盾集中地。在探索对各类新型社区有效治理的过程中，区域化党建应运而生。区域化党建是当前基层党建工作的重要发展方向，它指的是按照区域统筹的思路，将一定范围内处于不同领域、隶属不同系统、掌握不同资源的基层党组织打造成紧密结合的党建共同体，发挥基层党组织之间的协同作用，统筹使用党建资源，统一管理党员队伍。区域化党建能够切实增强区域性党组织的辐射带动作用，实现党组织建设、社会治理和基层民主的有效融合发展，对加强流动党员管理、推进城乡党员管理服务一体化等也具有重要作用。P 区探索建立的社区“大党委”，就是区域化党建的一种具体形式。在实践中，P 区各街道、社区积极将流动党员管理纳入本地党建工作规划，从工作单位、社区居住地两方面入手，对所辖范围内的流动党员进行全面摸排，防止各基层党组织因为缺乏隶属关系产生互相推诿的情况，避免“口袋党员”“隐形党员”的出现。在此基础上，因地制宜创新组织结构设置，引导外来党员融入本地社区，服务社区发展。可以看出，区域化党建能够有效改变传统基层党组织之间资源分割、各管一摊的弊端。P 区将流动党员管理纳入区域化党建工作，符合城乡一体化的党员动态管理发展趋势，对其他流入地党组织加强外来流动党员管理，也起到了示范和引导作用。

（四）切实提高流动党员管理信息化水平

根据时代发展要求，推进流动党员教育、管理、监督、服务同现代信息技术实现深度融合，是新形势下加强和改进流动党员管理工作的重要手段。一方面，随着社区基层党建职责任务的多元化发展，党建工作覆盖面也呈现不断扩大态势。面对纷繁复杂的党建工作局面，要揭示党员发展规律和流动趋势，为流动党员提供精细化和个性化的服务，就必须借助现代互联网技术手段。另一方面，党员队伍建设和流动党员管理是一个动态的过程。依托信息化管理平台，加强信息数据分析，有利于我们对党员管理工作状况进行实时分析研判，做到及时发现问题，及时整改。S 省人才交流服务中心、N 大学二级学院推进管理网站、移动平台一体化建设，实现党员信息动态管理，为流动党员提供在线教育、党费交纳、参与党内事务等服务；在健全党员信息库的同时构建党务、政务有机融合的网络阵地等。这些探索，无疑为我们充分运用互联网技术与信息化手段提高流动党员管理现代化水平提供了新的思路和途径。但需要指出的是，这一做法在实践中也面临很多限制条件。首先，它要求所在单位必须有专门的网络技术人员对管理系统、平台进行定期维护和升级；其次，为了确保管理系统、平台的平稳运行，必须由校党委或服务中心党委层面进行统一部署，给予人力和财力支持；最后，管理系统、平台的使用需有专人负责，否则直接下放给二级学院党委或服务中心下属党委，而相关党委所管理的流动党员数量又不多，则管理系统、平台本身就难以真正发挥作用。

二、农村高校毕业生和退伍军人流动党员管理的问题与不足

（一）管理主体工作衔接不到位，党员组织关系转接困难

流动党员产生和发展的直接原因是党员个体同组织关系归属地党组织的空间分离。解决这一问题，最为直接和有效的办法就是加强党员组织关系转接，实现党员管理主体之间工作的有效衔接。同农民工流动党员群体不同，农村高校毕业生和退伍军人流动党员通常倾向于将组织关系保留在城市。在实践中，这类流动党员的组织关系转接工作涉及主体较多。其中，既包括高等院校、军队系统、党员户籍所在地行政村等流出地党组织，也包括城市社区、“两新”组织等流入地党组织，还包括兼具流入地、流出地党组织双重属性的社会中介机构党组织。这些党员管理主体之间交错复杂，又缺乏明确的组织领导和科学的管理体制，加上部分党务工作者主观认识上的偏差，在实际工作中导致了“不愿转入”“无法转入”“不愿接收”“无法接收”等现实问题。例如，当前党员组织关系转移的基本流程是：流出地党支部—流出地基层党委—流

出地县以上党委组织部—流入地县以上党委组织部—流入地基层党委—流入地基层党支部，手续过于烦琐。对组织关系转回户籍地的退役军人、高校毕业生党员，如果跨省、跨市办理组织关系转接，必须层层进行转出，再层层转入，转接难度较大。又如，部分基层党组织分属条块、相隔较远，在缺乏统一规范管理规章的情况下，各自为政、各行其是的情况较为普遍，制约了跨行业、跨部门、跨单位党员的流动。这些情况，给流动党员管理跨地区衔接工作带来一定困难。

（二）部分单位业务工作繁重，党建精力投入相对不足

高等院校、人才交流服务中心作为依托国有资产设立的公益性质事业单位，是流动党员人事档案和组织关系管理的重要主体。它们受相关行政主管部门的直接领导，具有较强的封闭性，在一定范围内担负着由政府赋予的社会管理和服务职能。由于日常工作繁重和业务较为集中，加之受党建工作制度与单位内部行政管理制度不配套、不协调等因素的影响，在相当一部分高校、人才交流服务中心内部存在着党建工作投入不足、力量薄弱的问题，造成流动党员教育、管理、服务和监督缺乏常态化，忽冷忽热、时紧时松。如在每年的毕业季，各地区人才交流服务中心的主要任务是促进高校毕业生就业创业，加强公共就业人才服务。围绕这个目标，人才交流服务中心内部资源会集中向业务工作倾斜，很容易造成一段时间里对流动党员管理工作投入的不足。在新学期伊始，高等院校党组织的精力主要用于新生党组织关系转接和发展新党员，对组织关系保留在学校的毕业生党员多采取粗放式管理方式，表现为填表、开会、交汇报，服务无从下手，管理很难落实。以北京师范大学为例，全校仅有 2 人专职从事党建工作，根本无法实现由专人负责流动党员管理。此外，在很多高校中，学生党支部书记通常由辅导员兼任，日常事务繁杂，待遇偏低，地位不高，有时一名辅导员甚至要管理上百名

学生。在党务工作者精力和党建资源都十分有限的情况下，已经毕业的学生党员管理工作通常会让步于在校学生党员的管理工作。而在毕业季，毕业班就业工作会牵扯辅导员过多精力，更使他们无暇顾及流动党员管理工作。

（三）高校流动党员管理体制有待进一步完善

党员管理体制不健全是现阶段制约高校对组织关系保留在学校的毕业生流动党员管理的主要原因之一。一方面，在当前高校党建工作中，多数大中专院校并未在校级层面设立专门的毕业生党员管理机构，对毕业生党员的教育和管理，多是委托所属二级学院或系基层党组织，如学院党总支、学生党支部等具体负责实施，也没有对执行情况进行有效监管和考核。这就使得高校毕业生流动党员管理工作由于缺乏统一组织领导、整体规划和及时监督，在实践中容易出现各种问题。例如，对流动党员情况不加区分应对采取“一刀切”措施，对流动党员教育工作采取消极敷衍态度，对毕业生党员的服务流于形式等，削弱了流动党员管理工作的实际效果。另一方面，部分高校现行的党员管理制度较为僵化，缺乏针对性和灵活性，在很多方面也不能有效适应毕业生流动党员的特点，造成流动党员管理工作同现行管理规范出现脱节的情况。例如，对在“两新”组织中就业的高校毕业生党员，按照有关规定学校可以为他们保留组织关系的期限是两年，超过规定期限理应及时转接组织关系，但是现实情况是由于没有合适的流入地、无法同党员本人及时取得联系等原因，很多毕业生党员的组织关系无法按时转出，保留时间往往超出规定时限，而学校很难对其做出组织处理；又如，很多高校依照普通党员管理相关规定，选择将毕业生流动党员统一编入专门设立的流动党支部，并在毕业生党员中选取代表作为流动党支部召集人，这种做法往往过度依赖于流动党员的自觉性，无法形成有力的组织监督，在实际工作中很容易形成有党员有组织无活动的“僵尸支部”。

（四）“两新”领域党建工作滞后加大了流动党员管理难度

从当前流动党员队伍发展情况来看，非公有制企业和新社会组织已经成为流动党员就业的主要领域。加强和改进对流动党员的管理，客观上要求党不断拓宽在这些新经济社会领域的组织覆盖面，加大党组织嵌入工作力度。然而，由于“两新”组织自身的特殊性，“两新”领域党建工作进展并不顺利。其中，有的“两新”组织尚处于初创阶段，本身存在着规模小、人员少、分布散、变化快、资源短缺等特点，根本不具备建立党组织的条件；有的“两新”组织虽然规模较大，符合党组织的设立标准，但是受限于组织负责人态度冷漠等因素，很难有效开展组织活动，甚至不愿过多接收党员组织关系；还有的“两新”组织迫于社会工委等部门的行政压力成立了党组织，但由于工作方法陈旧，很难适应流动党员管理的现实要求等。总的来看，同传统“单位”领域相比较，现阶段“两新”领域党建工作整体上处于相对滞后状态，未能充分适应流动党员的发展特点。“两新”领域党建工作的滞后，使得农村党员无法及时将党组织关系转接至现工作单位。其直接结果是大大增加了中介机构、街道社区、高等院校等体制内单位党组织的流动党员管理压力。

第四章　农村动迁安置流动党员的管理

本章主要探讨的是农村动迁安置流动党员的管理工作。农村动迁安置流动党员居住在城市周边村落或城乡之间的交界地区。随着国家城镇化战略的逐步推进，他们被迫卷入到传统村落拆迁改造的进程中，成为农村流动人口的一部分。除给予一次性货币补偿安置的拆迁户党员外，在拆迁改造工作完成后，这些党员的流动状态基本也会随之结束，因而他们的流动具有明显的过渡性、临时性特点。农村动迁安置党员的组织关系一般保留在城中村拆迁后成立的临时党支部中。这一情况决定了基层党组织在动迁安置流动党员管理实践中，主要采用的是双重管理模式。

第一节　农村动迁安置流动党员的特征

在土地征用和拆迁改造过程中出现的农村流动人口是我国城镇化进程的产物。20 世纪 90 年代中后期，随着城市面积的扩张和人口数量的不断膨胀，城市空间也逐渐开始向周边扩展。城市近郊的土地被征用，大量传统村落和“城中村”被纳入城市范畴，农村人口转变为城市人口。土地征用和拆迁改造作为打破中国城乡二元结构的重要实现形式，已经在当前呈现波浪式、常态化的发展态势，并且随着我国城镇化水平的不断提高，未来还会有越来越多的传统村落消失，由此产生的农村流动人口也将长期存在。在这类流动人口群体中，有很多人拥有党员身份。受客观条件限制，在拆迁过程中，他们中一部分人的户口类型尚未发生改变，依然属于农村人口。随着原有村落的改造，这类党员群体的居住地普遍发生变化，在较长时间内无法按时参加所在党组织的组织活动，因而成为农村流动党员群体的一部分。

一、基本特征：以“城镇化”过渡为要求

农村动迁安置流动党员，指的是具有农村户籍，居住在城市周边村落或城乡之间交界的“城中村”地区，由于政府土地征用和拆迁改造，导致原有行政村不复存在，组织关系归属党组织和居住地都发生变化，无法正常参加党组织活动的流动党员群体。近年来，随着大中城市城中村拆迁改造力度的加大，这部分流动党员的数量不断增长。例如，根据温州市龙湾区统计，自 2015 年以来，全区 96 个行政村中共有 36 个村进行了拆迁改造，涉及农村党员 1637 人，占全区农村党员总数的 25%。[①]

农村动迁安置流动党员的原居住地基本属于乡政府、村委会建制，有些地方还保留着部分耕地，农牧种植业在村集体经济中还占有一定的比重。这类流动党员产生的直接原因是城市规模的扩张。在持续数年的拆迁改造中，原有党组织被撤销，原居住地也由于施工而无法居住。由于拆迁和重建需要一个较长的周期，党员不得不自行寻找新的居住地作为临时过渡。他们或就近租房，或投靠亲友，或另购他房。这些临时居住地点既远又散，相较于拆迁改造前全体党员聚村而居的情况，党员和

① 温州市龙湾区“四举措”破解流动党员管理难题［EB/OL］. 党建网，2018-04-26.

党组织之间实际上出现了“空间分离”。这些情况，无疑给临时党组织了解党员情况，召集党员开展组织活动等带来困难。农村动迁安置流动党员根据居住地不同，可以划分为两大类：一是位于城市近郊的农村地区，在城市规模扩张过程中，出于修建公路铁路、建设高新科技园区等方面的需要，所在村落集体土地被政府征用，被迫分散居住等待回迁安置的农村党员；二是在城乡接合部地区的“城中村”居住，出于城市规划和发展需要，所在集体土地和住宅房屋被征收拆迁，自身处于流动状态，等待原址回迁或异地安置的农村党员。这里主要以后者为例加以说明。

“城中村”是农村村落在城镇化进程中，由于部分耕地被征用，逐渐演变形成的介于城市和农村之间的“非农非城、亦农亦城”的过渡性社区。从行政区划上看，城中村已经属于城市的一部分。但在户籍制度、土地权属、行政管理体制等方面，它依然保留着农村模式。在城中村内部，村民、市民和外来流动人口杂乱聚居，宅基地、工业用地、商业用地相互交织，卫生条件差、治安环境恶劣、基础设施不完善。这些情况使城中村不但普遍滞后于时代发展、游离于现代城市管理体制之外，也引发出一系列社会问题。因此，对城中村进行拆迁改造，将村民转化为市民，使其完全融入城市发展就成为进一步推动城镇化建设的必然要求。在实施改造的过程中，一方面，由于行政村村两委被撤销，“城中村”中原有党员的组织关系发生变动，普遍被转至临时成立的动迁党支部中；另一方面，由于居住地普遍发生变化，包括全体党员在内的“城中村”村民都在不同程度上出现了“分布散、集中难”特点。党组织关系归属地的变化和居住地的调整，在客观上催生出大量因拆迁在外过渡的农村流动党员。此外，“城中村”还是城市外来流动人口的主要聚集区。在拆迁过程中，这些趋于稳定的外来流动人口被迫外迁新的居住地，其中也有一些人具有党员身份。近年来，随着“城中村”

拆迁改造规模的进一步扩大，这类流动党员的数量也在不断增加。因此，在拆迁改造和安置的过程中，如何加强对这类流动党员的管理，维护党员的基本权利，直接考验着临时党组织的组织能力和服务能力。

二、农村动迁安置流动党员的主要特点

农村动迁安置流动党员不但具有一般流动党员所共有的流动频次高、稳定性差、来源广泛等特点，还有一些其他的特征。

（一）党员年龄层分布广，思想教育问题较为突出

不同于农民工流动党员、高校毕业生流动党员等群体以青壮年流动人口为主，农村动迁安置流动党员年龄层分布较为广泛，涵盖了从青年到中年，再到老年的各年龄段流动党员。究其原因，一方面，在传统行政村村落改造过程中，农民宅基地被集体征用，客观上造成包括党员在内的全体村民的居住地都发生变化。除极少数年纪特别大的党员因为在外租住不便而采取集中安置措施外，从青年到老年，绝大部分党员都被迫进入短暂流动状态，无法保证按时参加党的组织生活。另一方面，在拆迁安置实践过程中，由于部分地方政府采取的轻就业安置、重拆迁补偿的措施，很多农村党员在失去土地后，突然获得大量现金资本和改造住房，但普遍缺乏与之相匹配的理财能力。再加上依靠回迁房屋出租就可以获得稳定收入，学历层次、个人素养整体偏低，缺乏基本的职业技能，小农思想严重等因素的影响，相当一部分农村动迁安置流动党员外出务工和就业的积极性降低。其中有不少党员身上都出现了个人主义、享乐主义思想和奢靡不正之风。他们安于现状，贪图物质享受，铺张浪费，热衷于灯红酒绿、纸醉金迷，有些党员甚至玩物丧志，沉迷于低俗情趣，基本丧失了作为共产党员的先进性和艰苦奋斗精神。这些情况，无疑给临时党支部的党员思想教育工作带来巨大压力。

（二）流动空间范围小，流动状态持续时间短

在拆迁改造过程中，鉴于土地被征用的农村居民多数缺乏非农业劳动技能，难以适应现代企业用工要求的情况，地方行政部门普遍采取就近安置就业和自谋职业相结合的方针，为出现隐性失业的农村党员和居民积极提供就业保障。其中，就近安置就业主要体现为基层政府无行政编制的临时就业。自谋职业主要集中在体力劳动方面，如清洁工、服务员等。由于这些就业地点基本局限在所属城市和邻近周边地区。因此，相较于农民工流动党员、高校毕业生流动党员等群体流动范围较广的特点，农村动迁安置流动党员的流动空间很小，主要是以被拆迁村落为中心呈散状分布，很少存在跨地区流动现象。另外，传统农村村落拆迁改造是一项规模浩大的工程，涉及地方政府组织规划、征地拆迁、商业运营、市政配套设施建设等多个环节，通常要持续数年的时间。随着拆迁改造项目的完成，包括全体党员在内的村民会集体迁入新的安置社区，其流动状态也随之结束，转变为城市市民和普通党员。因此，不同于一般流动党员较长的流动期，农村动迁安置流动党员的流动时间较短，流动期限较为固定，同拆迁改造项目的持续时间基本保持一致，流动状态结束期限具有明显的可预见性。

（三）党组织关系较为稳定，党员之间关联度高

随着城市建设规模的持续扩大，越来越多的农村集体土地被纳入城市规划范畴，城区面积不断递增。在这个过程中，有大量的行政村村委会和村党支部被撤销或改组。由于回迁安置社区的建设通常需要一定的时间，党员组织关系无法立即转入新居住地。因此，很多地方选择将村中原有党员的组织关系统一转入临时成立的党支部中。相较于其他类型的流动党支部，这类临时党支部的成员较为固定，一般不会发生组织关

系二次转出的情况，党员之间的关联度也比较高。第一，党员之间有共同的利益关联。这类流动党员群体，长期生活在行政村这样相对稳定且封闭的共同体中。他们因为共同面临拆迁改造，对外具有一定排他性。又因为个人利益同集体利益紧密相关，对内形成共同的利益纽带。第二，由于长期处于相同的环境中，这类流动党员彼此之间不仅存在着现实利益上的关联，往往也具有共同的文化风俗和思想观念，遵循着共同的乡村社会非正式规范。他们的生活范围相对固定，面对着共通的“熟人社会”，有些党员之间甚至存在着浓厚的家族血缘关系。第三，由于长期生活在一起，这些党员之间彼此熟悉亲密，有着强烈的信任感和认同感。他们日常联系密切，易于沟通交流，在交换意见和集体行动方面具有明显优势。这些条件为他们共同参与党内事务，进行民主讨论、参加党组织活动创造了有利条件。

（四）存在利益矛盾和利益诱惑，党组织整合难度大

加快推进城市周边农村拆迁改造工程，将农村集体土地转为城市建设用地，是扩展城市发展空间的重要途径。对土地被征用的农村党员来说，拆迁改造项目的启动不但标志着他们居住环境的改善、就业和生活被正式纳入城镇化发展轨道，还意味着他们要面对高额安置费用和经济补偿所带来的群体利益冲突与利益诱惑。一方面，在拆迁改造项目过程中，党员和党员、党员和普通村民之间原有的利益差异与利益冲突被进一步放大。这些日益加剧的利益冲突不但可能引发少部分党员的错误言论和违反党的各项纪律的行为，加大党员管理难度，还会在客观上对党组织实现党员利益整合和利益平衡带来挑战，破坏基层党组织的团结统一。另一方面，由于土地被大量征用，原有行政村集体资产快速增长，经济实力不断增强。在管理和处理集体资产的过程中，少数掌握行政权力的党员干部往往面临着巨大的利益诱惑。在这种情况下，如果没有党

组织严格地监督和约束，一些政治立场不坚定的党员干部就容易出现丧失原则、丢掉底线的违纪违法行为。

第二节 农村动迁安置流动党员的管理情况

农村动迁安置流动党员的管理是当前农村流动党员管理工作的盲点。针对这类流动党员群体的特点，通过加强思想教育和组织监督，充分发挥他们的先进性作用，对巩固党的组织基础，确保政府拆迁改造和回迁安置工作稳妥有序开展等具有重要意义。各地方党委、政府在城中村改造和农村集体土地征用实践过程中，对如何加强这类流动党员的管理，确保其始终保持先进性和纯洁性进行了一些探索，形成了以双重管理为特点的党员管理模式。这些探索对破解农村动迁安置流动党员面临的组织生活开展难、联系服务难、发挥作用难等现实困境具有十分积极的意义。

一、农村动迁安置流动党员的管理模式

近些年来，围绕着加强农村动迁安置流动党员的管理和服务，各地持续推进党员管理方式创新，努力破解流动党员队伍管理难题，形成了独具特色的双重管理模式。

所谓双重管理模式，指的是流出地党组织通过设立临时党支部对流动党员组织关系进行统一管理，同时对外出居住较为分散的流动党员，按照“就近相邻、便于联系、易于管理”原则，积极鼓励他们参加流入地党组织活动，从而实现流入地、流出地对党员的双重管理（见图4-1）。这种管理模式有利于流入地、流出地构建一体化的党建工作格

局，形成合力，常见于流动范围较为固定的城市或农村流动党员的管理。根据拆迁后党员的居住区域，还会出现在党支部下重新划分党小组，以党小组为单位进行活动的情况。在这种模式下，流动党员既要接受流出地党组织的管理，也要接受流入地党组织的教育和监督。待流动状态结束后，再将流动党员的组织关系统一迁入新的社区党组织。双重管理模式的主要优势在于：（1）有利于实现流动党员教育、管理和监督工作的全覆盖；（2）有利于密切党员和党组织之间的联系，确保党的组织生活平稳有序开展。双重管理模式的不足之处主要是：在很大程度上增加了流动党员参加组织生活的负担，给党员协调工作和党组织生活带来一定压力。双重管理模式目前广泛运用于大中城市“城中村”拆迁改造、城市周边“村改居”项目工程导致的流动党员管理工作中。如云南省保山市在棚改安置、社区重组等项目的实施过程中，积极推进党的组织和工作“两个覆盖”，在拆迁安置过渡小区建立临时党支部，在加强涉迁党员管理的同时开展“四个一”建设工程，倾力服务迁后党员群众①等。

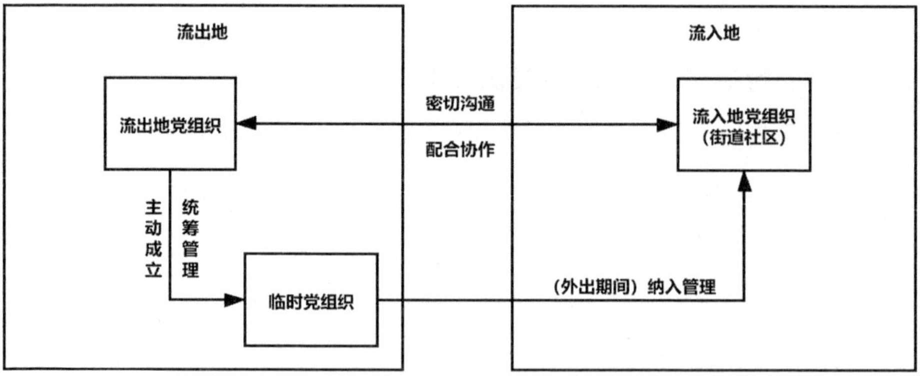

图 4-1　农村流动党员双重管理模式

① 云南保山市：“雪亮工程”让城市党建“靓”起来［EB/OL］．人民网，2018-08-06.

二、农村动迁安置流动党员管理的典型案例

居住在城市周边村落和“城中村”中的农村党员是我国农村党员队伍建设的重要主体。在国家新型工业化和城乡一体化战略协同推进的大背景下，有越来越多的传统村庄被纳入政府拆迁改造范围，由此而产生的农村流动党员数量不断增长。在拆迁安置过渡期内，加强对这类流动党员的有效管理，使他们始终保持共产党人的先进性和纯洁性，是当前基层党建工作中的一项重要任务。

案例一：T 市“城中村”改造中的农村流动党员管理

（一）T 市“城中村”拆迁改造的具体情况

T 市位于山西省中部地区。由于历史原因，目前全市所辖 6 个市区内共有城中村 170 余个，占地面积 97 平方公里，约占城区总面积的 1/3。早在 2003 年，T 市就开始探索推进城中村拆迁改造工作，但是受各方面条件限制，这项工作进展缓慢。自 2015 年起，为进一步提升城市形象，完善城市公共设施和综合服务功能建设，T 市政府全面启动城中村改造项目，对市区内城乡交错的城中村地带进行整村拆除重建。2017 年 6 月，T 市政府办公厅印发《T 市住房和城乡建设“十三五”（2016—2020 年）规划》，明确提出要力争到 2020 年左右完成全部 170 个城中村的整村拆迁任务，并同步开展改造建设工作。

在纳入 T 市政府拆迁规划的 170 个城中村中，有大量农村户籍的党员。随着城中村改造的不断深入，这些农村党员分散租住在全市各个角落，再加上原有村落党员活动中心被拆除，对长期稳定的传统党员管理方式形成了挑战。为有效破解这些难题，T 市委和组织部门积极鼓励并支持进行拆迁安置的城改社区加强基层党建工作自主创新，探索拆迁过

渡期农村流动党员管理服务的有效形式。

（二）T市“城中村”改造中农村流动党员管理的具体做法

近年来，为有效应对由于城中村拆迁改造产生的诸多现实问题，T市委、市政府在城改社区党建上做文章。针对拆迁改造过程中出现的各类流动党员，支持各城改社区在切实做好党员日常管理工作的基础上，按照“两地支持、双重管理、互助联动”的工作思路，以城改社区临时党组织为责任主体，在市委组织部的统一领导和组织协调下，调动流入地、流出地两方党组织的积极性，加强对农村流动党员的管理。

（1）在拆迁项目启动前，做好全面准备工作，牢固流动党员的管理基础

加强拆迁过渡期城中村流动党员的管理服务，必须全面做好准备工作，确保“涉迁”党员同党组织的沟通联系始终保持顺畅。T市对此进行了一些探索。一是加强流动党员信息管理工作。在政府“城中村”拆迁规划确定之后，通过村党组织召集全体党员干部进行专题会议，对拆迁流动党员的基本情况进行核实，制定“涉迁”党员信息登记表，详细记录拆迁后党员的居住地点和联系方式，确保流动党员即使在拆迁后居住较远，也能保持同党组织的联系。二是加强流动党员组织管理工作。在拆迁项目启动前，统筹设立临时党组织，将党员的组织关系统一迁入其中。鉴于绝大多数流动党员在拆迁后分散居住在本市的实际情况，依照党员居住地分布状态灵活设立党小组，在涉迁党员中选举有能力、有威望，时间精力充分且熟悉党员情况的同志担任党小组组长，全面负责本小组流动党员的组织和召集工作，确保党员教育、服务不断档。对少数在郊区租住或在市外流动的党员，由街道开具党员证明信，在居住地附近社区党组织参加组织生活，同时每季度至少回流出地党组织参加党员大会一次。对拆迁后党员人数较少的城改社区，由街道党委

或区党委统一协调指导它们联合开展组织生活。三是加强流动党员思想管理工作。在政府拆迁工作开始前，积极做好思想动员和思想教育工作，将涉及拆迁安置政策、计划内容的小册子分发到党员手中，争取党员对拆迁安置工作的支持。开展专项教育，引导党员同流入地社区党组织主动联系，在流动期间严格要求自己。督促党员在拆迁工作中面对各种利益诱惑始终保持立场坚定。

(2) 在拆迁过程中，完善相关机制建设，引导党员投身“城中村”改造实践

城中村拆迁改造和安置工作是一项复杂的系统工程，持续时间长、矛盾纠纷和利益诱惑多，考验着党在基层的执政能力。各城改社区通过多种措施，充分发挥广大党员的带动作用，推动拆迁改造工作稳妥有序进行。一是实现党员利益诉求协调。对拆迁社区重要工作进行党组织先议，注重保障党员参与集体资产分配、过渡补偿、安置房屋选择等基本权益。对涉及拆迁党员的其他利益诉求进行及时反馈和协调。在现有框架内尽可能帮助他们解决问题，对不合理的要求及时给予批评教育。积极化解党员之间的利益矛盾和纠纷，为党员自觉接受组织管理，维护党组织团结统一提供保障。二是加强党员关怀和激励问责。把涉迁党员在拆迁工作中的表现作为年度民主评议、评先评优的重要参考依据。对拆迁改造工作中表现优秀的党员进行奖励。对弄虚作假、当“钉子户”、聚众闹事、私搭乱建、侵占挪用的党员进行严肃问责和纪律处分。与此同时，加大对家庭困难涉迁党员的补贴力度，对年纪较大、行动能力受限的高龄党员采取集中安置措施，有效减少拆迁改造工作给他们生活带来的不便，拉近临时党组织和党员的距离。三是引导涉迁党员发挥先进性作用。将党员发挥先锋模范作用同拆迁改造工作结合起来，有效激发本地党员参与城中村改造的内在动力。号召党员发挥表率作用，深入社区面对面做思想动员工作。鼓励党员身体力行、带头熟悉政策、带头配

合协议搬迁、带头维护稳定，以实际行动推进拆迁改造工作顺利进行。

（3）在拆迁结束后，疏通和拓宽服务渠道，切实提高涉迁党员幸福感和获得感

加强基层党组织服务功能建设，寓党员管理于服务之中是做好流动党员管理工作的有效手段。在拆迁工作结束后，T市各城改社区临时党组织围绕过渡安置期内提高流动党员管理服务水平，采取了一系列措施。一是临时党组织负责人和领导班子成员加强走访工作，每季度定期上门看望在市内分散租住的流动党员，并直面流入地社区党组织负责人。一方面，通过上门走访，给予他们情感上的鼓励和安慰，使他们充分感受到党组织的关怀；另一方面，通过加强同党员现居住地党组织的信息交流和沟通，全面了解流动党员在外表现，鼓励涉迁党员进行双报到，督促他们积极参加流入地社区集体活动，自觉接受当地党组织的管理。二是由城改社区临时党组织牵头，积极协调各方面关系，加大对流动党员的服务力度。例如，通过涉迁党员微信群发布临近街道出租房源信息，减少涉迁党员因居住地变化无法参加党组织活动的情况；组织在外流动党员参观城改社区建设工地，鼓励他们为新社区规划发展提出意见和建议，激发党员投身社区建设的热情等。三是针对少部分高龄涉迁党员无人照看的情况，组织居住在附近的青壮年党员与他们结对，为他们提供力所能及的帮助。做到逢年过节上门问候、家中有难上门帮扶，切实提高这类党员的幸福感和获得感。

（4）在过渡安置期内，激发参与活力，推动流动党员教育模式不断创新

在拆迁过渡安置期内，为进一步激发涉迁流动党员的学习热情和活力，各城改社区积极探索党员教育模式创新，有力地推动了流动党员教育工作的发展。一是充分尊重流动党员的主体地位，变“要我学”为“我要学”。临时党支部和党小组根据流动党员年龄、职业等特点以及

需求制订学习计划，查缺补漏，有针对性地开展教育学习活动。鼓励在外流动党员利用网络、微信公众号、微博等工具进行自主学习、提前预习，并定期与他们进行联系，及时了解他们的学习情况和思想动态。二是创新教育活动平台，丰富流动党员的学习形式。例如，充分利用临近街道社区现有的党员服务中心（站），配合使用党员现代远程教育网络，提高城改社区党员的就业技能。创新流动党员学习实践活动，鼓励在外流动党员“亮身份、做实事、树形象”，积极参与居住地党组织为民服务活动，使参加学习的党员在服务群众实践中受到教育，提高流出地党组织的形象。通过向在外租住党员寄送学习资料、开展党内读书会、“网上论坛”等多种方式，为流动党员自主学习提供便利。三是积极开展结对学习活动。在每个流动党小组选出1~2名党性意识强、理论水平较高的优秀党员，通过结对帮扶等形式，为组织联系的党员学习党的理论和方针政策提供辅导。鼓励同小组流动党员相互检验学习成果，对标学习找差距，共同进步。此外，对不按照规定参加学习活动、学习态度不认真的流动党员，党组织会对其进行严厉批评教育，以帮助其改进提高。

案例二：B市C区农村涉迁流动党员管理

（一）B市C区涉迁行政村的基本情况

C区位于B市东部，是市属中心城区之一，也是B市对外交往的重要窗口。由于历史原因，在C区同其他城区交界的城乡接合部地带一直存在着大量的“城中村”和农村户籍人口。近些年来，根据市委和市政府要求，C区委和区政府抓住机遇加快推进城市化进程，带动农村经济社会实现跨越式发展。在这种背景下，全区涉迁行政村落大量涌现，涉迁农村社区党的建设逐步成为C区党建工作的重要课题。

随着C区农村城市化进程的推进，有越来越多的农村党员因所在村落拆迁被迫分散居住，给党组织的正常活动带来严重影响。相关课题组对C区涉迁重点村落党支部的调研显示，有36%的党员表示由于行政村拆迁，自己所在的党支部已经没有固定活动场所，直接影响了党组织日常活动的开展；有56.4%的党员指出，由于拆迁工作，自己目前在外租房居住，每次回原村落参加党支部活动，交通、吃饭、住宿等都是一笔不小的开支，给村党支部和自身带来一定经济压力，再加上部分党支部领导班子素质不高、能力不足，对上级党组织方针、政策宣传不够，党员管理方式无法适应形势发展等问题，涉迁流动党员的管理工作面临很大困难。

（二）B市C区农村涉迁流动党员管理的具体做法

一个时期以来，为保证全区农村城市化进程的稳步推进，C区委和组织部门从加强农村基层党建工作入手，大胆进行实践探索。一方面，通过发挥涉迁村党支部的政治优势、组织优势和密切联系群众优势，不断提高党组织对涉迁村民的凝聚力和影响力。另一方面，针对“党员组织难、统一思想难、教育管理难”等实际问题，灵活运用各种手段创新党员管理工作方式，使涉迁党支部成为服务拆迁工作、服务涉迁党员的中坚力量，为确保党的农村基层组织不散、党员队伍不乱、先进性作用不减发挥了重要作用。

(1) 根据涉迁村落党建工作特点，灵活组织设置和管理

正确认识和把握涉迁行政村党建工作的基本特点，是开展涉迁农村流动党员管理工作的关键性问题。C区委和组织部门结合村落拆迁、党员分散情况，不断加强实践探索，逐步摸清了城乡接合部地区涉迁村落党建工作过渡性、临时性、复杂性的基本特点。在此基础上，首先，根据党员流动实际，健全党的组织覆盖。依据拆迁居民和党员工作、生活

的具体情况，按照有利于加强对党员的管理、有利于促进拆迁工作进行的原则，不断摸索通过设立临时党支部，实行村村联建、村企联建、村居联动等模式加强农村涉迁社区党的基层组织建设，同时在流动党员聚集的地方，重新设置党小组，为加强流动党员管理工作构筑坚强的组织堡垒。其次，对涉迁流动党员进行细化分类，改进管理方式。探索对流动党员采用直管、协管、代管等方法，切实加强管理。一是对那些年老体迈、行动不便的党员，主要通过电话方式通报村内党务及相关事宜；二是对现居住地距村落较远且居住分散的青壮年党员，根据其流动情况建立档案，随时掌握其信息，同时与所在地党组织联系，由其代为进行常规性教育，实行双重管理；三是对现居住地较近的流动党员，遵循短小精悍原则，对涉村党务和涉迁事宜进行集中协商讨论；最后，加强流动党员教育针对性，贴合党员实际需求。在保证流动党员政治学习的前提下，增加同涉迁党员日常生活、工作发展息息相关的教育内容，如针对北京城乡接合部农村党员中不少人市场经济意识薄弱的情况，开展理财教育，帮助农村涉迁党员树立理财意识，规划好长远生活，同时尝试推动教育形式由集中短期型向经常化分散型转变。

（2）尊重涉迁党员主体地位，密切在外党员同党组织的联系

城乡接合部行政村拆迁改造是一项规模浩大的工程，关系到包括党员在内的全体村民的切身利益。在这一过程中，必须始终尊重和维护党员的主体地位，发挥他们的主体性作用。只有这样，才能充分调动全体党员的积极性，督促他们自觉接受党组织的管理。为实现这一目标，C区委和区政府进行了积极探索。一方面，针对一些涉迁村落基层党组织领导班子由于理论水平和文化程度限制，未能充分弄懂上级党组织关于拆迁改造工作政策精神、忽视党员思想教育工作等情况，C区委利用市委党校、行政学院等平台，对所涉乡·村党支部书记和村两委领导班子成员进行事先集中培训。待干部对相关政策精神完全掌握之后，回村对党

员进行宣传教育，再通过党员对非党群众进行宣讲，在理解的基础上做到自觉服从。在这一过程中，通过充分发挥涉迁党员的主体作用，增强了他们参与流出地党组织党务的积极性，强化了对自己党员身份的认知。另一方面，C区委在拆迁安置工作中，明确要求各涉迁行政村村两委向全体村民公开政务、村务，向全体党员公开党务，如村委拆迁之前的陈账、拆迁过程中集体经济的账目、拆迁改造期间的村务工作、党务工作等，同时根据拆迁安置工作整体进展情况，积极鼓励村民特别是在外流动党员对拆迁过渡期间村两委干部廉洁自律情况进行监督。这些举措，在很大程度上增强了全体村民的信任感，保障了知情权和监督权的落实，同时也激发了涉迁流动党员的主人翁精神，维护了他们的切身利益，对引导流动党员在外出期间加强同流出地党组织联系发挥了积极作用。

(3) 发挥大学生村官党员优势，推进涉迁党员服务方式创新

大学生村官是党的基层组织建设的重要力量，对优化农村干部队伍结构、提高农村干部队伍整体素质等都具有非常重要的作用。一个时期以来，为解决城乡接合部地区“城中村”干部队伍面临的队伍结构老化问题，C区委和区政府根据B市委和市政府要求，选聘录用了一批大学生村官，为农村干部队伍补充了新鲜血液。在拆迁安置过渡期间，这些大学生村官党员身先士卒，发挥所长，为破解流动党员队伍管理难题提供了助力。例如，部分涉迁行政村以流动党员现居住地为基础，按照“划分区域、分片管理”原则，指派大学生村官党员专门负责组织协调在外党员现居住地社区党支部、原留守村党支部之间的各项工作，确保组织活动覆盖全体党员；部分涉迁行政村的村党支部领导班子成员和大学生村官党员牵头，组织实施结对帮扶活动，对拆迁过渡期内分散在外的党员进行走访、电话问询，宣讲政策、技术，对行动不便的困难党员进行定期慰问，了解他们的生活情况，帮助解决实际困难等。通过这些

方式，流出地党组织拉近了同涉迁流动党员的距离，增强了党支部的凝聚力和感召力，也为涉迁农村开展党建工作打下了良好的基础。

第三节　农村动迁安置流动党员管理评述

T市和B市C区在“城中村”改造期间对农村涉迁流动党员采取的管理措施，在当前农村动迁安置流动党员管理实践中具有一定的代表性。对这些措施进行梳理和分析，既有利于我们获取经验、查找不足，也为我们今后继续探索加强这类流动党员的管理工作开拓了思路。

一、农村动迁安置流动党员管理的基本经验

（一）流动党员管理要围绕党组织的中心工作展开

党员管理是党的基础性工作。只有始终坚持围绕中心、服务大局，才能切实提高党员尤其是流动党员的管理质量和实效，确保党中央制定的路线方针政策和上级党委的决策部署得到贯彻落实。T市委在开展城中村拆迁改造工程期间，督促城改社区党组织围绕保障拆迁安置工作平稳有序推进这个中心任务，不断加强和改进流动党员管理工作，引导和支持广大党员充分发挥先锋模范带头作用，取得了良好的效果。如将党员争先创优同拆迁工作结合起来，鼓励党员发挥表率作用，身体力行，带头配合协议搬迁、维护稳定；把党员在拆迁工作中的表现作为年度民主评议、评先评优的重要参考依据，实现党员管理同党组织中心工作的有机融合；开展专项教育，强化党员的党章党规党纪教育，从思想根源上杜绝涉迁集体资产处置中的党员消极腐败行为等。可以看出，党员管

理工作同基层党组织的中心工作是紧密结合在一起的，两者相辅相成、相互影响、互为补益。其中，党员管理工作的顺利开展，能够对基层党组织完成中心工作起到积极推动作用。今后各地深化农村流动党员管理，可以尝试将两者共同谋划、共同部署、共同考核。努力做到两者联动推进，良性互促，使流动党员管理工作富有特色、流动党员队伍充满活力。

（二）把加强党性教育贯穿流动党员教育全过程

共产党员的党性修养并不是一成不变的。它既源于党员自身的长期理论学习和实践，也依赖于党组织的日常教育和精心培养，特别是对在外流动的党员来说，后者必不可少。做好这一工作，客观上要求党的基层组织必须坚持以党的政治建设为统领，把加强党性教育贯穿流动党员教育全过程，一刻也不能松懈。党性教育是共产党人的思想必修课，也是提高广大党员保持党的优良传统、抵制不良作风，坚定理想信念、政治立场的重要途径。在传统村落拆迁改造和安置工作中，代之以土地被征收，包括涉迁党员在内的全体村民往往会获得较多的经济补偿。短时间内经济条件的显著改善，使在外流动党员更容易沾染上拜金主义、享乐主义等不良社会风气。T 市和 B 市 C 区各城改社区在“城中村”拆迁改造全过程，始终突出党性教育，引导和鼓励党员自觉遵守党的纪律，带头践行社会主义核心价值观，培养高尚道德情操，培育良好作风。例如，在拆迁项目启动前，组织即将进入流动状态的党员认真参加党内专题学习教育，有针对性地做好思想政治工作，督促党员在思想上始终保持纯洁性；在党员处于流动状态后，利用党员服务中心（站）、“流动党员之家”网站、微信公众号等媒介，通过制订针对性学习计划、递送学习资料、开展结对帮扶等多种途径，对党员进行经常性党性教育，增强流动党员抵制各种不良思想风气的信心和能力等。总之，要提高农村动迁安置流动党员的管理实效，就必须始终突出党性教育，增强流动党员的党章党规党纪意识，确保党员无论流动到哪里，都始终以共产党员的严格标准要求自己。

（三）把严格组织监督和组织处置落到实处

党的基层组织的重要任务之一，就是对党员遵守党的各项纪律和规定的情况进行监察督促，对违反党的纪律的党员给予组织处分。流动党员由于长期在外流动，基层党组织仅仅依靠传统方法很难对其有效进行监督。与此同时，由于各方面因素的限制，对不遵守纪律、不履行义务、不符合条件党员的组织处分要求也很难落到实处。有鉴于此，各级党组织必须将严的要求落实到流动党员管理工作各方面，支持基层党组织通过严格组织生活、听取流入地党组织意见、检查和考核流动党员工作表现等方式，加强对党员的监督，实现对不合格党员的及时处置。案例中T市和B市C区在对“城中村”拆迁流动党员管理期间，充分发挥流出地党组织的监督功能，对党员按照规定参加党的组织生活、按时交纳党费、流动到外地居住生活后与党组织保持联系等情况进行全面监察督促，对规范流动党员管理起到了积极推动作用。如建立上门走访制度，直面流入地社区党组织及其负责人，全面了解涉迁流动党员在外表现，实现流入地、流出地党组织的信息联通；加强对在外流动党员的考核工作，对部分思想、生活以及作风方面存在的苗头性倾向性问题，群众有意见反映的流动党员，由党组织出面及时进行提醒谈话，督促其限期改正，真正做到抓早抓小、防微杜渐；严肃党的纪律，对弄虚作假、聚众闹事、侵占挪用的党员进行严肃问责和纪律处分等。实践证明，加强流动党员管理，必须严格党员监督和组织处置工作。这一点，对净化党的组织肌体，提高流动党员队伍整体战斗力具有十分积极的意义。

二、农村动迁安置流动党员管理的问题与不足

（一）双重组织生活给部分流动党员造成压力和负担

充分调动流入地、流出地两方党组织的积极性，实现对在外分散居住党员的双重组织管理，是近年来针对拆迁改造工做出现的农村流动党员行之有效的管理方式。长期以来，我们党逐步形成了党员只接受其组织关系所在党组织的教育、管理和监督的党员管理模式。双重组织管理方式以“就近相邻、便于联系、易于管理”为原则对涉迁党员进行分类，支持流入地、流出地双方共同管理居住较为分散的流动党员，具有很强的针对性。上述案例中的各城改社区在拆迁项目启动前设立临时党组织，将涉迁党员统一编入其中。对临时党组织内居住较近的涉迁党员进行集中管理；对居住较远的涉迁党员，在同流入地党组织协调后，要求党员固定在流入地参加党组织生活，同时定期返回流出地参加党组织生活、履行党员的责任和义务。这种管理方式的不足之处是在实践中需要耗费党员个人相当多的时间和精力。在激烈的市场竞争环境中，党员通常面临着较为严峻的生活和工作压力。一方面，党员频繁参与组织生活，对改善自身生活，提高经济收益往往并无直接帮助；另一方面，市场经济带来的多元化思想思潮，也淡化了党员身上应有的理想信念和组织观念。在这种情况下，如果强制要求党员花费过多的时间和精力去参加内容重复度较高的组织活动，无疑是一件困难的事，甚至可能引起部分党员的抵触。

（二）流动党员管理长效性机制建设有待进一步完善

加强和改进流动党员管理是一项长期工作，必须持之以恒、常抓不懈。只有着力构建长效机制，推进流动党员管理的经常化、制度化、规

范化，才能确保管理工作的稳定性，使党组织关于党员队伍建设的各项工作落到实处。从当前T市对农村动迁安置流动党员的管理实践来看，各城改社区党组织普遍能够着眼于增强长期活力，做到在创新工作体制机制上下功夫。如探索建立流动党员服务工作机制、建立党内关怀激励和问责机制等。这些流动党员管理机制方面的创新，对推进流动党员管理工作常态化发展起到了重要作用。但总的来看，这些制度的系统性和完整性不足，还有待进一步完善。例如，党员利益诉求协调之后，缺乏强制性力量作为实施保障；由于流动党员发挥先进性作用指标难以准确量化，党员激励和问责机制后续措施无法及时跟进；评价考核机制缺失，在评估流动党员管理工作效果时，往往代之以拆迁安置工作，削弱了党建工作的基础性地位；党组织活动制度创新性不足，造成组织活动重复性较高，很难激发在外流动党员的参与热情；基层党建资源保障机制不完善，党务工作者强化流动党员服务内在动力不足等。这些问题，也会在一定程度上给流动党员管理带来不利影响。

第五章　加强和改进农村流动党员管理的思路探析

通过对以上三类农村流动党员的六种管理模式进行全面分析探讨，我们可以发现，要实现对农村流动党员的有效管理，一般需要做好以下几方面的工作：将流动党员管理纳入基层党建工作规划；坚持推动流动党员管理思路、体制机制、方式方法方面的创新；将流动党员管理工作融入“两新”组织党建工作，做到同步推进，同步发展；加强不同领域、地域基层党组织之间的协调联动，共同谋划流动党员管理工作；通过给予流动党员思想、生活和工作方面的激励和关怀帮扶，提高基层党组织凝聚力、向心力等。这些举措是长期以来各地在流动党员管理工作实践中形成的基本共识，也是我们在新时代推进这一工作的重要基础。当前，农村流动党员管理工作中还存在着一些亟待解决的理论和现实问题。破解这些难题需要我们进一步深化对流动党员管理问题的研究，着力构建提高农村流动党员管理工作质量的路径。

第一节　实践困境：农村流动党员管理中存在的突出问题及原因

农村流动党员管理工作是当前基层党组织建设的重点所在，也是其薄弱环节。改革开放以来，在相关专家学者和各地一线党务工作者的认真研究与积极探索下，这项工作在理论和实践层面都取得了一定的进展。但是，由于流动党员管理高度复杂，又属于党的建设的全新领域，因而无论是在理论还是实践方面，这项工作都具有进一步深化的空间。我们应当保持清醒的认识，对当前制约农村流动党员管理工作开展的各种问题以及成因，进行全面深入细致的分析。

一、客体匿迹：党员情况难以全面掌握

农村流动党员群体是城镇化建设和市场化资源配置对基层党建工作产生影响的产物。同“单位”体制内的党员相比，农村流动党员最突出的特点就是具有高度的流动性。这种高度流动性不但决定了农村流动党员的就业和居住都长期处于不稳定状态，也决定了他们的活动地和活动时间都较为分散，无法像普通党员那样按时统一参加党的组织生活。目前，对农村户籍的流动党员，流出地党组织很难完全掌握他们的动向，流入地党组织也很难准确识别他们的党员身份。造成这一情况出现的原因，除流动党员群体自身流动性较强外，主要还包括以下三方面：

第一，农村流动党员对接受党组织管理缺乏主观自觉性。在当前城乡基层党建工作中，有相当一部分农村党员，在外出前不向当地党组织汇报，在外出后不同流出地党组织保持联系，甚至在就业和居住地趋于稳定的情况下选择向流入地党组织隐瞒党员身份，刻意回避组织管理。他们既不愿转接组织关系，也不领取流动党员活动证，长期游离于党组织之外。这类流动党员之中绝大多数人对党员应自觉接受党组织管理具有清楚的认识，但是在主观上却没有引起足够的重视。究其原因，有的退役军人党员由于党龄短，缺乏社会阅历，受个人主义、拜金主义等不良社会风气影响，出现了理想信念、党性修养淡化的情况，没有主动向党组织汇报自己的情况；有的拆迁安置党员由于长期在外租住，在思想

上放松了对自身的严格要求，主观上怕受约束，认为多一事不如少一事，不愿领取流动党员活动证；有的农民工党员流动性强，因为疲于频繁接转组织关系，选择“一劳永逸”将组织关系保留在流出地，但由于外出工作繁忙，生活压力大，无暇参加党的组织生活，时间长了干脆把自己当作群众看待；有的个体工商户党员因为将组织关系保留在村党支部能够为自己或家人谋取各种现实利益，因而不愿将组织关系转接至现居住地所在党组织；还有的高校毕业生党员将组织关系从学校转出后，长期置之不顾，出现了丢失和损坏组织关系证明材料的状况，无法向流入地党组织报到。以上这些情况，无疑给流入地党组织识别流动党员身份带来一定困难。

第二，党组织推进流动党员管理工作动力不足。流动党员管理是党的基层组织的一项基本功能。但是，当前各地在推进这项工作的过程中，依然面临着内在动力不足的问题。主要表现为相当一部分流入地、流出地党组织对流动党员管理工作缺乏足够重视，未将其纳入自身党建工作范畴，不愿下大力气查找流动党员。造成这种现象主要有四个原因。一是流动党员管理工作本身异常艰巨和复杂。流动党员的工作单位和居住地时刻处于不稳定状态，对他们的管理往往要经历摸底排查—确认身份—编入组织—开展活动—情况反馈等环节，执行起来不但耗时耗力，而且效果并不理想。在实践中，经常出现很多地方工作刚有起色，党员就发生二次流动的情况；二是未能制定有效的激励措施和监督措施。目前，除少数沿海发达地区党组织在实践中充分认识到流动党员管理工作的重要性而采取一些针对性措施外，很多地方对流动党员管理工作的态度，都依赖于上级党委主管领导的重视程度。领导重视就应付式地抓一抓，“一阵风”“冷热病”的现象非常普遍。其原因就在于对这项工作既缺乏经常性的监察督促，也没有针对性的激励手段。三是部分基层党组织工作繁重，无暇顾及流动党员管理工作。“上面千条线，下面一根针。”基层党组织作为承接上级党组织各项方针政策的“最后一公里”，担负着非常繁重的日常工作，特别是对社区、行政村这样的“块”状基层党组织，不但要承担起领导本地区各项工作、加强党的建设、开展基层社会治理的职能，还要承担起各种临时性的统计、调查和检查任务，造成党组织超负荷运作，疲于应付。在这种情况下，部分基层党组织面对难以量化考核指标，需要耗费大量精力的流动党员管理工作，多停留在口头上重视，或者干脆放弃管理。四是少数流入地党组织主观上消极应对。这一情况多出现在外来人口较为密集的地区。这些地区的流动党员规模非常大，甚至超过本地党员数量。当地党组织由于怕麻烦的心理，或是担心外来流动党员会打破“平衡”，出于保护本地党员利益的考虑，通常拒绝接收外来党员组织关系，也不愿进行流动党员查找工作。

第三，流动党员摸排查找手段有待进一步发展。在单位党建模式中，党员是作为一个定量存在的。由于工作地和居住地都较为固定，单位体制内的党员很少有机会长时间在外流动，即便是遇到出差、进修、工作调动等情况，也有严格的组织关系转接要求。党组织对党员的基本情况可以做到全面掌握。而在“两新”领域党建工作中，党组织对党员的约束力较弱。由于工作单位频繁变换，党员是作为一个变量存在的。要实现对党员的有效管理，党组织就必须定期开展全面排查工作，设法弄清辖区内流动党员的数量和分布状况。近些年来，各地基层党组织围绕查找流动党员进行了一系列探索。如一些社区党组织对新住户进行走访调查，通过填写信息登记表及时识别党员身份；一些地区的工商行政部门在办理注册备案手续过程中，依靠问询登记获取流动党员信息；还有一些地方通过成立流动党员专门查找工作组，对辖区内流动党员进行拉网式排查工作等。这些探索，对查找流动人口中的“口袋党员”“隐形党员”等起到了一定的效果。但其不足之处也较为明显。一是现有排查手段基本上是依托各类流入地党组织所掌握的独特资源来展开的，对那些资源相对匮乏的基层党组织来说，这项工作很难取得好的效果；二是流动党员活动证、党员证明信等材料通常由党员个人携带，在缺少流出地党组织主动配合的情况下，如果流动党员刻意隐蔽自己的党员身份，单纯依靠流入地党组织现有手段，很难将流动党员准确识别出来。

二、主体虚置：管理缺位与管理交叉并存

组织关系归属多元化，管理主体复杂化，是制约当前农村流动党员管理工作开展的重要原因之一。如前文所述，农村流动党员群体主要包括三个部分：即进城务工经商的经济驱动型流动党员、高校毕业和部队退伍后留在城市就业的个人发展型流动党员、由于拆迁改造暂时处于流动状态的过渡安置型流动党员。从组织关系归属上看，三种不同类型的农村流动党员可能涉及五个管理主体，分别是：党员户籍所在地党组织、党员毕业高校所在党组织、党员组织关系所在人才中介机构党组织以及党员现居住地所在党组织、党员现工作单位所在党组织（见表5-1）。

表 5-1　不同类型农村流动党员涉及管理主体情况

农村流动党员类型	流出地党组织	流入地党组织
农民工和个体工商户流动党员	党员户籍所在地党组织	党员现居住地所在党组织、党员现工作单位所在党组织
农村高校毕业生和退伍军人流动党员	党员户籍所在地党组织、党员毕业高校所在党组织、党员组织关系所在人才中介机构党组织	党员现居住地所在党组织、党员现工作单位所在党组织、党员组织关系所在人才中介机构党组织
农村动迁安置流动党员	党员户籍所在地党组织	党员现居住地所在党组织

在农村流动党员管理实践中，多元化的管理主体带来了管理方式的多样化，也在一定程度上造成了组织管理的疏漏，导致了管理缺位、管理交叉等现象，削弱了流动党员的组织归属感，降低了管理工作的实际效果。究其根源，主要有以下两方面的原因。

一方面，多元管理主体职责不清晰，权限不明确。一般来说，在农村流动党员管理工作中，普遍存在着流动党员、户籍、党组织关系三个内容要素和党员原居住地、原工作单位、现居住地、现工作单位、人才中介机构五个载体要素。在党员长期处于流动状态的情况下，这些要素之间会逐步衍生出三个分离：一是党员、户籍、党组织关系之间的分离，二是党员原居住地、原工作单位同现居住地、现工作单位之间的分离，三是党员、户籍、组织关系同原居住地、原工作单位、现居住地、现工作单位之间的分离。在此基础上，形成了上面提到的对农村流动党员具有管理权限的五个主体。从理论上看，这五个管理主体都负有对流动党员进行管理的责任和义务。然而实际情况是它们分属不同领域、不同地域，相互之间并不存在组织上的领导与被领导关系，彼此的职能和权限也不清晰，很容易出现推诿扯皮现象。根据 2006 年 6 月中办印发的《关于加强和改进流动党员管理工作的意见》，对流动党员，“可以就近就便编入所在社区（村）党组织或其他单位党组织，也可依托商会、行业协会等单位的党组织进行管理”。但在实际工作中，现居住地党组织、人才中介机构党组织和单位所属行业协会、商会党组织，在什么情况下以哪一方为责任主体？该意见并没有做出明确的规定，只能依赖于各个党组织的自觉性。如果各类流入地党组织都不采取有效措施，就必然会形成管理上的“真空地带”。

另一方面，不同管理主体之间的联系缺乏规范性和稳定性。流出地党组织和流入地党组织同为农村流动党员的管理主体。根据党内规定，流入地党组织一般对流动党员管理负主要责任，其主要任务是将外来党员纳入本地党员管理整体工作，在流动党员外出期间对其进行日常管理。流出地党组织一般对流动党员管理负次要责任，其主要任务是通过加强同流入地党组织的沟通协商，了解党员外出期间的表现，积极配合后者开展教育和管理工作。加强和改进流动党员管理工作，离不开两者的协商配合、同向发力。但是，在农村流动党员管理实践中，除动迁安置流动党员外，一般流动党员的流动空间距离较长。流入地、流出地两方党组织的交流联系主要依赖于现代通信手段，时间一长，难免会出现信息滞后、不对称问题，容易导致交叉管理、重复管理现象的出现。与此同时，目前流入地、流出地党组织之间的沟通协调和对接还处于初级层次，既没有形成细化的沟通程序，也没有建立起制度化的合作规范。如果流动党员本人出现二次流动，那么之前流出地、流入地党组织所建立起来的联系就必然发生中断，因而这种联系具有明显的松散性、临时性。此外，流出地、流入地现有的联系对接方式还面临着很多亟待解决的问题。如随着农村流动党员流向日益分散，当前流出地、流入地一对一单线联系对接的方式必然会增加基层党组织工作负担，应如何更高效地加强联络；对流动较为频繁的农民工党员，流出地党组织在不了解其就业状况的情况下，不大可能主动向流入地所在党组织通报信息，只能被动等待对方联系，应如何增强流出地党组织主动性等。

三、内容模糊：教育管理未能有的放矢

在传统党员管理工作中，党员的教育和管理内容明确，标准统一。党员教育通常包括党的政治理论教育、党章党规党纪教育、党的宗旨教育、革命传统教育、形势政策教育等内容。党员管理主要包括实施“三会一课”制度、做好党费收缴和使用工作、开展民主评议党员活动、管理党员的党籍和组织关系、组织党员开展活动、对党员实施监督和组织处置等内容。但是，流动党员是非常特殊的党员群体。同一般党

员相比，他们长期在外工作和生活，具有很强的流动性，难以按时参加党的组织活动，得不到党组织的经常性教育和管理。因此，党组织如果采用同样的内容、标准来要求和管理这些流动党员，显然无法取得理想的效果。目前，困扰各地基层党务工作者的一个普遍性难题就是如何明确农村流动党员管理工作的具体内容。这一问题出现的原因主要有以下三方面。

第一，流入地党组织对农村流动党员的情况缺乏深入了解。对流入地来说，农村流动党员属于外来人口的一部分。加强对这些外来党员的管理，首先要深入了解和分析他们的基本情况，其次才能有针对性地确立具体教育方式和管理内容。目前，在东南沿海地区和一些城镇化建设发展较为迅速的城市，各种类型的农村流动党员数量繁多，他们来自四面八方，流出地遍及全国各地。从流入地党组织的视角来看，将这些来自不同地区、不同单位的农村流动党员统筹起来，及时掌握他们的就业和生活信息，全面了解他们的思想动态，无疑是一项异常艰巨的任务。近些年来，一些流入地党组织对此进行了积极探索。如在党员登记过程中同流出地党组织加强沟通，对流动党员在家乡的组织生活开展情况、风俗习惯等信息进行全面摸底等。但与此同时，还有很多党组织面对困难选择了降低管理要求，将主要精力集中于摸清流动党员数量、建立流动党支部上，对如何深入了解农村流动党员情况，结合他们的要求开展教育工作，增强党组织活动对流动党员的吸引力，发挥流动党员先进性作用等方面不愿下大力气进行研究，造成部分地方出现流动党员教育“流于形式”，流动党支部“空转”的情况。

第二，基层党务工作者未能准确把握管理工作的特点。其一，流动党员由于远离家乡长期在外工作生活，思想和行为发生了很大变化，较一般党员呈现许多明显不同的特点。如有的流动党员思想较为活跃，不安于现状，需要流入地党组织有针对性地加强思想政治教育；有的流动党员孤身一人在外漂泊，没有心灵寄托，亟待党组织给予人文关怀和心理疏导；还有的流动党员面临着严峻的工作和生活压力。同一般党员相比，他们在提高党组织活动实效性、优化党组织服务内容等方面，往往会对流入地党组织提出更高的要求。其二，流动党员在离开流出地后，原有党组织的固定教育和管理服务都发生了中断。而后由于工作单位和居住地频繁改变，又使得他们很难在长时间内稳定在同一个流入地党组织接受教育和管理。这种缺乏连贯性的党员管理工作，无疑给各基层党组织带来严峻考验。其三，流动党员在长期流动过程中，形成了党员、户籍、党组织关系的三方分离。他们的组织关系保留在流出地党组织，但其外出期间的管理工作通常由流入地党组织负责。在日常管理工作中，如果涉及流动党员的组织关系转接、纪律处分、权利行使等内容，流入地党组织作为代管机构往往无权处理，必须交由流出地党组织做出决定。因此，流入地党组织对流动党员的管理要显著区别于普通党员管理。然而，在当前农村流动党员管理实践中，很多基层党务工作者没有正确认识到流动党员管理的特殊性。

第三，农村流动党员群体的复杂性客观上增加了分类教育和管理的难度。农村流动党员是一个复杂的集合体，内部异质化较为严重。不同类型流动党员的职业、文化程度、从业特点等各不相同。其中，有以高学历高素质著称的高校毕业生流动党员群体；有长年在城市从事苦、险、累、脏工作的农民工流动党员群体；有刚刚离开部队，进入社会就业的退役军人流动党员群体等。这些党员对教育和管理的需求也不尽相同。流入地党组织应当根据自身肩负的职能以及流动党员的特点，加强分类指导，有针对性地确定教育和管理工作内容。如对农民工流动党员，要重点加强职业技能教育，根据党员岗位职责要求，组织党员学习掌握业务知识，同时引导他们积极投身乡村振兴战略，回乡带领群众脱贫致富；对归属社区管理的外来流动党员，要围绕服务和联系群众，化解社区矛盾，建设和谐社区等方面开展教育工作；对在新社会组织工作的党员，要将教育重点放在增强他们的社会责任感上，通过有效管理督促他们坚持正确的政治方向，服务社会，团结和凝聚群众等。但是，现实情况是很多流入地党组织由于日常工作繁重，资源紧张，根本无力满足不同领域流动党员的分类教育和管理工作要求。还有一些流入地党组织虽然具备相关条件，但是由于所管辖的流动党员数量较少，也不愿投入过多资源和精力进行针对性的管理活动。农村流动党员的多元化管理工作难以落到实处。

四、资源失衡：深化党建工作缺乏有效支撑

充足的党建资源是做好基层党建工作的基础性条件。从理论上来看，加强和改进农村流动党员管理工作所必需的党建资源主要包括两个部分：一是包括充足的党组织活动经费、固定的活动场地、完善的活动设施等在内的流动党员管理硬性资源；二是包括经验丰富的党务工作者、准确的流动党员信息、成熟的管理方法等在内的流动党员管理软性资源。对基层党组织而言，兼具充足的硬性和软性党建资源，无疑是开展流动党员管理工作最为理想的状态。然而，现实情况是很少有基层党组织能够做到两者兼备。大多数基层党组织由于各方面条件制约，所拥有的党建资源相对有限，且这种有限的资源还呈现明显的分布不平衡状态。因此，当前摆在流出地、流入地党组织面前的重要问题之一就是如何尽可能多地争取党建资源，破解农村流动党员管理工作资源保障匮乏难题。这一难题的形成主要有三方面的因素。

第一，现行党建工作规范对流动党员管理所需资源缺少制度性安排。在传统基层党建工作中，党组织开展各项活动及日常工作所必需的经费、场地、设备等都有专门的管理办法和使用规定。这些制度化的措施，能够为基层党组织实施党员管理提供相对稳定的党建资源，确保一

般党员的管理工作具有坚实的物质基础作为保障。但是，关于农村流动党员管理所必需的人力、物力和财力资源，现有的基层党建工作规范却始终缺乏明确的制度安排。一方面，由于中央有关部门尚未对当前各地关于流动党员管理工作的经验以及面临问题进行系统总结和理论提升，形成具有权威性的指导文件。另一方面，由于流动党员时刻处于流动状态，使其作为管理对象具有很大的不确定性，给党组织有针对性地加强党建资源投入带来困难。如根据一般程序，基层党支部开展党建活动，应当根据活动内容、活动形式以及地点、时间、人数等情况，按年度编制党建活动计划，报所在地区或单位的党委（党总支）审核。由于流动党员属于计划外的管理对象，人数也不确定，上级党组织和财务部门往往无法提前给予活动经费审核，只能根据实际情况，由流入地党组织临时提出书面申请，再给予拨付。由于上级党组织缺乏有效的核查手段，在实际工作中很有可能出现虚报冒领经费的情况。

第二，流动党员群体的特殊性提高了管理工作资源成本。农村流动党员是在较长时间内无法按时参加组织关系所在党组织活动的特殊党员群体。同单位体制下的党员相比较，他们有着许多显著的特点。这些特点，会在很大程度上提高流入地党组织对其进行管理的资源成本。首先，农村流动党员流动范围大，时间跨度长，分布相对分散，且普遍对接受党组织管理缺乏自觉性和主动性。在这种情况下，流入地、流出地党组织为了准确掌握农村流动党员的数量和分布情况，势必要耗费较多的人力、物力和财力用于流动党员排查摸底工作。其次，农村流动党员长期在外漂泊，无论是在工作上还是生活上都必然会面对很多意想不到的困难。作为流入地的非户籍居民，他们在城市中处于相对弱势地位，没有可以依靠的力量，只能寻求党组织的帮助。因此，流入地党组织要加强对这些党员的管理，就必然要在职能范围内尽可能地调配各种资源，竭力为他们提供服务和支持。最后，农村流动党员在外出期间的管理工作通常由流入地党组织负责。很多地方为此成立了专门的流动党支部，配备了专职的党务工作者。有些党组织甚至要对这些党务工作者进行专门的党务管理培训。以上种种情况，无疑加剧了基层党组织的党建资源供需矛盾。

第三，农村流动党员管理工作资源渠道相对单一。党建资源获取途径的单一化是造成当前农村流动党员管理工作保障匮乏的主要原因之一。早在2006年6月，中办印发的《关于加强和改进流动党员管理工作的意见》就提出要“通过多种渠道解决流动党员管理工作所需经费和场所问题”。但是由于各方面因素的限制，这项要求始终没有得到有效落实。在当前基层党建工作实践中，农村流动党员的教育和管理经费来源渠道只有两种：一是按比例返还的流动党员所交纳的党费；二是流入地党组织上级党委和财政部门的专项资金划拨。后者占据着党员活动经费来源的绝对主导地位。流动党员开展党组织活动的场地和设施获取渠道也只有两个：一是使用流入地党组织已有的场所和设施；二是在现有党建资源不足的情况下，通过与流入地党组织协调，租赁使用第三方的活动场地和设施。总的来看，流动党员管理工作现有的资源渠道非常有限，也具有很大的不确定性。流入地党组织作为农村流动党员的主要管理者，实际上也成了党建工作资源的主要提供者。这在无形中也给流入地党组织带来了巨大压力。要解决这个问题，只能是在拓宽党建资源渠道上想办法、下功夫，动员流出地党组织、“两新”组织以及流动党员本人，尽可能多地为流动党员管理工作争取人、物、财等各方面的资源支持。

五、制度滞后：难以匹配动态管理现实

科学合理、程序严谨、要素完备、运行有效的党员管理制度体系是推进流动党员管理工作规范化、常态化的根本保证。社会主义建设时

期，在长期的计划经济环境中，我们党逐步摸索形成了一整套与之相对应的行之有效的管理党员的规定和办法，并通过制度建设将其上升为党员管理的工作规范。在这套党员管理制度体系中，从交纳党费到参加党的组织生活，再到转接党的组织关系，都有明确的规定和要求。可以说，这些制度化规定对改革开放以来我们党加强党员队伍先进性建设，增强基层党组织的凝聚力和组织力等都发挥了重要作用。然而，随着党员流动性的日益增强，传统党员管理制度僵化、灵活性不足，重行政命令、轻人性化服务，重经验管理、轻管理创新的问题逐步显现出来。现有党员管理制度已经无法完全适应流动党员管理工作的新要求、环境的新变化，亟待改革。

一方面，传统党员管理制度以静态党员为主要管理对象，不适应流动党员发展现状。党内现行的党员管理制度体系，是特定历史条件下的产物。在单位制党建模式中，党员管理工作主要针对的是具有高度稳定性和集中性的普通党员。由于管理主体单一，隶属关系明确，管理制度构建相对简单，实践起来也能取得良好的效果。与之相对，流动党员本身高度的流动性和分散性，使传统的静态党费交纳制度、党员组织关系转接制度、党员考评制度等出现了滞后于党员动态管理实际的情况，导致制度落实乏力。如根据党内规定，基层党支部在进行年度考核时，通常要按照“学习教育，自我评价，民主评议，组织考察，表彰和处置”五个环节对支部内党员开展民主评议活动。由于流动党员本人长期在外，原有党支部内的其他党员都不了解他的表现，只能根据流入地党组织的反馈对其做出评议。然而，现实情况是流入地党组织通常出于“不是自己人”“不愿得罪人”的心态，很难对外来流动党员的表现做出客观评价，造成民主评议党员活动流于形式。与此同时，流动党员管理归属关系复杂化，也在无形中增加了党组织的管理难度。以流动党员相对集中的“两新”领域党组织为例。这些基层党组织在隶属关系上表现出明显的多样性特点。其中，有的归属所在街道的党工委管理，有的归属机关工委或组织部门直接管理，有的归属工商、行政等部门中的党组织管理。有些党组织甚至在业务工作和党建工作上还分属不同主体管理。这些情况，在客观上大大提升了流动党员管理工作的复杂程度，传统的单一主体属地化党员管理制度，显然无法与之相适应。

另一方面，现有流动党员管理配套制度尚不健全，有待进一步改革和完善。一个时期以来，为适应党员动态管理的现实要求，中央和有关部门围绕推进流动党员管理工作规范化、制度化进行了一系列创新，提出了包括流动党员活动证制度等在内的一批具体工作制度，对严格农村流动党员的教育和管理发挥了重要作用。但是随着实践工作的开展，这些制度本身存在的问题和不足之处也逐渐暴露出来。例如，在流动党员登记制度方面，现有规定要求流动党员外出时原则上应主动向党组织汇报流向、联系方式等个人情况，流出地党组织应对这些情况进行及时登记备案，后续发生变化后也要同步更新，做到“知去向、知现状”，然而在实际工作中，相当一部分流出地党组织由于种种原因没有做到对外出党员信息的及时更新，造成流动党员管理出现信息失真现象，面对这一情况应当如何处理，当前制度没有明确的规定；在流动党员活动证制度方面，目前流出地党组织不向外出党员发放党员活动证明、流动党员领取党员活动证后不向流入地党组织报到等情况已经比较普遍，对这些违反制度的行为给予何种处理，现有制度在实际操作层面缺乏必要的刚性要求，如何通过优化设计，增强制度的执行力，做到既管得严、管得住，又管得好、管得活是一个难题。总之，现有流动党员管理配套制度还存在很多问题，必须坚持科学谋划、精心部署和统筹协调，针对性地加强改革和创新工作。

六、手段单调：过分依赖行政力量驱动

流动党员是推动党的各项事业发展的重要主体，具有自主性、能动性和创造性。流出地、流入地党组织在对流动党员进行管理时，既要着眼于增强党员的党性修养和理想信念，提高他们接受教育的主动性，又要严肃党的纪律，以严格的组织规范督促他们自觉接受党组织的监督。实现这一目标，客观上要求基层党组织根据流动党员的特点，采取针对性的管理办法。在传统的单位制党建模式中，每个党员都身处于单位之中，而单位本身又采取行政化的运作方式。依托单位成立的基层党组织，凭借多样化的手段，能够很好地实现对党员的组织动员和管理。改革开放后，随着单位制社会形态的变迁，党的基层组织在向新的社会领域渗透过程中，逐渐出现了“离散化”“悬浮化”现象。传统党建工作模式“失灵”。这些情况反映在党员管理工作方面，集中表现为基层党组织对流动党员的管理手段匮乏、滞后。简单来说，就是“老办法不管用、新办法不会用”。

一方面，流动党员属于体制外的“社会人”，传统管理手段无法对其施加有效影响。近些年来，随着国有企事业体制改革和人口流动性的增强，各种类型的流动党员和非固定职位党员数量日益增多，传统单位党组织对党员的教育及管理功能逐步外溢。同体制内的“单位人”党员相比，在“两新”领域就业或国有企事业单位采取合同制聘用的流动党员基本上属于“社会人”范畴。他们具有很强的独立性和自主性，就业和居住都呈现高度不稳定状态，对工作单位的依附性也比较低。因此，在“两新”领域党建工作中，依托非公有制企业和新社会组织成立的基层党组织，并不像传统单位制下的党组织那样具有强大的资源控制和分配能力。这类体制外基层党组织的党员管理工作开展情况，在某种程度上更多地依赖于党员个体的自觉性。同前者相比，党组织对他们

所能够施加的影响力非常有限。此外，加强流动党员管理，必须始终遵循党员自愿原则。由于流动党员的“社会人”身份，中介机构、街道社区等流入地党组织作为单位体制内的党员管理主体，无法像对待普通党员那样使用行政命令对流动党员进行约束，而如果党组织过度依赖组织纪律手段来管理流动党员，也势必难以取得理想的效果，甚至可能引发党员本人的抵触。总之，从现阶段来看，无论是体制内还是体制外的基层党组织，在面对流动党员时，原有的管理手段均在不同程度上出现了失效。

另一方面，基层党务工作者陷入“路径依赖”，不善于运用新的手段管理流动党员。在传统的单位制党建模式中，长期的基层党建工作实践不但使许多党务工作者积累了较为丰富的党员管理经验，也使他们中的很多人在头脑中形成了思维定式，习惯于运用行政指令、提出强制性要求、实施组织奖励和惩处等传统手段来教育和管理党员。面对流动党员这一特殊党员群体的出现，很多党务工作者还没有完全摆脱“单位党建”的思维模式，依然沿用老办法来管理流动党员。在原有的管理经验和手段无法取得成效的情况下，他们一时不知道该如何着手开展工作。有的党务工作者虽然认识到要根据流动党员特点加强和改进教育管理手段，但是在具体如何创新上却始终裹足不前，不自觉地陷入“路径依赖”之中。还有的党务工作者已经逐步认识到可以通过营造良好的组织环境，提高党组织服务质量，鼓励支部书记率先垂范、情感运作等手段提高基层党组织对流动党员的吸引力，但是受到各方面条件制约，他们对如何正确运用这些手段了解得不多。总的来看，基层党务工作者在面对流动党员时普遍存在着“本领恐慌”的情况，特别不善于运用新的管理手段开展流动党员管理工作。

第二节　路径探究：加强农村流动党员管理的对策和建议

以上各种问题的存在，必然会导致农村流动党员管理工作效率低下，党在流动人口中组织基础薄弱，农村流动党员自身先进性建设滞后，大量农村流动党员“隐形”甚至流失等结果。解决这些问题，只能从实践出发，从流动党员自身特点入手寻求加强和改进流动党员管理工作的新思路、新方法（见图 5-1）。

图 5-1　加强和改进农村流动党员管理工作路径

一、准确定位管理客体：确保流动党员纳入组织管理范畴

能否突破城乡、单位、地域等方面的界限，始终将全体农村流动党员纳入党组织管理范畴，是衡量农村流动党员管理工作实效的重要前提。农村流动党员具有分布散、流动快、流向多变等特点。这些特点，在客观上决定了流动党员查找摸排工作涉及面广、牵动主体多、工作难度大。在这种情况下，如果仅仅依靠个别地区个别基层党组织的“单打独斗”，势必难以取得预期的效果。为此，必须坚持多措并举，树立统筹一体化的党员管理思路，发动各方力量，从提高基层党组织对流动党员的吸引力、增强基层党组织参与管理的内在动力、创新流动党员查找摸排手段等方面入手，为全方位把握流动党员群体的流向和动态创造

有利条件。只有这样，才能从根本上杜绝“隐形党员”“口袋党员”和“失联党员”的产生。

第一，全面提高流入地党组织的服务质量。相对于本地党员，流动党员无疑属于流入地的外来人口群体。他们初到流入地时，必然会在就业和生活方面遇到很多困难，出现一时难以适应的状况，甚至可能遭受很多不公正的待遇。这些情况，给流动党员有效融入当地生活带来了阻碍，也给流入地党组织加强流动党员吸纳工作指明了努力方向。服务党员是党的基层组织的重要职能之一。优质的服务，能够让流动党员在异地他乡感受到家的温暖，激发流动党员的自豪感，使其主动亮明身份，自觉接受党组织管理。当前很多农村流动党员之所以长期游离于组织管理之外，不愿主动登记，一个重要的客观原因就在于部分流入地党组织自身服务能力不强，在无形中削弱了流动党员的归属感。解决这一问题，要求流入地党组织在提高服务水平上下功夫，优化流动党员服务机制。一是推广流动党员服务中心和服务站，为流动党员在看病就医、子女入学、社会保障等方面提供“一站式”服务。确保流动党员同本地居民具有平等社会地位，避免出现“被边缘化”的情况。二是开展思想关怀、帮扶活动，为流动党员提供精神激励，尽可能满足其心理和情感需求。三是要利用包括法律援助等在内的各种方式、各种渠道，切实保障流动党员的合法权益在流入地不受侵犯。

第二，提高流动党员管理主体内在动力。当前，除极少数基层党组织将流动党员管理工作纳入了本地党建工作规划外，大多数基层党组织由于各方面原因，对流动党员管理并没有提出硬性的工作要求。后者在日常工作中查找、接收流动党员的主要动力，来自党组织本身的自觉性以及上级党委重视所带来的传导压力。然而，这些动力因素实际上都属于软性动力，具有很大的不稳定性。如果发生上级党委工作注意力转移等情况，那么对流动党员的摸底排查工作就很有可能出现停滞甚至倒退现象。因此，为了确保流动党员管理工作的连续性，有必要提高基层党组织对流动党员工作的参与动力。一方面，要建立明确的激励机制和监督机制。加大对先进基层党组织和优秀党务工作者的政治、物质与精神激励，探索设立流动党员管理工作创新成果奖或补贴流动党员组织活动经费等办法，健全党内表彰机制，激发基层党务工作者的创新意识和干事热情。鼓励流入地、流出地上级党委加快对流动党员管理工作指标量化设置的探索，并将其纳入基层党建工作考核事项范围，形成强大的外在压力。另一方面，明确落实流动党员管理责任。不断压实流动党员目标管理责任制，把流动党员管理责任落实到具体部门和具体人身上，形成刚性的制度约束，以制度确保流动党员管理工作有人抓、有人管、有人落实；以责任驱动有关部门和党员管理主体协同配合，积极开展流动党员查找工作。

第三，推进流入地、流出地对流动党员的一体化排查工作。农村流动党员去向难把握是导致流动党员管理工作无处发力的根本原因之一。近年来，为了全面准确地掌握流动党员动向，各地加快了对农村流动党员的摸底排查工作。这些工作，多依赖于某一管理主体力量的强制推动，虽然取得了一定的效果，但是也存在很多不足之处。因此，有必要进一步改革当前主要依靠流出地或流入地党组织对流动党员进行查找、教育、管理的状态，做到将流入地党建工作同流出地党建工作有机结合起来，通过充分调动各方积极性，形成“一人流动、两地衔接、多方协同、共同查找”的流动党员排查模式。简单来说，就是要摒弃“谁负管理责任谁查找”的传统思维，在排查阶段，以流入地上级党委牵头，实行跨区域统筹和协作，发动流动党员全部的潜在管理主体，包括流出地党组织、流入地街道社区党组织、流入地工作单位党组织（或单位业务主管部门所在党组织、行业协会党组织）、流入地人才中介机构党组织以及同流动党员就业生活有交叉范围的行政管理主体，如工商、公安、计生、社会保障、劳动仲裁等行政部门，共同参与流动党员查找工作，形成一张严密的网络，做到随时查找、随时发现、随时信息互通，以确保农村流动党员尽早纳入党组织管理之中。

二、科学厘清管理主体：明确基层党组织管理职责权限

在长期的流动党员管理实践中，各级党组织根据中央的决策部署，结合本地的实际情况，就如何加强流动党员管理针对性、有效性，激发流动党员管理工作活力等展开了积极探索，积累了一些新经验，提出了一系列新思路、新办法，将流动党员管理理论和实践发展到新的阶段。但是由于种种原因，中央有关部门尚未对这些新的管理经验和办法进行系统整理与分析。目前，党内关于流动党员管理工作的专门规定依然是中办于2006年颁布的《关于加强和改进流动党员管理工作的意见》。随着市场化改革的深入，原有意见已经无法充分适应流动党员发展的新形势。因此，当前的主要任务是对以往各地流动党员管理实践探索进行总结和梳理分析，将其中经过实践检验，具有普适性的办法、策略上升为硬性规定，以制度化的形式固化下来，用于指导全国的流动党员管理工作。新制定的流动党员管理工作规范，应当包含对以下两方面的明确规定。

一方面，对流动党员多元管理主体的权限和职责做出明确规定。长期以来对流动党员的管理之所以比较薄弱，有流动党员自身存在的问题，但主要原因还是现行管理体制不顺，管理权限不清，管理责任制落实不够。解决这一问题，首先要将流动党员的主要管理责任落实到一个明确的主体上。在众多的流入地党组织中，流动党员当前就业单位所在的基层党组织，无疑是首选管理主体。当流动党员所在单位不具备成立党组织条件时，应坚持以“条”为优先的原则，根据不同类型农村流动党员的具体情况，分别采取纳入工作单位所在商会、行业协会党组

织，业务主管部门党组织进行管理的做法。这主要是因为在“条”状党组织中，流动党员之间的社会地位、经济状况基本一致，加之具有共同的职业背景，使得他们很容易产生共同话题，因而对党组织有很强的归属感和融入感。与此同时，“条”状党组织中的流动党员群体活动轨迹高度趋同，生活环境相似，这也为基层党支部统一流动党员时间，组织开展集体活动提供了可能性。对无法纳入“条”状党组织的流动党员，可以“块”状基层党组织为管理主体，将其就近编入现居住地所在社区的党组织进行统筹管理。只有当以上条件都不满足时，才考虑以人才中介机构党组织为责任主体，对组织关系挂靠的流动党员进行管理。对少数依托流出地驻外办事机构成立的流动党组织，则要在条件成熟后尽快移交流入地党组织进行管理。此外，对“条”状管理主体，只要所辖的流动党员数量达到一定规模，就应尽量为其设立单独的流动党支部，以增强他们的归属感。对“块”状管理主体，则应优先考虑将纳入的流动党员群体拆散至本地各党支部进行管理，以更好地促进其融入当地生活。

另一方面，对流出地、流入地党组织之间的沟通对接做出详细制度安排。流动党员管理工作能否保持连续性，在很大程度上取决于流出地、流入地党组织之间联系的紧密程度。现行的流动党员管理意见，对流出地、流入地之间的联络沟通，只给予了原则性规定。即要求流出地、流入地党组织密切联系，及时将流动党员的重要情况反馈给对方。但是，对于沟通的具体内容，由哪一方负责主动联络以及如何长时间保持沟通等，并没有做出详细安排。新出台的流动党员管理工作规范，有必要对此给予明确规定。首先，要明确流出地、流入地党组织沟通的主要内容。双方沟通的内容应当涵盖流动党员的思想、就业、生活、党内表现四个基本方面。具体来说，可以包括但不限于党员的思想动态、在工作单位的表现、居住状况、党费交纳情况、参加“三会一课”情况、学习进度、党员权利责任履行情况、违纪情况等内容。其次，细化流出地、流入地党组织的沟通程序。从党员流出到流入地党组织确认其身份前这段时间，原则上应由流出地党组织主动负责同流入地党组织进行联络，通报党员情况。在党员纳入流入地党组织管理后，则应由流入地党组织负责主动联系工作。可以鼓励有条件的、党员流向较为集中的流出地党组织同流入地党组织进行面对面交流。督促两地党组织利用多种渠道实现信息交流，加强日常联系。双方的沟通可以采取定期情况汇报和不定期联络相结合的方式。最后，完善责任追究相关机制。要对未及时掌握党员去向的流出地党组织、虚报和瞒报流动党员情况的流入地党组织、不履行联系责任的流出地和流入地党组织进行严肃问责与追究，以使党组织之间的信息对接保持准确、有效。

三、合理界定管理内容：推进共性管理与个性管理相融合

合理界定流动党员的管理内容，做到既“务虚”又“务实”，是加强流动党员管理工作的题中应有之义。农村流动党员的思维特点、思想观念以及参加党组织生活情况等都同普通党员具有明显区别，对他们的教育和管理，原则上应当采取差异化的方式。然而，有相当一部分基层党组织在日常工作中过分追求形式上的一致，忽视了管理对象的差异性，在党员教育管理具体内容设置上单一、空洞，脱离流动党员的思想和生活实际。最终导致党员教育管理要求单一性同流动党员需求多样性、党员教育管理内容静态性同流动党员活动动态性之间的矛盾日益突出。解决这一问题，必须在打破传统党员管理内容界限上下功夫。

第一，全面准确地了解流动党员群体管理需求。通过各种途径及时掌握和了解外来流动党员的情况，是流入地党组织有针对性地制订党员管理计划的内在要求。目前，各地的流入地党组织在获取流动党员信息和管理需求方面普遍存在着方式僵化、时效不强、渠道单一等问题。解

决这些问题，可从以下三方面入手。一是鼓励有条件的流入地党组织深入开展调查研究工作。流入地党委和组织部门可以从流动党员管理工作服务本地经济社会发展大局出发，调动各方力量，展开深入细致的调研。通过对流入本地党员、基层党务工作者等进行随机访问、问卷调查、结构式访谈和面对面座谈，使流入地党组织基本掌握本地流动党员队伍发展情况，为当前和今后一个时期确立流动党员管理内容提供依据。二是鼓励基层党务工作者加强同流动党员的谈心交流。流出地、流入地的基层党支部负责人和党务工作者是流动党员的直接管理责任人，对流动党员的思想状况和工作生活情况了解最直接、最具体、最及时，也最经常。因此，大力推进基层党务工作者同流动党员交流谈心制度化、常态化建设，从谈话中获取流动党员真实的思想动态和管理需要，对党组织针对性地确立教育和管理内容，增强流动党员思想政治工作感染力等具有重要意义。三是运用信息化手段创新流动党员教育和管理内容设置。充分借助现有的城市流动人口信息监测和管理平台，实现对外来农村流动党员信息数据的实时采集和动态分析。总结不同类型农村流动党员群体发展特点、规律。在此基础上，充分借鉴其他地区同类型农村流动党员管理经验，做好管理内容设置创新工作。

第二，在流动党员教育内容设置上坚持共性与个性相结合。农村流动党员群体内部差异大、思想活跃、稳定性弱等特点决定了党组织对他们的教育内容应当是多维的。对流出地、流入地党组织来说，针对普通党员和不同类型流动党员特点，采取多元化的教育内容，同时保持党员管理内在一致性是一项基本要求。做好这一工作，应当坚持共性与个性相结合的原则。即在党员教育内容设置上，划分为统一性内容和针对性内容两个部分。其中，前者是基层党组织以全体党员为对象提出的共性要求，具有强制性、规范性，主要包括政治理论教育、党章党规党纪教育、党的宗旨教育等常规内容。后者是对不同类型流动党员提出的针对性要求，主要是鼓励各党组织结合流动党员岗位实际和自身情况，做到因材施教，分类管理。一是有计划地加强专业技术知识培训、政策法规教育、生产经营技能和业务能力培训等方面的工作，满足不同类型流动党员提高就业竞争力的需要。二是将重点放在增强流动党员的党性意识上，通过强化思想教育，组织和引导流动党员时刻牢记党员身份，增强党员角色认知，特别是流出地党组织，要做好党员流动前的教育工作，针对党员在流动后可能出现的思想起伏和波动，给予专门教育，从根本上破解党性淡化这一流动党员产生的思想动因。三是做到在培训中体现服务，在服务中加强流动党员教育。四是坚持学以致用，以实践为导向，增强流动党员运用理论联系实际，解决现实问题的能力，避免教育内容脱离社会现实，搞“花架子”。

第三，在流动党员管理内容设置上兼顾严肃性和灵活性。将全面从严治党要求落实到党员队伍管理全过程，确保党员队伍始终保持先进性和纯洁性，必须从严开展流动党员的日常教育和管理工作。完成这一任务，首先要确保流动党员管理工作在内容设置上科学合理，做到灵活性和严肃性兼顾。当前，部分流动党员之所以出现党性淡漠、组织纪律涣散、先进性作用发挥不够等情况，都同流入地党组织在管理党员活动过程中的“宽、松、软、散”有一定的关系。解决这一问题，关键是在坚持灵活性的基础上突出严肃性，并将其贯穿积极搭建载体、丰富管理内容的全过程，提高党组织活动整体质量。一方面，要围绕推进流动党员管理内容创新开展工作。在组织活动方式上保持灵活生动，采取“小型、多样、务实”的活动方针，管理要求上避免一味追求正规化，尽可能地增强活动吸引力与感染力。通过多种形式调动流动党员的积极性和主动性，努力将教育管理融入流动党员生活和工作实际，做到接地气，有实质内容。另一方面，要严肃党内政治生活，切实把党的组织活动打造成加强流动党员思想理论武装、锤炼党性的坚强载体。加强流出地、流入地联系，保持流动党员管理内容的连续性，同时突出流动党员管理工作的政治性和严肃性，务求在落实全面从严治党方面取得实效。

四、全面强化资源保障：拓宽资源渠道提高自我管理能力

农村流动党员是农村流动人口中的先进性集体，也是农村党员队伍的重要组成部分。随着越来越多的农村党员流向城市，流动党员所在流出地和流入地的党建工作环境发生了剧烈变化。一方面，大量青壮年党员背井离乡，导致农村地区出现了“老、弱、病、残”党员留守基层党组织的情况，给党在农村地区各项工作的正常开展带来不利影响；另一方面，大批外来党员的涌入，也给城市的流入地党组织带来了巨大管理压力，特别是造成了流入地党建资源供给和流动党员管理资源需求之间不平衡的矛盾。破解后者这个难题，可以从拓宽党建资源来源渠道、提高流动党员自我教育和自我管理能力等方面入手进行积极探索。

一方面，拓宽党建资源来源渠道，在现有框架内给予流动党员管理工作以最大保障。流动党员管理工作的发展主要依靠各级党组织和有关行政部门为其提供的人力、物力和财力资源支持。但由于各种原因，这种资源供给缺乏明确的制度性安排，本身具有很大的不确定性。因此，为了确保流动党员管理工作的连续性，应当积极鼓励流入地党组织结合本单位、本地区实际情况制定流动党支部活动经费管理办法，将对流动党员进行教育和管理所需的资源纳入党建工作日常开支预算。与此同时，还要坚持多项措施并举，在现有制度框架内尽可能地给予这项工作以资源保障。一是可以依托流入地街道、社区现有的各类资源，如党员服务中心、社区文化活动中心等为流动党支部组织活动、召开会议、开展座谈提供场地和设施支持，实现流入地党建资源的共享共用；二是鼓励有条件的地区加大财政补贴力度，为加强流动党员教育、组织集体活动等提供专项资金、人员和设备支持；三是进一步健全流动党员党费异

地交纳、管理和使用规范，探索流出地党组织经费补贴制度，确保有限的经费运用于流动党员自身管理实践；四是在流动党支部活动经费申请、审批和管理程序上保持灵活性，根据流动党员人数变动情况灵活活动经费支取，同时严格经费报销手续，向全体流动党员公布，接受上级党委和流动党员的双重监督；五是在区域化党建模式下，由流入地街道、社区基层党委出面，统筹协调辖区范围内的企业、社会组织等机构，获取多方资源支持，不断拓宽流动党员管理工作资源来源渠道。

另一方面，提高流动党员自我管理能力，减少对外部资源保障的依赖。在当前的农村流动党员管理实践中，流动党员本人更多处于被动状态，即被动接受管理、被动接受教育。这一情况的出现，一个重要原因在于流动党员管理工作开展之初就是由行政力量主导和推动的。随着流动党员管理工作的发展，这种以行政力量强制推动模式的弊端逐步显现出来。一是体制内的党建资源保障始终是有限的。在流动党员规模日益扩大的背景下，现有党建资源终究无法支撑起庞大的流动党员管理工作资源需求，甚至可能削弱体制内的党建工作。二是党建工作资源分布不均衡。如果过分依赖外部资源保障，流动党员管理就必然会出现差异化。从长远来看，反而会制约流动党员管理工作的发展。因此，在加强流动党员管理工作资源保障方面，既要探索构建多元化的党建资源来源渠道，还要全面提高流动党员自我教育、自我管理的能力，尽可能地减少对外部资源供给的依赖。一是督促流出地、流入地党组织在流动全过程中，提高流动党员特别是新生代流动党员的组织观念和纪律意识，增强其自我教育、自我管理的自觉性。二是流入地要积极营造良好的社区环境和党组织氛围。党员是一个高度组织化的群体，其个体行为会受到党组织内其他党员行为的持续影响。良好的社区和党组织环境，有助于提升流动党员的融入感，促进流动党员由被动管理向自我管理转变。三是充分发挥流动党员自身特长和职业优势，引导流动党员参与互助服务，在服务流入地群众的过程中融入当地生活，提高公共事务参与意识，实现自我服务，弥补党组织管理工作的不足。

五、优化教育管理制度：增强流动党员管理工作适应性

严肃党员教育、严格党员管理，必须在优化制度设计上下功夫。目前来看，现行的党员管理制度虽然已经比较健全和完善，但是在适应流动党员管理工作方面还存在着很多问题，主要表现为很多具体制度不能保持与时俱进、缺乏可操作性和灵活性，无法满足各类基层党组织教育管理流动党员的实践要求和部署。解决这一问题，关键是做好顶层设计，推动党员管理相关制度的改革工作。与此同时，根据不同类型农村流动党员管理特点，加快流动党员配套制度创新。

一方面，加快推进党员管理相关制度的改革工作。农村流动党员管理工作涉及主体多、政策性强、情况复杂。做好这项工作，必须对现有党员管理制度进行积极改革，以符合流动党员的活动特点。具体来说，在党费交纳制度方面，可以根据党员流动状态探索灵活交纳方式，延长交纳期限，对外出地点频繁变动的流动党员，应当允许他们在流入地落实组织关系之后，再向当地党组织补交党费；在民主评议党员制度方面，为弥补流入地、流出地联系不足，可以打破流动党员回原党组织参加民主评议党员活动的常规做法，以流入地党组织为管理主体对流动党员进行初步评价，再将初步评价情况反馈给流出地党组织，最后由流出地党组织进行分析、综合，形成组织意见；在党员组织关系转接制度方面，要尽可能地简化党组织关系转接手续，优化组织关系转接流程，试行将组织关系转接权限适当下放，同时加强县级以上组织部门的审核，从根源上减少流动党员的产生；在党员思想汇报制度方面，可以鼓励在外流动党员同时向流出地和流入地党组织定期汇报自己的思想、生活和工作情况，引导流动党员自觉接受党组织的监督；在党的组织生活制度方面，可以探索有条件的流动党员参与双重组织生活，在流出地行使党员权利，在流出地、流入地履行双重党员义务，积极完成流入地党组织分配的工作和任务等。总之，要通过对相关制度的改革，从整体上增强现行党员管理制度的适应性。

另一方面，根据不同类型农村流动党员特点，有针对性地加强管理配套制度创新。流动党员管理制度体系建设是一项系统工程，既包括党员管理基本制度的适应性改革，也包括相关配套制度的完善和创新工作，必须做到两者同步推进。就后者来说，应当根据基层党建工作实际情况，进一步健全和完善流动党员活动证制度、流动党员登记制度、流动党员定期汇报制度等现有配套制度，切实增强实效性和可操作性，解决制度“落实乏力”问题。与此同时，可以引导和鼓励各地根据不同类型农村流动党员特点，围绕全面提升流动党员管理能力展开制度建设方面的实践探索，对其中经过一定实践检验的具体制度进行总结提炼，加以二次创新和灵活运用。如对农民工、个体工商户流动党员，可以根据其兼具城乡居民双重特性，探索试行城乡一体化的党员动态管理体制、基层党组织协调对接制度、党建联席会议制度、流动党员指导员（联络员）制度；对高校毕业生、退役军人流动党员，可以根据其思想活跃、素质较高等特点，尝试构建流动党员权利保障制度、“三位一体”联合教育制度、党组织结对共建制度、流动党员定期摸排制度、党建工作资源共享制度；对以拆迁安置农村居民为主体的流动党员，可以依据其流动距离、时间短等特征，逐步推广流动党员目标管理制度、流动党组织考核制度、上门走访制度。

六、突破常规管理办法：摆脱思维定式推进管理手段创新

农村流动党员管理工作之“难”，既有管理对象本身不确定的因素，也有管理主体手段单调、匮乏的因素。目前，各地的流入地党组织

在管理流动党员实践中，普遍感到方法短缺、无从下手。究其根源在于很多基层党务工作者还没有完全摆脱传统单位党建思维模式，习惯于以静态眼光看待流动党员管理，不自觉地沿用过去行政化手段来管理流动党员。因此，要真正推进农村流动党员管理工作，必须尝试转换思维，树立社会化党建工作理念，在管理方法上做到积极拓展、敢于创新。

第一，借助非权力性权威，增强流动党员对流入地党组织的认同感。农村流动党员作为城市外来人口中的特殊党员群体，同流入地党组织之间没有组织隶属关系，有的甚至不存在人事行政关系。这一客观情况决定了流入地党组织在对流动党员群体进行管理时，无法依靠带有强制性的行政化手段，只能借助于党组织的非权力性权威。具体来说，就是要通过提高基层党组织的软性影响力、感染力，实现流动党员对流入地党组织的心理认同和自觉服从。对此，一是可以积极提高流动党员管理工作者的人格魅力。要探索加强对基层党支部书记和相关党务工作者的教育培训，提高他们对流动党员管理工作重要性的认识，增强责任感、使命感和工作热情。与此同时，积极培养管理者的人格魅力，鼓励和引导他们率先垂范，充分尊重和信任流动党员，以实际行动发挥示范和带动作用，做到对流动党员动之以情，晓之以理，导之以行。二是鼓励流入地党组织做好流动党员诉求的“传声筒”。流入地党组织不但要积极为流动党员提供高质量的服务，也要发挥好对流动党员群体意愿的表达和整合功能。要探索构建畅通的纵向联络渠道，引导流入地基层党组织将收集和整理流动党员诉求纳入工作范畴，如实把相关意见反馈给流出地党组织和党员工作单位，督促有关部门及时给予回应。三是通过多种措施，激发流动党员的内在参与动力。流入地党组织要围绕提高党员自觉接受教育、管理和监督的内在动力开展探索，充分激发党员的自豪感和荣誉感，从根本上强化他们作为党员的角色认知。在这个过程中，党组织既要注重构建规范化组织精英选拔途径等“硬件”环境的完善，也要通过强化共同价值观，提高党员对党组织目标认同、激发流动党员活动参与兴趣和满足感等层面塑造“软性”的党组织文化氛围（见图 5-2）。

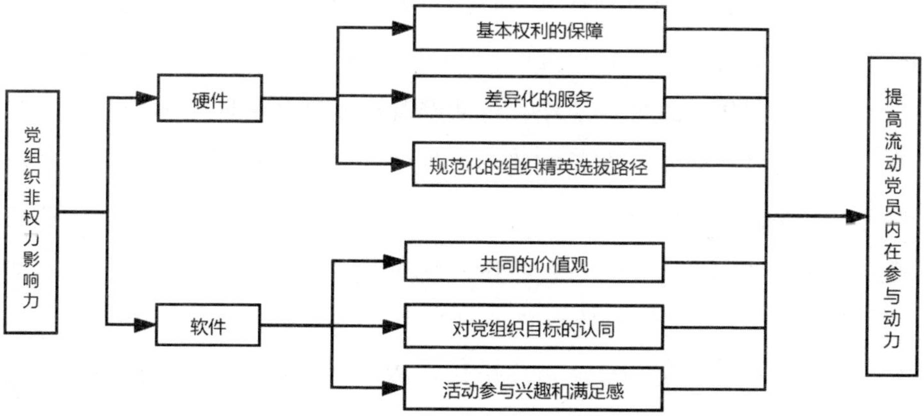

图 5-2　激发流动党员内在参与动力路径

第二，推进党员管理传统优势与现代信息技术实现深度融合。妥善运用现代网络信息技术同提高流动党员管理工作整体效率之间是一种逻辑上的正向关系。当前，要适应党员流动范围扩大、时间增加、频次提高的新形势，就必须在发挥传统党员管理优势的基础上，加强统筹规划，灵活运用 5G、物联网、区块链等新技术，深入推进流动党员管理工作的信息化。一是由中央组织部门牵头，加快全国党员管理信息系统建设，实现流动党员动态信息实时跟踪，精简党组织关系转接程序，实现流动党员组织关系迁移点对点；二是探索构建流动党员党性教育基地网络综合平台，实现从固定终端到移动终端的全覆盖，推动流动党员电化教育的创新发展；三是做好线上线下教育管理衔接工作。农村流动党员群体庞大，其中既有对新技术较为敏感的新生代党员，也有对网络缺乏了解的中老年党员。为此，应当采取针对性的管理手段，做好线上线下管理衔接工作。一方面，依托在线信息化平台，实现流动党组织活动、流动党员信息的线上指导和管理。另一方面，扩展线下管理服务内容，为流动党员提供面对面交流沟通和学习培训辅导、党组织上门关怀、一对一帮扶等精细化服务。四是妥善运用大数据，对流动党员队伍发展状况和趋势进行实时分析研判，对各地流动党员管理实践中出现的问题和经验及时加以汇总、推广。

第三，加强组织处置工作，将从严管理流动党员队伍落到实处。当前，很多农村户籍党员在长期流动过程中，由于种种原因跟流出地党组织失去了联络，也没有及时同流入地党组织建立新的联系，因而无法按规定参加党的组织生活、向党组织按时交纳党费，成为名副其实的“三不”党员。根据《中国共产党章程》规定，“党员如果没有正当理由，连续六个月不参加党的组织生活，或不交纳党费，或不做党所分配的工作，就被认为是自行脱党”。因此，严肃处置这些不合格党员，对其给予纪律处分直至开除出党，成为加强党员管理工作的题中应有之义。然而在实践中，有相当一部分基层党组织却常常选择对这类党员网开一面，甚至主动为其辩解、开脱。究其原因，固然有处置党员问题敏感，处理标准不好把握，磨不开情面、怕得罪人以及避免简单“一刀切”等因素。但从根本上来说，还在于目前党员组织处置相关制度执行不到位、党内尚未建立完善的党员能进能出机制。对此，一方面，可以“坚持标准、加强教育、严格审核、稳妥处置”为原则，进一步完善和落实流动党员纪律处分相关制度。流出地、流入地党组织要强化监管，结合民主评议工作，对存在组织隶属关系的在外流动党员进行精准定位，坚持挺纪在前，对其中理想信念发生动摇、不履行党员义务的流动党员进行严肃教育和组织处分，向其本人进行通报并要求限期改正，并尝试建立不合格流动党员台账。另一方面，要敢于打破“只进不出”“易进难出”的传统党员管理思维。严格落实中组部于2016年颁布的《关于做好与党组织失去联系党员规范管理和组织处置工作的通知》，鼓励各级党组织展开全面排查工作。对自愿退党的应予以批准，对因主观原因长期在外流动同党组织失去联系六个月以上、抵触党组织教育和管理以及其他不符合党员条件的，要及时给予不予登记、劝退和开除出党的处分。在这一过程中，既要做好相关人员的思想政治工作，确保组织处理事实清楚、理由充分、手续完备，同时要避免将清退不合格党员工作同基层党组织、党务工作者评价考核相挂钩，为流出地、流入地党组织放开手脚、坚持原则创造条件。

第三节 规律摸索：关于加强和改进农村流动党员管理的进一步思考

农村流动党员因改革开放后城镇化建设的兴起而产生，并随着城镇化和工业化进程的深入而进一步发展。一方面，在管理理念、管理方法和具体的管理制度上，农村流动党员管理带有明显的传统单位党建工作的一般印记，又与其相区别，表现出明显的社会党建工作的特点；另一方面，农村流动党员管理既会面临一般党员管理以及其他流动党员群体管理工作中都会遇到的普遍性问题，也因为其独特的生活环境和行为方式而面对新的情况与新的困难。当前，流动党员管理工作经过多年实践探索，已经在整体上获得了良好的效果，但依然存在很多薄弱环节，亟待加强。基于对现有流动党员管理工作实践、理论探索的分析和把握，在全书的结尾就今后如何深入加强农村流动党员管理工作给出了一些尝试性的建议。作为对这些建议的补充，笔者认为还可从以下四方面切入对流动党员管理问题进行深入思考。

一、网络修缮：减轻基层党组织对流动党员的管理压力

在中国共产党的组织体系中，党的组织分为中央、地方和基层组织三个层级。其中，党的基层组织是党的一切工作的基础，直接担负着对党员进行教育、管理、监督和服务的职责。基层党组织对党员的管理，是建立在相对应的组织关系基础之上的，即每个党组织原则上只负责组织关系在本组织内党员的管理工作，不存在交叉管理、跨组织管理的情况。在理想状态下，任何一个党组织中的党员发生空间迁移，其组织关系也将随之变动，形成新的组织关系网络。由于党的基层组织遍布全国各地，因此无论党员流动到哪里，党组织都能对其进行有效管理。然而，由于各种条件的限制，在实际工作中党员的党组织关系往往并不会随着本人的流动而自然转接。在这种情况下，就出现了因为居住地和工作地变化，导致原有组织关系网络发生破损，同组织关系所在党组织失去管理联系的流动党员群体。

流动党员的出现，不但意味着现有党的组织关系网络存在疏漏，也标志着传统党员管理方式的失效，特别是随着流动党员整体规模的不断扩大，即便有成熟的管理手段和健全的制度作为保障，各地的基层党组织依然面临巨大的管理压力。目前来看，造成党员本人同党组织关系分离的原因较多，大体可以归纳为以下三类：第一类是诸如党组织关系转接手续烦琐、党员本人不愿转接、流入地党组织不健全、流入地党组织不愿接收等因素，这类问题经过努力是基本可以克服的；第二类是诸如"候鸟式"组织关系迁移成本高、流入地党组织不具备接收流动党员条件等因素，这些问题虽然可以通过努力得到改善，但也会在一定程度上提高基层党组织的运行成本，耗费大量人力、物力、财力，总体而言得不偿失；第三类是诸如党员在转接组织关系过程中丢失证明材料、存在其他不可抗力等因素，这类问题在当前条件下暂时还无法得到很好的解

决。综上所述，在现有条件下，流动党员的产生是不可避免的，要破解流动党员管理难题，应当把握好两个基本方向：一是从拓宽党的组织和工作覆盖面、修补和完善党的组织关系网络、加强党员队伍思想建设、优化党员组织转接规范等方面入手，消除阻碍党员转接组织关系的第一类因素，增强党的组织关系网络的弹性；二是对第二、第三类因素产生的流动党员，要在可控的成本范畴内尽可能地降低流动党员在全体党员中的比重，减轻基层党组织管理流动党员的工作压力。

二、理念转变：纠正流动党员管理存在的认识误区

基层党组织是党的组织系统在基层社会的延伸，也是宣传党的主张、贯彻党的决定、巩固党的领导地位的坚强战斗堡垒。根据《中国共产党章程》规定，基层党组织的基本任务之一就是“加强和改进流动党员管理”。然而，在当前各地的基层党建工作中，包括党务工作者在内，许多人依然对流动党员管理存在很多认识上的误区。例如，有的认为流动党员管理工作无足轻重、可有可无；有的把流动党员管理同一般的党员管理区别开来，将前者看作基层党组织的额外负担；还有的把流动党员管理工作完全等同于一般党务工作等。如何从思想认识上厘清这些问题，是做好流动党员管理工作的重要前提。对此，可从以下角度进行分析。

首先，可以从流动人口党建工作角度认识流动党员管理的重要性。流动人口的发展和稳定，直接关系着整个社会的发展和稳定。加强流动人口党建工作，除吸收其中的先进分子加入党的队伍外，一个重要方面就是要对流动人口中的党员进行有效管理，发挥好党员在流动人口中的先锋模范带头作用，协商和化解各类矛盾。这一点对坚持和加强党的全面领导、维护流入地社会稳定、提高流动人口的组织化水平等都具有十分积极的意义。鉴于流动党员本身属于流动人口。因此，做好流动人口

党建工作，也意味着我们必须在加强流动党员管理上下功夫。从这个角度来看，加强流动党员管理工作、建立流动党组织，不但是优化党员队伍建设的需要，同时与非公有制经济组织党建工作、新社会组织党建工作一样，是拓宽党在新的社会领域的阶级基础和群众基础，巩固党的领导和执政地位的需要。

其次，可以从流动党员和普通党员比较视角认识流动党员管理工作。流动党员和普通党员都属于党的基层组织中的一员，是党员本人同党组织关系在不同状态下的体现。其中，普通党员由于活动范围固定，通常由单一党组织进行管理。流动党员活动较为分散，通常由流入地、流出地两个党组织进行统筹管理。两者在一定条件下可以进行相互转换。换言之，任何一个普通党员，都可能因为自身同党组织关系状态的改变而成为流动党员；任何一个党的基层组织，也都可能因为前者状态的变化而成为流入地或流出地党组织。从这个角度来看，基层党组织对流动党员的管理态度，将会在很大程度上影响本地党员今后外出期间的主观认识和表现，进而影响流动党员管理的整体效果。因此，流入地党组织理应对流动党员和本地党员采取一视同仁的管理态度，绝不能厚此薄彼，将其看作额外负担。

最后，可以从管理本质的角度认识流动党员管理工作。流动党员管理是包括教育、管理、监督和服务流动党员等在内的一系列党员队伍建设经常性工作的统称，目的在于使流动党员始终保持先进性，推动全面从严治党向纵深发展。流动党员管理的核心是做“人”的工作，要义是鼓舞、激励和鞭策流动党员。传统的党务工作，如民主评议党员、“三会一课”等都是围绕这个目标而展开的。加强流动党员管理必须依靠抓党务工作来实现，但不能将两者简单等同起来。在实践中，很多基层党组织误以为只要把党务工作做好，流动党员管理就“万事大吉”了。殊不知，任何追求形式、缺乏质量、忽视党员个人感受的党务工作，不仅难以管好流动党员，甚至可能引起党员的反感，从而产生负面作用。

三、权威施加：进一步提高基层党组织的非权力影响力

长期以来，各地在推进流动党员管理工作实践中，主要依赖行政力量的强制驱动，虽然在短时间内取得了一定的成效，但也很快陷入了同质化管理的陷阱之中，将流动党员管理完全等同于单位制下的普通党员管理，给基层党组织的日常工作带来沉重负担，也导致了流动党员管理工作的不规范、不到位现象。如前文所述，如何在现有条件下尽可能地提高基层党组织的非权力影响力，是解决这一问题的有效手段，也是考验基层党组织组织力的重要标准。

目前来看，党组织可以采取的提高非权力影响力因素的手段有很多，如加强党内关怀激励、激发流动党员的荣誉感和使命感、提高党员内在参与活动热情、树立党组织的良好形象等。这里主要强调两点。一是必须在尊重市场规律的基础上提升党组织非权力影响力。从党员流动的原因来看，当前除极少数流动党员是单纯由于居住地发生改变，无法按规定参加党的组织生活外，绝大多数流动党员都是因为就业单位的变动导致工作地点和居住地的变化，进而造成党员本人同党组织关系的分离。由此可以看出，就业的市场化导向是造成流动党员群体不断发展壮大的直接原因。这也意味着在流动党员管理工作中，党组织必须充分尊重市场原则，把握市场运行规律，加强同流动党员就职主体的合作，并在此基础上扩展自身的非权力影响力，正确处理好党员个人利益追求与履行宗旨义务之间的张力。二是通过发挥党组织的非权力影响力获取“两新”组织对党建工作的认同与支持。从党员的流向来看，“两新”组织已经成为当前吸纳流动党员就业的主要渠道。“两新”领域党的组织和工作覆盖面，会在很大程度上决定流动党员管理工作的实际效果。

鉴于“两新”组织本身具有同传统单位完全不同的资源、活动空间和运行方式。因此，党的组织必须善于借助行政权力之外的软性影响力，做好“两新”领域党建工作，争取“两新”组织对党建工作的认同与支持，进一步确保“两新”组织内部政治结构的稳定，为提高在其中工作的党员的组织归属感和向心力创造先决条件。这也是做好流动党员管理工作的深层次目标之一。

四、土壤培育：为流动党员管理构建良好外部生态

良好的外部环境是推进党建工作有序开展的重要条件。当前，困扰流动党员管理的难题有很多，其中相当一部分都同管理工作缺乏良好的党建生态密切相关。例如，社会上出现的丑化党的形象、歪曲党的历史的不良风气，使得不少流动党员开始刻意回避甚至从内心抵触党组织的教育和管理；部分单位或组织存在弱化党的建设、边缘化党务工作的不良政治生态，造成流入地在构建流动党组织过程中缺乏充足的资源支持，难以及时形成对流动党员的有效监管；一些地方的党组织存在的过分看重行政级别的不良生态，在无形中给流入地、流出地党组织的交流沟通带来很大障碍等。据此，在新时代背景下全面加强流动党员管理工作，必须尝试突破传统党员管理的思维窠臼，为流动党员管理营造积极健康的党建生态环境。

首先，改善党组织在党员和群众中的形象。从整体上看，党的形象与流动党员管理之间是一种正向关系。良好的政治形象，不但有助于增强党的威信，也有利于增强党的凝聚力和组织力。如果党的形象好，那么人民群众就会真心拥护，党员本人也就有荣誉感和使命感，就会自觉向党靠拢，主动接受党组织的管理。反之，就会陷入党员逃避组织管理的恶性循环。有鉴于此，我们必须坚持加强党的自身建设，从改善党的作风入手，抓住领导干部这个“关键少数”，形成以上率下的良好生态，树立党组织在党员和群众中的良好形象，不断增强流动党员对党的政治认同。

其次，培养重视流动党员管理的党组织文化。党组织文化是在长期的党内政治生活中形成的，对党的各项工作和活动发挥着引领、规范与导向作用。要探索从加强党务工作者教育培训、提升制度约束力、严肃党内政治生活等方面入手，积极构建重视流动党员管理的党组织文化，同时注重拓展延伸，确保党组织文化在基层落地生根。要不断提高基层党组织负责人和党务工作者的思想认识，严肃和规范党员管理行为，为流动党员管理创造良好的组织内部环境。

最后，形成全面从严治党的良好氛围。把严的要求贯穿党员教育管理工作始终，从严管理流动党员队伍，是推进全面从严治党的题中应有之义。在当前为流动党员管理工作构建良好的外部生态，必须推动全面从严治党向纵深发展。要严格落实党建责任制，“把抓好党建作为最大政绩”，明晰机关、街道、村居、学校和企业、社会组织等单位党组织抓党建的职责内容，在全社会形成重视党建工作的良好氛围。

结　语

流动党员管理是党的建设领域一个非常复杂的问题。由于主、客观条件的限制，本书无法做到穷尽其各个方面。因此，在路径选择上，本书将重点转向其主体构成部分——城市中的农村户籍流动党员。以此为对象，深入剖析，试图做到窥一斑而知全貌，在特殊性中凸显普遍性，从整体上认识和把握流动党员管理工作。总的来看，流动党员管理问题的实质是中国共产党在社会结构变迁的大背景下如何通过自我调适和自我革命，更好地适应内外部环境，以巩固自身的领导和执政地位。回顾党的建设的历史，早在 1927 年 6 月，中央政治局会议通过的《中国共产党第三次修正章程决案》就根据当时革命形势的发展，提出“党员由一地党部转到另一地党部，须在该地党部登记成为该地党员。凡党员在省内移转须得省委员会同意；省外的移转须得中央的同意”，并针对实际情况，对违反这一规定的党员分别给予警告、党内公开的警告、临时取消其党的工作、留党察看、开除党籍等党内处分。中国共产党是以严格的纪律组织起来的统一整体。从理论上看，改革开放后出现的流动党员虽然会对党的基层组织建设工作产生一定的影响，但这种影响本身应该是很小的，只要通过加强流入地、流出地党组织之间的对接协调，理应很容易实现对流动党员的管理覆盖。然而，现实情况是这种理想化的党员管理状态往往很难实现。究其原因，在于流动党员管理问题实际上并非单纯某一类型的党建问题，而是当前党的建设所面临的各种问题和挑战的集中体现。换言之，要从根本上加强流动党员管理工作，应当认真解决好以下三个问题。

第一，在市场经济条件下如何实现思想建党的问题。思想建党是党的重要政治优势。中共一贯重视加强党员的思想建设，强调通过马克思主义理论的灌输来加强党员对党的政治理念、政治目标的认同，主张依靠党组织的思想教育工作来克服和消除党员身上的各种消极错误思想观念，确保党员在思想上符合一个共产党员的标准。回顾党的建设的历史，这一思路为解决民主革命时期党在践行农村包围城市道路过程中出现的“农村党员占据多数”同建设一个“中国工人阶级的先进的有组织的部队”之间的矛盾提供了理论依据，同时也为党的组织的发展壮大提供了实践指导。今天，在社会多元化和经济活动市场化的背景下，党员在思想建党方面面临的挑战较过去更加严峻，特别是大量进入“两新”领域就业的党员，实际上具有了作为政治人和经济人的双重角色属性。这一点决定了他们的个体行动会围绕两条逻辑线展开：一条是党组织强调政治服从对其个体行为形成的规约，一条是两新“组织”本身重视效率的纵向考核对其形成的压力和限定。这两种具有一定冲突的角色身份很容易使党员的思想、行为发生摇摆，在某种程度上也会弱化党员身上的理想信念和党性意识，降低党员的组织认同感和忠诚感，对流动党员来说尤甚。从这个角度来看，加强意识形态渗入，保障党员的基本权利，做好市场经济条件下的思想建党工作，提高党员的政治意识和组织观念，是破解流动党员管理难题所必需的思想基础。

第二，如何深入推进新社会领域党建工作的问题。高度重视新社会领域党建工作是21世纪以来党的组织和党员队伍发展方针的重要转变，也是党为扩大自身阶级基础和群众基础进行的有益探索。改革开放之后，中共采取了功能上收缩与组织上扩展并行的策略。就后者来说，近年来在各级党委和组织部门的大力推动下，以“两新”组织为代表的新社会领域建党工作取得了一定成效。但整体上依然面临很多问题。如嵌入党组织在运行过程中频繁出现“空转”、党组织覆盖率面临倒退的风险和压力等。这些情况，使得党的组织关系网络发生疏漏，流动党员管理缺少组织依托。导致这一问题背后深层次的原因是“两新”组织在发育过程中形成了独立的发展规律与运作逻辑，在缺乏足够依据和能力的情况下，党组织很难对它们施加有效的影响。有鉴于此，必须尝试转换思路，对新社会领域党建工作进行积极创新。一般来说，加强新社会领域党建工作，改进流动党员管理，动力不是来自“两新”组织本身，而是党的组织系统自上而下的要求。在这一过程中，如果仅仅依靠外部压力，很容易导致组织覆盖和工作覆盖相脱节的现象。为此，必须从探寻“两新”组织、嵌入党组织和流动党员三方共性需求关系，寻求基层党建工作同“两新”组织自身发展利益结合点等方面入手激发“两新”组织内在驱动力，进一步深化新社会领域党建工作。只有这样，才能在真正意义上为健全流动党员管理提供所必需的组织基础。

第三，如何对党的组织制度进行适应性改革的问题。中国共产党作为列宁主义政党，党的组织制度和组织原则都同西方国家一般议会式政党具有明显的区别。从历史角度来看，中共所遵循的党员管理制度形成于严酷的革命战争环境中，在资源高度集中的计划经济体制下得到进一步发展，并形成相对完善的制度体系。随着国家经济社会体制改革的推进，这一制度开始表现出一定的不适应性。流动党员问题的产生即为这种不适应性的具体体现。简言之，在生产要素市场化配置的条件下，党员管理的组织化与党员流动的非组织化之间存在着一定的张力，削弱了制度本身的效用。为此，有必要对党的组织制度，特别是党员管理相关制度进行适应性改革，增强制度本身的活力。在这一过程中，应当做好以下三方面的工作。一是着力破除阻碍党员流动的体制机制障碍。允许党员进行自由流动是党的生机和活力的重要体现，也是市场环境发展的客观要求。一定规模的党员流动，对促进党的理论的传播、提升党组织绩效、加强党内思想交流等都具有十分积极的意义。从这个角度来看，着力破除阻碍党员流动的壁垒和体制机制障碍，构建党员能够顺畅流动的制度体系，是党员管理制度改革的题中应有之义。绝不能因为党员流动增加了基层党组织管理负担就对其加以限制。二是从制度入手增强党员接受管理的主动性。中国共产党是以组织严密和纪律严格所著称的政党。这种严格的纪律表现在党的组织中，首先是党员个人对党的组织的服从。否则，党就无法形成强大的战斗力。从这个角度来看，对党员管理制度进行适应性改革，必须始终正视党员同党组织的关系，从健全制度入手督促流动党员在外出期间主动联系流出地、流入地党组织，分摊管理成本，而不是由党组织一味地查找流动党员，必须避免将管理成本全部转嫁给党的基层组织。三是将严的要求贯穿党员管理制度建设各方面。全面从严治党，要将严的要求落实到流动党员管理的全过程。对此，要坚持挺纪在前，提高党内法规制度的执行力，及时对组织观念淡漠，流动期间不向党组织报告、同党组织失去联系的党员进行严肃处理。与此同时，要加强对党员队伍的集中整顿，改革党员能进不能出机制，实现党员队伍的高质量发展。做好以上这些举措，实现党员自由流动与组织严密、纪律严格之间的平衡，是加强和改进流动党员管理工作所必需的制度基础。

参考文献

一、文献类

[1] 马克思恩格斯选集：第 1-4 卷 [M]. 北京：人民出版社，2012.

[2] 列宁全集：第 1-60 卷 [M]. 北京：人民出版社，2017.

[3] 毛泽东选集：第 1-4 卷 [M]. 北京：人民出版社，1991.

[4] 刘少奇选集：上、下卷 [M]. 北京：人民出版社，1982，1985.

[5] 邓小平文选：第 1-3 卷 [M]. 北京：人民出版社，1993.

[6] 江泽民文选：第 1-3 卷 [M]. 北京：人民出版社，2006.

[7] 胡锦涛文选：第 1-3 卷 [M]. 北京：人民出版社，2016.

[8] 习近平谈治国理政：第 1-2 卷 [M]. 北京：外文出版社 2014，2017.

[9] 中共中央文献研究室．习近平关于全面从严治党论述摘编 [M]. 北京：中央文献出版社，2016.

[10] 中央档案馆．中共中央文件选集：第 1-18 册 [M]. 北京：中共中央党校出版社，1991-1992.

[11] 中央档案馆，中共中央文献研究室．中共中央文件选集 (1949. 10—1966. 5)：第 1-50 册 [M]. 北京：人民出版社，2013.

［12］中共中央组织部，中共中央党史研究室，中央档案馆．中国共产党组织史资料：第 1-19 册［M］．北京：中共党史出版社，2000.

［13］中共中央文献研究室，中央档案馆．建党以来重要文献选编：第 1-26 册［M］．北京：中央文献出版社，2011.

［14］中共中央文献研究室．建国以来重要文献选编：第 1-20 册［M］．北京：中央文献出版社，2011.

［15］中共中央文献研究室．三中全会以来重要文献选编：上、下册［M］．北京：中央文献出版社，2011.

［16］中共中央文献研究室．十二大以来重要文献选编：上、中、下册［M］．北京：中央文献出版社，2011.

［17］中共中央文献研究室．十三大以来重要文献选编：上、中、下册［M］．北京：中央文献出版社，2011.

［18］中共中央文献研究室．十四大以来重要文献选编：上、中、下册［M］．北京：中央文献出版社，2011.

［19］中共中央文献研究室．十五大以来重要文献选编：上、中、下册［M］．北京：中央文献出版社，2011.

［20］中共中央文献研究室．十六大以来重要文献选编：上、中、下册［M］．北京：中央文献出版社，2011.

［21］中共中央文献研究室．十七大以来重要文献选编：上、中、下册［M］．北京：中央文献出版社，2009-2013.

［22］中共中央文献研究室．十八大以来重要文献选编：上、中册［M］．北京：中央文献出版社，2014-2016.

［23］中共中央党史和文献研究院．十八大以来重要文献选编：下册［M］．北京：中央文献出版社，2018.

［24］中共中央党史和文献研究院．十九大以来重要文献选编：上册［M］．北京：中央文献出版社，2019.

［25］中共中央办公厅法规室，中共中央纪委法规室，中共中央组织部办公厅．中国共产党党内法规选编（1978—1996）［M］．北京：法律出版社，1996.

［26］中共中央办公厅法规室，中共中央纪委法规室，中共中央组织部办公厅．中国共产党党内法规汇编（1996—2000）［M］．北京：法律出版社，2001.

［27］中共中央办公厅法规室，中共中央纪委法规室，中共中央组织部办公厅．中国共产党党内法规汇编（2001—2007）［M］．北京：法律出版社，2009.

［28］中共中央办公厅法规室，中共中央纪委法规室，中共中央组织部办公厅．中国共产党党内法规汇编（2007—2012）［M］．北京：法律出版社，2014.

［29］中共中央办公厅法规局．中国共产党党内法规汇编（2012—2017）［M］．北京：法律出版社，2019.

［30］中共中央办公厅法规局．中央党内法规和规范性文件汇编（1949.10—2016.12）：上、下册［M］．北京：法律出版社，2017.

［31］中国共产党历次党章汇编（1921—2017）［M］．北京：中国方正出版社，2018.

二、资料类

［32］国家统计局．中国统计年鉴：1981—2020［M］．北京：中国统计出版社，1982-2021.

［33］国家统计局．中国人口统计年鉴：1978—2006［M］．北京：中国统计出版社，1979-2007.

［34］国家统计局．中国人口和就业统计年鉴：2007—2021［M］．北京：中国统计出版社，2008-2021.

[35] 国家统计局农村社会经济调查司. 中国农业统计资料汇编(1949—2004)[M]. 北京:中国统计出版社,2006.

[36] 国家统计局. 中国第二次全国农业普查资料汇编:农村卷、农民卷、农业卷、综合卷[M]. 北京:中国统计出版社,2009.

[37] 国家人口和计划生育委员会流动人口服务管理司. 中国流动人口发展报告:2009—2020[M]. 北京:中国人口出版社,2010-2021.

[38] 王培安,等. 全国流动人口动态监测数据集:2010—2016[M]. 北京:中国人口出版社,2011-2017.

[39] 中国教育年鉴编辑部. 中国教育年鉴:1989—2020[M]. 北京:人民教育出版社,1990-2022.

[40] 中共中央组织部. 中国共产党党内统计资料汇编(1921—2010)[M]. 北京:党建读物出版社,2011.

三、报告类

[41] 全国党的建设研究会. 优秀调研成果选编(自选课题):2007—2014[M]. 北京:中央文献出版社,2008-2015.

[42] 中共中央组织部研究室. 组织工作研究文选(2000—2008):上、下册[M]. 北京:党建读物出版社,2001,2009.

[43] 中共甘肃省委组织部. 甘肃组织工作调研报告选:2002—2015[M]. 兰州:甘肃人民出版社,2007-2016.

[44] 中共上海市社会工作委员会,上海市社会服务局. 探索实践破解难题 上海新经济组织和新社会组织工作调研文选:2005—2014[M]. 上海:上海交通大学出版社,2006-2015.

[45] 中共上海市委组织研究室. 上海组织工作调研文选:2002—2012[M]. 上海:学林出版社,2003-2013.

[46] 天津市党建研究会. 天津市党建研究会年度重点研究课题文

集：2006—2007［M］. 天津：天津人民出版社，2008-2009.

［47］中共宁夏区委组织部，宁夏党建研究会 . 探索与实践：2012—2014 年宁夏组织工作优秀调研成果选编［M］. 银川：宁夏人民出版社，2015.

［48］中共宁夏区委组织部，宁夏党建研究会 . 调研与思考：2015 年宁夏党建工作优秀调研成果选编［M］. 银川：宁夏人民出版社，2016.

［49］中共浙江省委组织部，浙江省党的建设研究会 . 浙江党建研究报告：2006、2010［M］. 杭州：浙江人民出版社，2006，2011.

［50］尹德慈，等 . 广州党建研究报告：1-7 册［M］. 广州：广东经济出版社，2010-2017.

［51］江苏省高校党建研究会 . 高校党建新探：江苏省高校党建研究会年会优秀论文专辑：1995—2001［M］. 南京：河海大学出版社，1996-2002.

［52］刘川生，等 . 高校基层党建工作创新：北京师范大学党建研究课题文集：2009—2015［M］. 北京：北京师范大学出版社，2010-2016.

［53］程建平，等 . 高校基层党建工作创新：北京师范大学党建研究课题文集：2016-2018［M］. 北京：北京师范大学出版社，2017-2020.

［54］郝翔，等 . 高校基层党组织建设的理论与实践：来自基层的党建调研报告［M］. 武汉：中国地质大学出版社，2006.

［55］中共广西壮族自治区非公有制经济组织和社会组织工作委员会 . 广西非公有制经济组织和社会组织党的建设工作年度工作报告：2014—2015［M］. 南宁：广西人民出版社，2015-2016.

四、专著类

［56］张毅，张颂颂 . 中国农村工业化与国家工业化［M］. 北京：中国农业出版社，2002.

[57] 罗荣渠. 现代化新论世界与中国的现代化进程 [M]. 北京: 商务印书馆, 2004.

[58] 申茂向, 等. 中国农村工业化发展战略与途径 [M]. 北京: 中央文献出版社, 2006.

[59] 周叔莲, 王延中, 沈志渔. 中国的工业化与城市化 [M]. 北京: 经济管理出版社, 2008.

[60] 简新华, 余江. 中国工业化与新型工业化道路 [M]. 济南: 山东人民出版社, 2009.

[61] 赵晓雷. 中国工业化思想及发展战略研究 [M]. 上海: 上海财经大学出版社, 2010.

[62] 王建民, 胡琪. 中国流动人口 [M]. 上海: 上海财经大学出版社, 1996.

[63] 辜胜阻, 刘传江. 人口流动与农村城镇化战略管理 [M]. 武汉: 华中理工大学出版社, 2000.

[64] 李强. 转型时期的中国社会分层结构 [M]. 哈尔滨: 黑龙江人民出版社, 2002.

[65] 徐勇, 徐增阳. 流动中的乡村治理: 对农民流动的政治社会学分析 [M]. 北京: 中国社会科学出版社, 2003.

[66] 朱新山. 乡村社会结构变动与组织重构 [M]. 上海: 上海大学出版社, 2004.

[67] 郑杭生. 中国社会结构变化趋势研究 [M]. 北京: 中国人民大学出版社, 2004.

[68] 蔡昉. 中国流动人口问题 [M]. 北京: 社会科学文献出版社, 2007.

[69] 费孝通. 中国城镇化道路 [M]. 呼和浩特: 内蒙古人民出版社, 2010.

[70] 段成荣，杨舸，马学阳．中国流动人口研究［M］．北京：中国人口出版社，2012.

[71] 陆学艺．“三农”续论当代中国农业、农村、农民问题研究［M］．重庆：重庆出版社，2013.

[72] 厉以宁．中国道路与新城镇化［M］．北京：商务印书馆，2013.

[73] 王文录．城市化背景下的户籍制度变迁研究［M］．石家庄：河北人民出版社，2014.

[74] 袁书华，贾玉洁，付妍．新生代农民工问题研究［M］．济南：山东人民出版社，2014.

[75] 潘林，常伟．农业现代化与新型城镇化［M］．北京：中国经济出版社，2015.

[76] 陈菊红．“国家—社会”视域下的流动人口自我管理研究［M］．杭州：浙江大学出版社，2016.

[77] 林浩．中国户籍制度变迁个人权利与社会控制［M］．北京：社会科学文献出版社，2016.

[78] 王玉君．中国流动人口的社会融合［M］．北京：光明日报出版社，2017.

[79] 蔡昉，都阳，杨开忠．新中国城镇化发展 70 年［M］．北京：人民出版社，2019.

[80] 中央党校的建设原理教研室．中国共产党基层组织建设［M］．北京：中国方正出版社，1995.

[81] 中共中央组织部组织局．党员管理手册［M］．北京：党建读物出版社，1998.

[82] 中国城市社区党建研究课题组．中国城市社区党建［M］．上海：上海人民出版社，2000.

［83］石仑山．政党与现代化［M］．兰州：甘肃人民出版社，2002.

［84］王跃峰．新世纪新阶段党的基层工作实务：党的基层组织党员管理工作［M］．北京：人民日报出版社，2003.

［85］高国舫．新经济社会组织党建研究［M］．北京：中共中央党校出版社，2006.

［86］张静如．高校党的建设理论与实践探索［M］．北京：中共中央党校出版社，2006.

［87］吴美华．马克思主义党的学说和党的建设［M］．北京：中国人民大学出版社，2007.

［88］郑绍保．流动党员管理手册［M］．北京：中共中央党校出版社，2007.

［89］邱观建．非公有制企业党的建设研究［M］．武汉：湖北人民出版社，2008.

［90］王炳林．市场经济条件下党的基层组织建设研究［M］．北京：人民出版社，2008.

［91］杜德印．社区党建工作创新研究［M］．北京：中国社会出版社，2009.

［92］高新民，张希贤．中国共产党建设史［M］．北京：中共中央党校出版社，2009.

［93］王久高．新时期中国共产党村级组织建设研究［M］．北京：人民出版社，2010.

［94］陈方勐．转型社会中的中国共产党［M］．北京：中央编译出版社，2010.

［95］赵淑梅，杨德山．加强党的执政能力建设的制度保障［M］．北京：中共党史出版社，2010.

［96］沈建红．执政组织资源与执政党的组织建设［M］．杭州：浙

江大学出版社，2011.

[97] 冯波，高慧燃．非公企业党建研究［M］．北京：中国传媒大学出版社，2012.

[98] 刘德荣．社会转型中的社区党建［M］．上海：上海人民出版社，2012.

[99] 黄大熹，田松柏．中国共产党的组织结构研究［M］．长沙：湖南大学出版社，2012.

[100] 朱文伟．社会中介组织党的建设研究［M］．郑州：郑州大学出版社，2013.

[101] 杨德山，赵淑梅．中国共产党与当代中国［M］．北京：五洲出版社，2014.

[102] 陈家刚．基层治理［M］．北京：中央编译出版社，2015.

[103] 谌玉洁．转型期农村基层党建论［M］．南京：南京师范大学出版社，2017.

[104] 张明楚．中国共产党基层组织建设史（1921—2016）［M］．福州：福建人民出版社，2017.

[105] 林尚立．中国共产党与国家建设［M］．天津：天津人民出版社，2017.

[106] 聂志红．新时代党员教育管理工作指导手册［M］．北京：国家行政学院出版社，2019.

[107] 奥罗姆．政治社会学：主体政治的社会剖析［M］．张华青等，译．上海：上海人民出版社，1989.

[108] 塞缪尔·亨廷顿．变革社会中的政治秩序［M］．李盛平等，译．北京：京华出版社，2000.

[109] 弗里曼，等．中国乡村，社会主义国家［M］．陶鹤山，译．北京：社会科学文献出版社，2002.

[110] 沈大伟. 中国共产党：收缩与调适 [M]. 吕增奎等，译. 北京：中央编译出版社，2011.

五、论文类

[111] 孟朝晖. 流动党员管理刍议 [J]. 党建研究，1994 (10).

[112] 高东旭，唐金风. 流动党员管理教育工作的现状、问题及对策 [J]. 党建研究，1995 (11).

[113] 支树平. 加强流动党员管理工作 [J]. 求是，1998 (13).

[114] 谢俊春. 论城市党组织设置方式和党员管理模式的现代化 [J]. 西北师大学报（社会科学版），2003 (2).

[115] 赵光，孙珉. 凝聚力·辐射力·战斗力：中天建设集团流动党员管理的探索与实践 [J]. 求是，2003 (9).

[116] 马智勇，姜村. 高校毕业生流动党员管理工作思考 [J]. 学校党建与思想教育，2004 (1).

[117] 袁建伟. 构建流动党员管理长效机制要着力推进四个“化” [J]. 中州学刊，2005 (5).

[118] 杨群红. 城市社区流动党员管理如何创新 [J]. 中州学刊，2005 (5).

[119] 蒋国梁. 创新以保持先进性为核心的党员管理机制 [J]. 领导科学，2006 (2).

[120] 潘纯正. 关于流动党员管理的现状与研究：党员先进性教育中的一个实际问题 [J]. 社会科学家，2006 (S1).

[121] 杨人平. 积极探索流动党员管理的新途径 [J]. 党建研究，2007 (5).

[122] 于红. 关于流动党员问题的思考 [J]. 求实，2007 (8).

[123] 欧洪湛. 高校毕业生流动党员管理对策研究 [J]. 理论前

沿，2007（7）.

［124］普通高校毕业生流动党员管理对策研究课题组．普通高校毕业生流动党员管理对策研究［J］．国家教育行政学院学报，2008（2）.

［125］戴长征．关于构建流动党员动态管理机制的思考［J］．桂海论丛，2008（4）.

［126］杨德山．社会转型视野下的中国共产党自身改革［J］．井冈山学院学报，2008，29（6）.

［127］杨德山．转型时期执政党转型考察［J］．新视野，2008（6）.

［128］王世谊．"两新组织"中流动党员动态管理机制研究［J］．新视野，2009（1）.

［129］徐海波．利用网络信息技术加强和改进高校流动党员管理的思考［J］．学校党建与思想教育，2009（7）.

［130］苑晓杰，王寒．城市边缘区党员管理模式探析［J］．探索，2010（1）.

［131］李文爽，王久高．统筹城乡发展视野下流动党员管理探析［J］．理论探讨，2010（5）.

［132］中国人民大学课题组．北京城乡接合部党建工作调研报告［J］．新视野，2011（2）.

［133］苏丽辉．高校毕业生中隐性流动党员管理的有效途径［J］．思想教育研究，2011（6）.

［134］郑利军．高校流动党员管理应遵循的基本原则及途径［J］．学校党建与思想教育，2011（31）.

［135］李永华，涂谦．社会管理视域下的高校流动党员管理机制实证研究［J］．深圳大学学报（人文社会科学版），2012，29（2）.

［136］杨东广．农民工中党的工作：困境与出路选择［J］．理论与改革，2012（3）.

[137] 张雪娇．流动党员教育管理服务措施的实效性分析：来自广州市非公有制企业的调研 [J]．人民论坛，2012，(05).

[138] 贾庆文．加强新生代农民工党建工作的思考 [J]．中共浙江省委党校学报，2013，29 (3).

[139] 贾庆文．新生代农民工党员队伍建设探讨 [J]．理论探索，2013 (3).

[140] 蒯正明．新时期非公企业流动党员管理面临的难题、原因与对策分析 [J]．天府新论，2013 (5).

[141] 刘安．社区党建的组织机制创新：对N市C区社区党建的考察 [J]．社会主义研究，2013 (5)：106-111.

[142] 王飞，范峰，李想．破解自主择业军转干部党员管理难题 [J]．中国人才，2013 (8).

[143] 王建允，韩景茹．高校学生党员发展和管理工作的思考 [J]．思想理论教育导刊，2014 (12).

[144] 翟道武．构建科学的党员管理机制 [J]．中州学刊，2015 (7).

[145] 赵淑梅．区域化党建：困境与进路 [J]．中州学刊，2016 (6).

[146] 朱华，王丹．高校出国（境）党员教育管理状况调查研究：以武汉大学为例 [J]．思想教育研究，2016 (7).

[147] 曾振华．"互联网+党建"破解流动党员管理难题 [J]．人民论坛，2018 (16).

[148] 蒲瑶，陆明．关注流动党员的思想状况 [J]．人民论坛，2018 (26).

[149] 杨德山，刘鑫．新中国成立以来中国特色社会主义现代化道路探索的历程及经验 [J]．理论探讨，2019 (6).

后　记

回首在中国人民大学的岁月，我最感谢的人就是导师杨德山教授。我和杨老师初次见面是在丙申年的初春。我无论如何也想不到，当时眼前为我指路的谆谆长者，竟然也是我日后人生道路和学术道路上的指路人。我和杨老师的缘分可能从那时就已经结下了。杨老师为人怀瑾握瑜、饱谙经史，治学态度极为严谨。他不计我学浅才疏，收我入门。在求学的过程中，每次我有懈怠，杨老师总是付之以谆谆教诲。特别令我动容的是，在指导论文的过程中，杨老师总是不厌其烦，耗费心血对论文的框架章节、逻辑论证乃至语言表达都提出细致的修改意见。每当我陷入瓶颈时，他还会亲自查阅和提供文献资料，指导我理顺写作思路。论文虽然已经如期完成，但我深知论文同杨老师的要求还相去甚远。唯愿在往后的日子里加以百倍努力，以期不负杨老师之望。

在求学过程中，我还获得了中共党史系诸多老师以及校外老师的指导和帮助。杨凤城教授在百忙之中参与论文的开题和研讨，为论文的写作提出了宝贵的建议。辛逸教授在教授课程的过程中扩展了我的视野，给予我激励和启示。张世飞教授、赵淑梅教授在我求学的过程中，在学业和个人发展等方面给我以热情的指导和鼓励。李坤睿副教授、周家彬副教授就我的论文修改提出了许多建设性的意见。此外，耿化敏教授、王东教授、王树荫教授、周良书教授以及黄延敏教授作为答辩委员会成员，对我进一步完善博士学位论文提出了很多有益的建议。特别是赵绪生教授，为我的论文写作提供了许多帮助。在此向各位老师表示由衷的感谢。

博士求学期间，我同师门的诸多师兄弟姐妹、同级同学相处融洽，彼此之间的交流互助，也使我受益匪浅。感谢刘进伟、王昆师兄以及张冬冬、虎旭昕、柯绍清、朱一鸣、于施洋等同门师弟师妹，为我论文写作提供了许多助益。也感谢李丽忠师兄以及宋辰熙、柳相宇、杜家丞、颜惠箭、周康林、刘雨亭、苏娜、安阳朝、彭蓉等同学提供的帮助。

最后，感激一直以来给予我无私的爱的家人，有了他们的陪伴和奉献，我才得以顺利完成学业。首先感谢我的父母，是他们在背后默默地支持着我。感谢我的妻子张昕欣。她既是我的同窗，也是我的伴侣。感谢她在我人生中最为彷徨、忧惧的时候，一直伴我左右，使我得以走出逆境。女儿刘知微，是我人生中最美好的意外，她的出生不但给我带来无尽的喜悦，也让我感受到生命的伟大。

行文至此，人生一段新的旅程即将开启。身处百年未有之大变局，个人命运同国家民族命运、时代激流相互交织。我坚信，君子终日乾乾，与时偕行，终能得偿所愿。